Sehnsucht Weitwandern

Claudia Schallauer

Impressum

Bibliografische Information der Deutschen Nationalbibliothek
Die Deutsche Nationalbibliothek verzeichnet diese Publikation in der Deutschen Nationalbibliografie; detaillierte bibliografische Daten sind im Internet über http://dnb.d-nb.de abrufbar.

Projektleitung, Lektorat: Markus Weiglein
Covergestaltung, Grafik und Produktion: Nadine Kaschnig-Löbel
Coverfoto: Christian Wöckinger
Fotos: Claudia Schallauer
Druck: Florjančič tisk d.o.o.
gedruckt in der EU

ISBN 978-3-7025-1113-5

www.pustet.at

Die Autorin ist alle Etappen der vorgestellten Weitwanderungen im Zeitraum von 2018 bis 2023 selbst gewandert. Alle Routenbeschreibungen sowie die Karten wurden nach gründlicher Recherche erstellt und basieren sowohl auf den persönlichen Erfahrungen der Autorin als auch auf Leitfäden der Tourismusbehörden. Eine Haftung für die Richtigkeit der Angaben kann trotzdem nicht übernommen werden, da sich diese aus verschiedenen Gründen auch wieder ändern können. Die dargestellten Routenverläufe folgen auch deshalb nicht immer den Empfehlungen der Tourismusverbände, da die Autorin aufgrund verschiedener Faktoren (z. B. Wetterverhältnisse, Wegsperren, körperliche Energiereserven) zuweilen alternative Routen eingeschlagen hat. Nach Möglichkeit wird auf diese vereinzelte Diskrepanz in den Etappentexten entsprechend hingewiesen. Die genauen Details der jeweiligen Etappen inklusive Anreise, Shuttle-Service und Nächtigung sind zu finden auf: www.fitimhof.at/wandern
Die Verwendung dieses Wanderführers erfolgt ausschließlich auf eigenes Risiko und eigene Gefahr. Eine intensive Auseinandersetzung mit der jeweiligen Region bzw. der entsprechenden Weitwanderung (GPS-Tracks, Karten o. Ä.) ist unerlässlich und wird ausdrücklich empfohlen.

Wir bemühen uns bei jedem unserer Bücher um eine ressourcenschonende Produktion. Alle unsere Titel werden in Österreich und seinen Nachbarländern gedruckt. Um umweltschädliche Verpackungen zu vermeiden, werden unsere Bücher nicht mehr einzeln in Folie eingeschweißt. Es ist uns ein Anliegen, einen nachhaltigen Beitrag zum Klima- und Umweltschutz zu leisten.

SEHN SUCHT WEIT WANDERN

Claudia Schallauer

VERLOCKENDE FERNWEGE IN ÖSTERREICH

VERLAG ANTON PUSTET

INHALT

64 LUCHSTRAIL

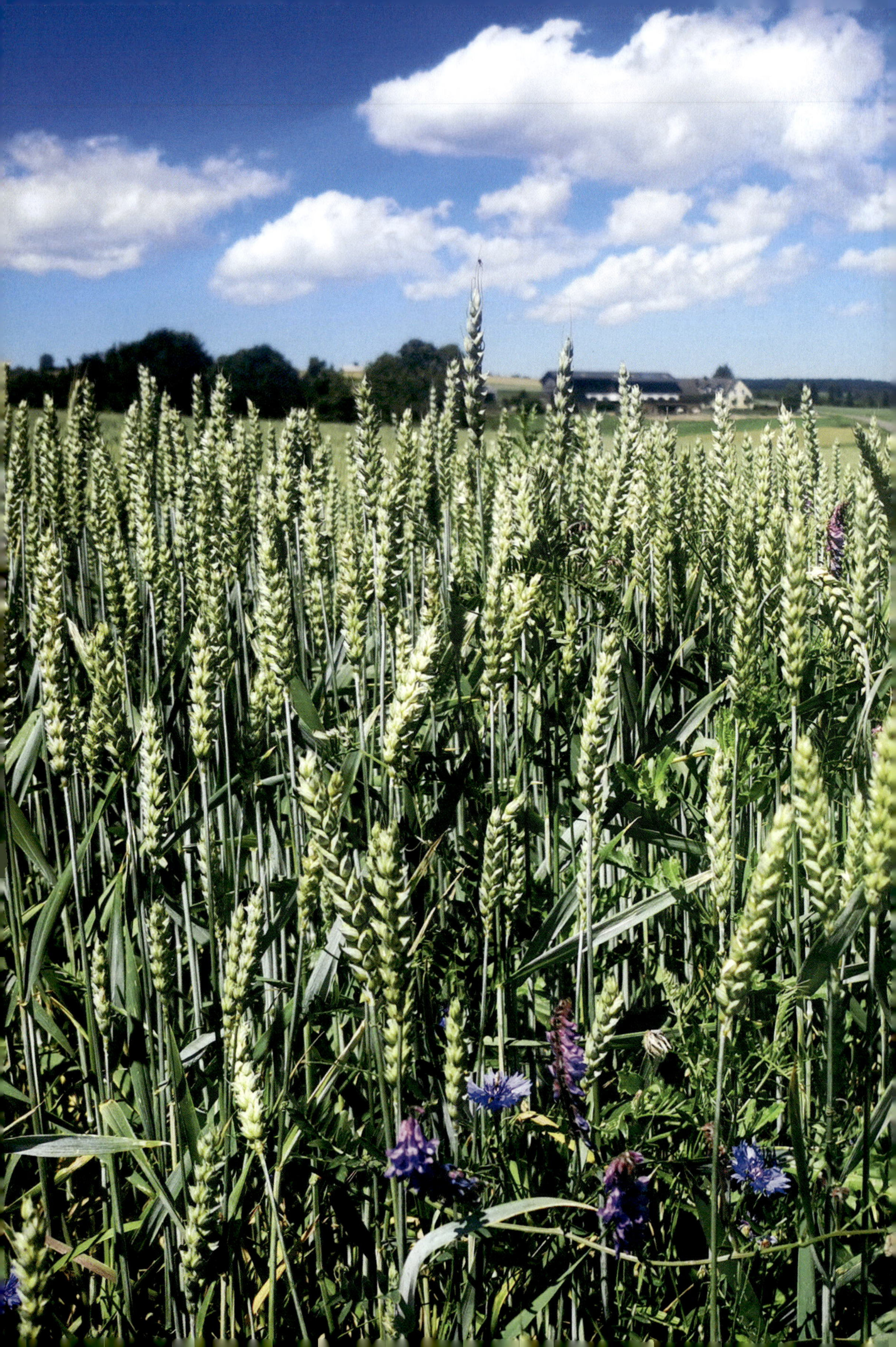

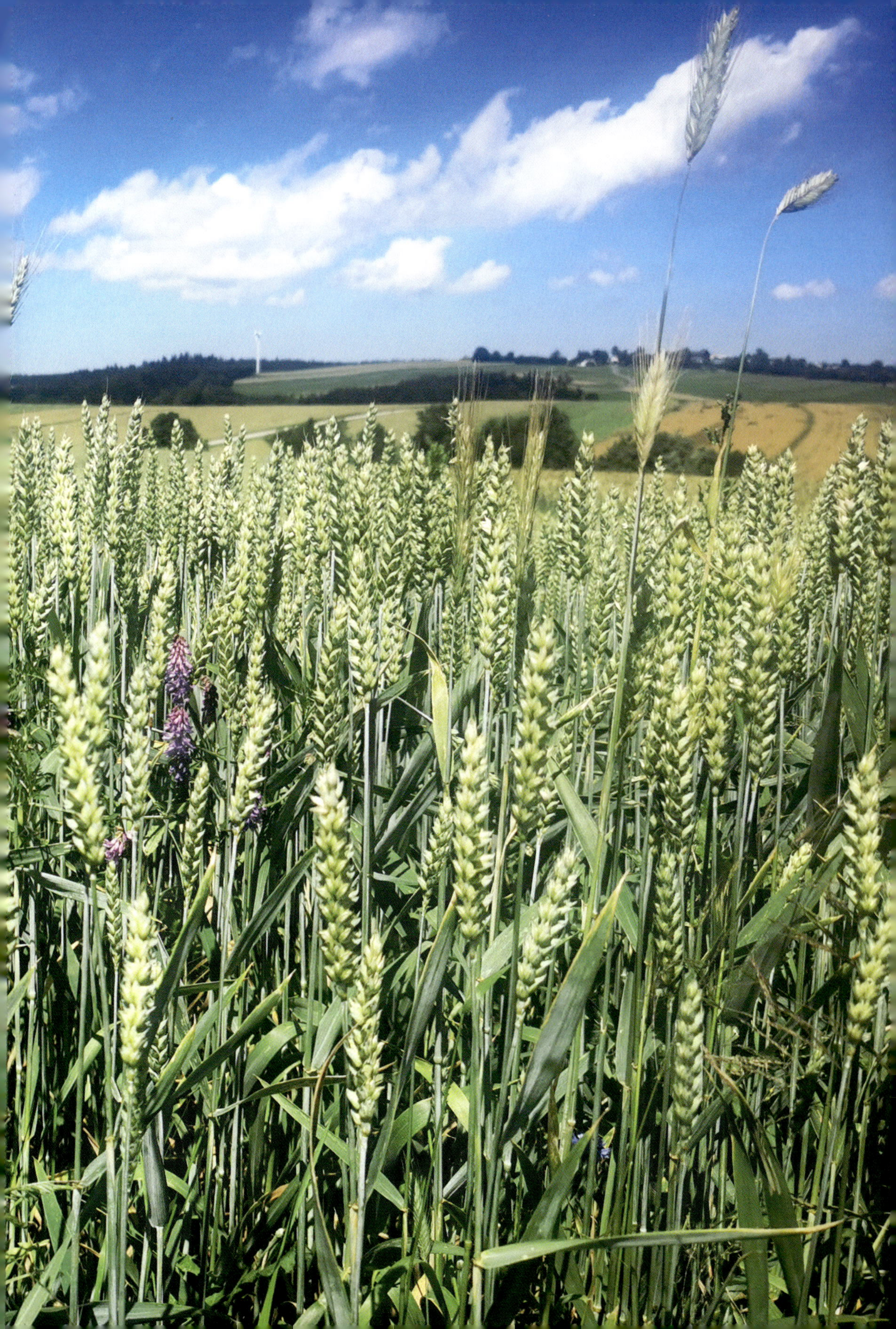

WORDRAP MIT CLAUDIA SCHALLAUER

ICH HABE MIT DEM WEITWANDERN BEGONNEN, WEIL …

… ich viele Jahre beruflich vor dem Computer in einem Büro verbracht und in dieser Zeit die Natur als Ausgleich für mich entdeckt habe. Beschleunigt durch die Corona-Zeit hat das Wandern einen Boom erfahren. Es wurde schwieriger, in beliebten Regionen Parkplätze zu finden. Meine Sehnsucht wuchs, direkt am Berg aufzuwachen und von der Unterkunft aus loszuwandern.

AM WEITWANDERN LIEBE ICH …

… die Freiheit, ohne Zeitdruck loszugehen. Mal zu plaudern, mal die Ruhe zu genießen. Die Natur und ihre atemberaubenden Schätze zu entdecken. Das Abenteuer und das Unplanbare.

ZU MEINEN SCHÖNSTEN WEITWANDER-ERLEBNISSEN ZÄHLEN …

… besonders die magischen Nächte in den Hütten. Die Sonnenauf- und -untergänge in den Bergen zu erleben, den Sternenhimmel in absoluter Finsternis zu betrachten. Und die Abende mit (vorher) Unbekannten, die in kurzer Zeit zu temporären Wegbegleitern werden.

ICH HABE IMMER MIT DABEI …

… meine Kompressionssocken für lange Tage, Zuckerl gegen den Durst – und eine Zeckenzange.

MEIN GEHEIMTIPP IST …

… ohne Erwartungen loszugehen und sich einfach auf das Erlebnis Weitwandern einzulassen!

WEITWANDERN IST FÜR MICH …

… die ehrlichste Form, eine Region, ihre Menschen und die Natur kennenzulernen.

EINFÜHRUNG

WAS IST WEITWANDERN EIGENTLICH?

Von Weitwandern wird meist bei Wanderungen von mindestens fünf Tagen am Stück gesprochen, darunter von Mehrtageswanderungen. Für mich persönlich ist es dann eine Weitwanderung, wenn sie zumindest vier Tagesetappen umfasst. Ich spreche in diesem Buch aus Gründen der Lesefreundlichkeit auch dann von einer Weitwanderung, wenn die dafür vorgesehenen Tagesetappen auf mehrere Jahreszeiten (und damit auch auf mehrere Aufenthalte) aufgeteilt werden.

PARAMETER EINER TAGESETAPPE

WEGLÄNGE

Diese reicht meist von acht bis 32 Kilometer pro Tag, wobei weniger als zwölf sehr selten sind. Im Durchschnitt umfassen Weitwandertage eine Länge von 18 bis 23 Kilometern. Hierbei ist die Bodenbeschaffenheit zu bedenken: Wald, Wiese, Asphalt – die Zusammensetzung ist meist in den offiziellen Booklets der Tourismusverbände und fast immer in den GPS-Tracks ersichtlich. Gerade Tage mit viel Asphalt sind nicht zu unterschätzen.

HÖHENMETER

Es ist nicht nur die die gesamte Höhenmeteranzahl von Bedeutung, sondern auch die Aufteilung. Umfasst eine Tagesetappe etwa 1 000 Gesamt-Höhenmeter, können diese komplett unterschiedlich verteilt sein:

- (fast) gänzlich am Stück: z. B. 900 Höhenmeter bergauf zu einem markanten Gipfel
- zwei Gipfel: einer zu Beginn mit etwa 400 Höhenmeter, von diesem herunter und dann erneut 500 Meter Aufstieg zum zweiten, dazwischen 15 Kilometer auf flachem Gelände
- kein wirklicher Gipfel, sondern ein kupiertes Gelände

Jede dieser drei Varianten ist für sich – jede auf eine andere Art – fordernd. Ich empfinde lange, ebene Abschnitte für die Hüfte und Fußsohlen anstrengender als Aufstiege, bei denen die Gelenke gut „durchbewegt" werden. Die subjektiv empfundene Belastung hängt außerdem immer von der Voretappe und der damit einhergehenden Ermüdung ab.
Was ich am herausforderndsten in Erinnerung habe: ein Tagesstart mit etwa 400 Höhenmeter steilem Abstieg, der sowohl Konzentration und Trittsicherheit als auch Bergab-Muskelkraft erforderte.

GELÄNDE

An heißen Tagen sind lange Waldstücke optimal, Wege auf offenem Gelände (besonders auf Asphalt) hingegen, wie bereits angedeutet, eine zusätzliche Belastung für den Kreislauf. Daher unbedingt an den Sonnenschutz denken – ich trage gerne einen großen Hut oder ein Kapperl, das auch den Nacken bedeckt: unbezahlbar an Tagen, an denen man die Sonne im Rücken hat und etwa noch viele Meter bergauf folgen.

WELCHER WEITWANDERTYP BIST DU?

Weitwandern ist nicht gleich Weitwandern. Aber wie viele unterschiedliche Arten es gibt, die Tage wandernd in der Natur zu erleben, war mir vor ein paar Jahren selbst nicht bewusst. Mittlerweile habe ich – soweit ich es beurteilen kann – jegliche Form des Weitwanderns kennen und schätzen gelernt. Und je nach Lebensphase greife ich gerne auf die Option mit Gepäckshuttle und Hotel mit Wellnessbereich zurück – oder auf den gegenteiligen Luxus des Purismus.
Was meine ich also, wenn ich von den Varianten des Weitwanderns spreche? Ich beziehe mich auf drei Variablen:

ORGANISATION

Das reicht von komplett selbst organisiert auf Basis der offiziellen Unterlagen des jeweiligen Tourismusverbandes bis hin zur Planung über diesen oder direkt über die Trail Angels – ein österreichisches Info- und Buchungscenter für zahlreiche Weitwanderwege mit Fokus auf nachhaltige Reisen und Erlebnisse.

KOMFORTLEVEL

4-Sterne-Wellness-Hotel mit Mehrgang-Menü oder Hüttenlager mit Abendessen unter 1 000 Sternen? Meistens sind es Kombinationen, da oft zwischen einzelnen Hütten aus Nachhaltigkeitsgründen kein Gepäckshuttle angeboten wird. Was ich erstens gut finde und was zweitens die Möglichkeit bietet für sich zu eruieren, ob man sich einfache(re)

Hüttennächtigungen und das Selbertragen des ganzen Gepäcks auch für längere Weitwanderungen vorstellen kann. Womöglich ist man aber danach nur froh, nach einer anstrengenden Etappe wieder in den Luxus eines Hotel(pool)s einzutauchen und die müden Schultern massieren zu lassen. Je nach Komfortlevel sind für Verpflegung, Nächtigung und Shuttle-Service zwischen 80 und 160 Euro pro Tag zu kalkulieren.

GEPÄCK

Alles selber tragen (Option 1): Für mehr als zwei Tage Ausrüstung und Proviant in einen Rucksack zu packen, mag beim ersten Mal überfordern. Meist nimmt man zu viel mit, aber andererseits ist gerade bei Weitwanderungen, die in die Höhe führen, das Wetter eine unkalkulierbare Variable. Von gutem Sonnenschutz und wärmerer Kleidung über Regenausrüstung und Hüttenschlafsack muss alles geschultert werden.
Mit leichtem Tagesrucksack wandern (Option 2): Zusätzliches wird in einem Koffer von einer Unterkunft zur nächsten transportiert. Diese Möglichkeit (die den Rücken entlastet, aber finanziell ins Gewicht fällt) schafft einen Rahmen, Freizeitkleidung für die Abende sowie eine größere Menge an sauberer Wanderkleidung und persönlichen Wohlfühl-Artikeln mitzunehmen. Gerade wenn man in schöneren Hotels nächtigt, fühlt man sich mit eleganter, knitterfreier Garderobe beim Abendessen oft wohler.
Es empfiehlt sich, im Zuge einer kürzeren Mehrtagestour (wie dem Johannesweg) oder einer auf mehrere Aufenthalte aufgeteilten Weitwanderung die eigene Rücken-/Schulter-Ausdauer zu testen, ehe man zehn oder mehr Tage mit vollem Rucksack unterwegs ist.

WIE KANNST DU EINE WEITWANDERUNG ORGANISIEREN (LASSEN)?

- **Variante 1:** Du organisierst und reservierst alles selbst und trägst dein gesamtes Gepäck für die komplette Tour durchgehend am Rücken.
- **Variante 2:** Die Planung wird ausgelagert; dein Gepäck trägst du komplett selbst.
- **Variante 3:** Die Planung wird ausgelagert; du wanderst mit leichtem Tagesrucksack und lässt einen Koffer mit Reservekleidung shutteln (Buchung über die Tourismusverbände bzw. die Trail Angels).

Egal ob selbst organisiert oder ausgelagert: Je früher man mit der Buchung dran ist, desto wahrscheinlicher ist es, die Wunschpräferenz in Bezug auf die Nächtigung in die Tat umsetzen zu können – voran die ideale Lage der Unterkunft, etwa am Etappenende oder direkt auf der Wanderstrecke, sowie die bevorzugte Zimmergröße.
In diesem Zusammenhang können Unterkünfte aus drei Kategorien ausgewählt werden:

- Basic: einfach, sauber, zweckmäßig – Schutzhütte, Gasthof oder Frühstückspension
- Classic: gehobener Standard – gutbürgerlicher Gasthof oder 2- bis 3-Sterne-Hotels
- Comfort: Unterkünfte für hohe Ansprüche – 4- bis 4-Sterne-Superior-Hotels, teilweise mit Wellness-Bereich

SONDERFORM „STERNSHUTTLE"

Meist wechselt man täglich die Unterkunft – eine besondere Form wäre hingegen das, was ich „Sternshuttle" nenne. Dieser Service wird zum Beispiel am Johannesweg oder entlang einzelner Abschnitte des Lebenswegs angeboten und bedeutet, dass man mehrere Tage am Stück in der gleichen Unterkunft nächtigt und von dort aus jeden Morgen zum Vortages-Endpunkt geshuttelt wird.
Diese Option hat Vor- und Nachteile: Du kannst dein Gepäck für mehrere Tage in einem Zimmer auspacken und -breiten, bist dafür aber auf täglichen Transport und fix vereinbarte Abholzeiten angewiesen. Sehr positive Erfahrungen habe ich in diesem Zusammenhang mit dem Hotel Fürst in Unterweißenbach am Johannesweg gemacht. Von hier gestaltet sich die tägliche Wanderstrecke extrem flexibel: Mit ca. 28 Abholpunkten kann man angepasst an die eigene Tagesverfassung und an die Wetterprognosen wandern und am Folgetag etwas nachholen bzw. genussvoll-gemütlicher unterwegs sein. Beim Lebensweg bietet etwa das Hotel Gasthof zur Kirche in Kottes für die Ostschlaufe für drei bis vier Wanderetappen diese Möglichkeit an. Eher umständlich bzw. nicht realisierbar ist diese Option auf Nicht-Rundwanderwegen wie dem Luchstrail oder dem Hohe Tauern Panorama Trail.

GEPÄCKSHUTTLE

Diese Serviceoption bedeutet, dass man zusätzlich zum Rucksack einen Koffer mitbringt, der jeden Tag (meist im Zeitraum von 9 bis 17 Uhr) vom Ausgangs- zum Folgehotel weitergefahren wird. Das hat den großen Vorteil, dass man mit leichtem Tagesrucksack wandert und später saubere, knitterfreie Kleidung zum Abendessen anziehen kann – und Regenkleidung an sonnigen, stabilen Tagen nicht mitschleppen muss.

Ich persönlich liebe die Abwechslung: die Kombination aus einer Sternennacht hoch oben auf einer Hütte, herzlicher Gastfreundschaft bei einem „Urlaub am Bauernhof"-Betrieb und dem wohltuenden „Wellnessen" nach einem Sieben-Stunden-Wandertag in einem schönen Hotel. All das hat seinen Reiz und bietet je nach Lebensphase den optimalen Erholungswert.
Fazit: Ist der Alltag etwas monotoner, bevorzuge ich das Abenteuer der Selbstorganisation. Bin ich etwas müde, weil ich beruflich viel zu koordinieren habe, so lasse ich mir gerne unter die Arme greifen und mir aufgrund meiner Präferenzen von den Trail Angels oder den Tourismusverbänden einen Vorschlag ausarbeiten. Am wichtigsten ist daher die Klärung folgender Frage für sich selbst: Was sind meine aktuellen Bedürfnisse?

REISEBEGLEITUNG

Für jeden und jede stellt sich wohl die Frage, ob eine Weitwanderung alleine oder mit einer Begleitung unternommen werden soll:

- Benötige ich Zeit für mich? Möchte ich über etwas nachdenken?
- Freue ich mich über Qualitätszeit mit einer Lieblingsperson (meinem Partner, einer lieben Freundin, meiner Mama etc.) fernab der Ablenkungen des Alltags?
- Plane ich eine Tour mit einer Gruppe von Freunden?

Je nachdem schwankt die Bandbreite der Flexibilität/Kompromissnotwendigkeit und Freiheit/Rücksichtnahme. Und das betrifft ganz viele Entscheidungen:

- Komfort der Unterkunft – und damit das Budget
- täglich präferierte Gehzeit – und damit die Aufstehzeit
- Fragen nach dem Pausieren und Einkehren (Häufigkeiten, Tageszeit)

Tipp: Sprecht bei Weitwanderungen mit einer Begleitung diese Punkte in der Planungsphase so früh wie möglich ab, damit eure Freundschaft/Beziehung nicht auf die Probe gestellt wird. Viele Gemeinschaftserlebnisse scheitern an (falschen) Erwartungen. Versucht das durch einen offenen Austausch über eure individuellen Wünsche und Vorlieben zu vermeiden – das wiederum bedingt eine gute Eigenwahrnehmung.
Ich bin bisher immer zu zweit gegangen, weil ich diese intensive Zeit in der Natur teilen möchte und im Alltag oft wenig Zeit für Freunde finde, die weiter entfernt wohnen.
Immer wieder bin ich kleinen oder größeren Gruppen begegnet und habe mit ihnen geplaudert. Am harmonischsten wirken jene, welche nicht den ganzen Tag komplett zusammen verbringen, sondern sich auch die Freiheiten zugestehen, in Untergruppen oder abschnittsweise auch alleine zu gehen – und die am Abend in herzlicher Runde das Erlebte miteinander teilen.

WEITWANDERN MIT HUND

Da ich stets ohne Hund weitgewandert bin, fehlt mir dazu die Expertise. Von einer Bekannten weiß ich aber, dass es – wenn es von den Unterkünften her überhaupt möglich ist – ein ziemliches Maß an Logistik erfordert, und mitunter etwa Hundefutter an Hotels vorgeschickt werden kann, um nicht alles selbst tragen zu müssen (wenn man ohne Gepäcktransport unterwegs ist).
Tipp: Bei Interesse direkt bei den Tourismusverbänden und Hotels erkundigen!

WANN PLANE ICH WAS?

Ja, es klappt auch spontan „auf Weitwanderung zu gehen" – etwa dann, wenn sich ein längeres Schönwetterfenster auftut oder (unerwartet) freie Tage winken. Kurzfristigkeit bedingt jedoch oft Kompromisse, gerade bei den Nächtigungsoptionen. Und da es manchmal entlang der empfohlenen Originalrouten der Tourismusverbände nur eine oder zwei Wahlmöglichkeit(en) am jeweiligen Etappenende gibt, kann dies die Tourenplanung verkomplizieren.
Einer meiner persönlichen Beweggründe für frühes Planen ist neben der Wahl der Wunschunterkunft vor allem der Aspekt der Vorfreude. Wenn ich zu Jahresbeginn schon weiß, dass im Sommer eine herrliche Woche in den Bergen wartet, hilft mir das auch stressige Phasen im Vorfeld mit mehr Energie zu meistern. Da viele Menschen ihren Urlaub ohnehin zu Jahresbeginn fixieren müssen, ist das meiner Meinung nach der perfekte Zeitpunkt für die Planung eines neuen Weitwander-Abenteuers!

ZEITTAFEL ZUR VORBEREITUNG EINER WEITWANDERUNG

JAHRESBEGINN BZW. 3–5 MONATE VORAB

Recherche unterschiedlicher Weitwanderrouten:

- → Welche Region möchte ich kennenlernen?
- → Online-Recherche und gegebenenfalls kostenloses (Übersichts-)Infomaterial der jeweiligen Tourismusverbände anfordern

Vergleich der Herausforderungen der drei bis fünf Lieblingsrouten:

- → Welche körperlichen Anstrengungen (tägliche Höhenmeter und Weglänge) sind für mich machbar bzw. auch genussvoll?
- → Wenn man nicht alleine geht: Passen die Anforderungen für alle?

Einschränkung auf einen bis drei Favoriten und Organisation des detaillierten Weitwander-Infomaterials:

- → Die Broschüren und Unterlagen der Tourismusverbände (inklusive detaillierter Tagesetappenbeschreibungen und Karten) sind großteils kostenlos. Ich empfehle sie als Grundlage immer, egal ob man die Weitwanderung selbst organisiert oder das Prozedere auslagert. Auch wenn man sich unterstützen lässt, kann man nach der Lektüre seine Wünsche besser formulieren und ggf. abweichende Präferenzen in Bezug auf Etappenlänge und Unterkunftslage vorschlagen.

Festlegung, ob man den Weitwanderweg in einem Stück gehen oder eine Region während der unterschiedlichen Jahreszeiten erleben und den Trail stückeln möchte

- → Am Lebensweg haben wir unseren zweiten Aufenthalt rund um die Mohnblüte eingeplant, ein Spektakel, das mich als Naturliebhaberin mehr als begeistert hat. Dass zu diesem Zeitpunkt die Zimmer rasch ausgebucht sind, versteht sich von selbst. Schön war auch der Abschluss des „Lebenskreislaufes“ mit der Mystik rund um Allerheiligen.

- → Weitere Wege bin ich aus Zeitgründen in mehreren Etappen zu verschiedenen Jahreszeiten gegangen, bei wieder anderen wollte ich einen größeren Abstand zum Alltag gewinnen und bin zehn Tage am Stück gewandert.

Fixierung des Urlaubs und Abstimmung mit Wanderpartnerinnen und -partnern

Wichtig zu berücksichtigen:

Hauptsaison (Sommerferien):

- → In diesem Zeitraum sind großteils mehr Wanderinnen und Wanderer unterwegs und die Wunschunterkünfte rascher ausgebucht.
- → Im Sommer ist es sehr heiß, was bei talnahen Weitwanderwegen mit mehr Asphaltstunden körperlich herausfordernd werden kann.
- → Perfekt für die Sommermonate sind Weitwanderungen, die großteils auf über 2000 Meter Seehöhe führen, etwa der Hohe Tauern Panorama Trail oder in Kärnten der Nockberge Trail.

Vor- oder Nachsaison:

- → Liegt noch Schnee, wo ich gehen möchte? Wir mussten einmal in den letzten Mai-Tagen eine Etappe abbrechen, weil die Hütte aufgrund der winterlichen Bedingungen ihre Öffnung verschoben hatte.
- → Vor allem in der Vorsaison (Mai und Juni) sind viele Einkehrmöglichkeiten noch geschlossen, insbesondere unter der Woche.

1–3 MONATE VORAB

Fixierung der Etappen:

- → Gehe ich die empfohlenen Original-Etappen der Tourismusverbände?
- → Haben die Etappen eine für mich/uns angenehme Länge?
- → Will ich zwei Tagesetappen kombinieren, weil mir z. B. drei Stunden Gehzeit bei einer Tagestour zu wenig sind?
- → Oder muss ich eine Etappe aufteilen, weil ich den Weg in mehreren Aufenthalten gehen möchte und mit (öffentlicher) Anreise keine achtstündige Wanderung mehr schaffe?
- → Erstellung einer Excel-Liste mit Start und Ende der Tagesetappen, den Tourendetails und dem Datum; diese Übersicht nutze ich für die Reservierungen.

Klärung der Anreise:

- → Reise ich mit dem Auto an? Wo kann ich (länger) parken? Wie komme ich zurück? Ist es ein Rundweitwanderweg oder geht man von A nach B?

- Mit Öffis: Klappt eine Anreise von meinem Wohnort zum Ausgangspunkt der Etappe(n) in sinnvoller Zeit und erlaubt mir das, jene in voller Länge zu gehen? Die erste Etappe ist generell oft kürzer (nur drei oder fünf Stunden Gehzeit), weil der Aspekt der Anreise berücksichtigt ist. Stückelt man aber einen 13-Tages-Weg auf mehrere Aufenthalte, ergibt das mehrere „erste Tage" und das eigentliche vorgesehene Tagespensum lässt sich nur mehr schwer umsetzen. Oft sind Öffis am Wochenende auch nur eingeschränkt oder gar nicht im Einsatz.
- Die Anreise(n) möglichst bald planen – das erspart ein nachträgliches Abändern von Hotels und Stress beim Gehen. Wenn es zeitlich und finanziell akzeptabel ist, empfehle ich immer eine Anreise am Vorabend.

Selbstbuchung der Unterkünfte:

- Je früher, desto besser – gerade, wenn man auf Hütten Ein- oder Zweibettzimmer bzw. kleinere Lager wünscht. Das bedingt auch den Entscheid für den Basic- oder Komfortlevel: Möchte ich im Tal eher in Privatpensionen, am Bauernhof bzw. in 3-Sterne-Betrieben nächtigen – oder lieber in Wellnesshotels? Oder will ich großteils in Hütten nächtigen, was eventuell eine Umplanung der Originalrouten erfordert?
- Einen Sonnenauf- oder -untergang in den Bergen zu erleben, ist ein Ereignis, an das man sich lange zurückerinnert, weshalb zumindest eine Hüttennacht pro Weitwanderung sehr zu empfehlen ist – genauso wie das Beobachten eines wenig lichtverschmutzten dunklen Sternenhimmels!

Kontaktaufnahme mit den Tourismusverbänden oder den Trail Angels bei „Auslagerung":

- Dafür muss man sich im Vorfeld seiner Präferenzen klar sein – das betrifft die Fragen nach dem Komfortlevel der Unterkünfte, dem Gepäckshuttle und gegebenenfalls Änderungen bei den vorgeschlagenen Etappen.
- Weiters ist die Parksituation bei Autoanreise abzuklären; man kann etwa den Rücktransport mit dem Wandertaxi zum Ausgangspunkt organisieren lassen.

Bekanntgabe von Nahrungsmittelunverträglichkeiten bei der Buchung:

- Für die Verpflegung in Hütten muss manchmal z. B. an die Mitnahme von eigenem glutenfreiem Brot gedacht werden.

Start mit dem Einwandern im Frühling:

- Damit sich die Weitwanderung im Sommer oder Herbst so richtig genießen lässt!
- Gerade, wenn man keine Wintersportlerin bzw. kein Wintersportler ist, hat die Kondition vom Vorjahr bis zur Wandersaison zwischenzeitlich oft abgebaut.
- Ggf. sollten die Erste-Hilfe-Kenntnisse aufgefrischt werden.

3–6 WOCHEN VORAB

Zusammenstellung der Packliste:

→ Vorlagen gibt es z. B. hier in diesem Buch oder im Internet.

→ Tipp: Diese Musterlisten immer um die wichtigsten persönlichen Gegenstände ergänzen, die man für die eigene Gesundheit bzw. um sich wohl zu fühlen benötigt.

Rucksack-Training und „Gehen am Stück":

→ Optimal ist es, wenn man kürzere, zwei- oder dreitägige Wanderungen unternimmt, um das „Gehen am Stück" zu trainieren – mit schwerem oder ohne schweren Rucksack, je nachdem, für welche Gepäck-Variante man sich entscheidet.

Einwanderung von neuen Schuhen:

→ Nie mit komplett neuen Schuhen eine Weitwanderung starten!

→ Es stellt sich zudem die Frage, ob man mit einem oder zwei Paar Schuhen unterwegs sein will, vor allem, wenn man alles selbst trägt. Dass man komplett ohne Niederschlag durch eine ganze Weitwanderwoche kommt, ist eher unwahrscheinlich. Hat man Freude daran, nach einem Regentag in feucht-nasse Schuhe zu schlüpfen? Ältere Schuhe auf alle Fälle neu imprägnieren! Ich habe meist ein zweites Paar bei mir – das garantiert auch Abwechslung für das Fußbett. Ich wähle die hohen Bergschuhe für die alpinen Wegabschnitte und die niedrigeren Zustiegsschuhe im flachen, leichten Gelände bzw. am Asphalt. Manchmal habe ich zudem eigene Hüttenschuhe (Barfußschuhe) im Gepäck.

Organisation der fehlenden Gegenstände von der Packliste:

→ Wenn man alles selbst trägt, lieber etwas mehr bezahlen und dafür „Leichtmodelle" erwerben.

1–3 WOCHEN VORAB

Studium der Route (bzw. der aufbereiteten Unterlagen der Trail Angels)

Download der offiziellen GPS-Tracks der Tourismusverbände

→ Die offline gespeicherten GPS-Tracks sind wichtige Back-ups!

→ Auch bei den gut etablierten Weitwanderwegen kommt es immer wieder vor, dass man an einer Kreuzung unsicher ist, wo der Weg weiterführt. Manchmal hat auch ein Unwetter Schilder entfernt oder verdreht – und gerade bei den langen Etappen ist jeder unnötige Zusatzkilometer einer zu viel.

→ Wer häufig mit GPS-Daten geht und noch dazu viel mit dem Handy fotografiert (oder durchgehend auf Hütten nächtigt), sollte einen Akkupack mitnehmen, um unterwegs aufladen zu können.

1–3 TAGE VORAB

Check der Zug- und Busverbindungen:

- → Gibt es unerwartete Fahrplanänderungen oder Schienenersatzverkehr?

Check beim Tourismusverband:

- → Gibt es Wegsperren, die meine Etappen betreffen?
- → Leider werden immer noch nicht alle Waldarbeiten an die örtliche Tourismusstelle weitergeleitet …

Einkauf von Snacks (Müsliriegel, Trockenfrüchte):

- → Es ist mir immer wieder passiert, dass auf langen Tagesetappen am Wochenende in der Vorsaison Einkehrmöglichkeiten geschlossen hatten (bzw. gar keine vorhanden waren); das betrifft auch Lebensmittelgeschäfte.

Optimierung der Packliste:

- → etwa durch Absprache mit Weitwanderpartnerinnen und -partnern, Aufteilung (z. B. benötigt nicht jede bzw. jeder einen 2-Personen-Biwaksack, eine Zeckenzange etc.)

Probepacken:

- → Unbedingt, wenn man das erste Mal unterwegs ist!
- → Koffer schließen – kann ich diesen selbst gut tragen? Manchmal muss man auch bei der Komfort-Variante bei den Hüttennächten den Koffer über eine oder mehr Etagen selbst nach oben schleppen.
- → Rucksack schließen – passt alles hinein und habe ich noch Platz für Tagesproviant? Eventuell abwiegen. Optimal wäre es, wenn dieser bei Frauen die zehn Kilogramm nicht überschreitet (manche empfehlen auch nur acht Kilogramm).

„Klassiker jeder Urlaubsreise“:

- → Pflanzen gießen
- → Nachbarschaft/Familie informieren
- → wichtige Telefonnummern abspeichern

Informierung der ersten Unterkunft hinsichtlich meiner geplanten Ankunftszeit:

- → Das empfiehlt sich, wenn nicht bereits am Vorabend angereist wird. Bei einer Anreise am ersten Wandertag sollte der Zeitraum für das Abendessen abgeklärt werden.

Auseinandersetzung mit dem Thema „Sicherheit am Berg“:

- → Was ist zu tun, wenn ein Notfall am Berg eintritt?
- → Wie setzt man einen Notruf ab?
- → Was ist zu tun, wenn das Handy keinen Empfang hat?
- → Was sind die wichtigsten Erste-Hilfe-Maßnahmen und ist das Erste-Hilfe-Set vollständig (Ablaufdatum)?

LOS GEHT'S!

Und dann nicht vergessen – die Planungen am Vorabend bzw. Morgen der nächsten Tagesetappe:

Screening und Einschätzung der Strecke:

→ Was erwartet mich?

→ Wie sind die Höhenmeter aufgeteilt?

→ Verläuft die Strecke eher im geschützten Wald oder im Freien (unter purer Sonne)?

→ Wo finden sich erholsame Pausenplätze?

→ Gibt es Einkehrmöglichkeiten bzw. Geschäfte oder Trinkbrunnen?

→ Wie viel nehme ich zu trinken mit? Und wie viel Proviant?

Wetterprognose:

→ Benötige ich einen Plan B oder ist ganztags stabiles Wetter ohne Gewitterneigung vorhergesagt?

→ Wo kann ich gegebenenfalls abbrechen oder in Sicherheit pausieren?

SIEBEN UMSTÄNDE, DIE SICH DURCH GUTE PLANUNG VERMEIDEN LASSEN

1. GROSSE SCHLAFLAGER

Zweier-Zimmer sind auf Hütten meist sehr rar. Rechtzeitige Planung und Reservierung sind vor allem dann wichtig, wenn du in den Sommermonaten (Schulferien) oder ausschließlich an Wochenenden gehst.

2. STRESS WEGEN DER ANREISE

Reise am besten immer am Vorabend an und starte gemütlich in den ersten Wandertag. Falls du die Weitwanderung stückelst, starte alle „Tage 1“ derart entspannt.

3. FALSCHE ERWARTUNGEN

Am besten lässt du dich ganz auf das Abenteuer Weitwandern ein, akzeptierst das tägliche Wetter und freust dich über die kleinen Momente und spontanen Begegnungen. Dass am Berg oder in weniger erschlossenen Gebieten nicht alles so funktioniert wie zuhause, sollte klar sein. Wenn du zu zweit oder ihr zu mehrt unterwegs seid: Besprecht im Vorfeld eure Erwartungen, den finanziellen Rahmen (dieser wird vor allem durch die Wahl der Unterkunftsart bestimmt) sowie eure Kondition und Vorlieben in Bezug auf Gehrhythmus und Pausen. Wollt ihr alles immer gemeinsam erleben oder ist es für beide/alle ok, auch einmal ein Wegstück alleine zu wandern?

Ehrlichkeit zählt! Voraussetzung dafür ist sich darüber bewusst zu werden, was man selbst gerade für Bedürfnisse hat.

4. **ZU SCHWERER RUCKSACK (WEGEN UNNÖTIGER DINGE)**
   Gehe vor Beginn der Weitwanderung mindestens ein paar Stunden mit deiner kompletten Ausrüstung im Rucksack (inklusive Getränken) auf Probetour. Wenn dir das körperlich zu anstrengend ist und den Genuss komplett raubt, wähle die Option des Gepäcktransports und wandere nur mit einem Tagesrucksack.

5. **VERLAUFEN**
   Präge dir am Vorabend die kommende Tagesetappe ein und checke den Track. Oft gibt es mehrere Tage am Stück, an denen der Empfang auf den Hütten nicht vorhanden oder sehr schlecht ist – daher alle GPS-Tracks zuhause herunterladen, um sie offline griffbereit zu haben. Im Zweifel immer zurück zur letzten Markierung statt „auf gut Glück" Abkürzungen und Abschneider suchen!

6. **HUNGER UND DURST**
   Kläre im Vorfeld und auch kurzfristig am Vortag ab, was dich am nächsten Tag erwartet (Öffnungszeiten von Hütten, Restaurants und Geschäften) und plane deinen Proviant dementsprechend! Achte besonders im Sommer bzw. an heißen Tagen darauf, stets genug Flüssigkeit bei dir zu haben. Prüfe die Verfügbarkeit von Wasserstellen oder Brunnen.

7. **ZU VIEL KOMFORT?!**
   Finde heraus, ob du die Person bist, die sich gerne schön anziehen will und sich in (leicht zerknitterter) Wandergarderobe beim Abendessen unwohl fühlt. Und ob du vom Hunger her abends gerne und gut vier Gänge essen kannst. Gerade beim Wandern spürt man sich besser und das „Langeweile-" oder „Frustessen" des Alltags weicht dem natürlichen Appetit. Ich z. B. schlafe schlecht, wenn ich spät sehr viel esse, benötige aber mittags möglichst eine warme Hauptspeise. Daher bedeutet Halbpension bei mir oft, dass ich abends zwei Gänge abbestelle. Und auch in Bezug auf Wellness: Hin und wieder ist eine Sauna in der Unterkunft ein Traum, vor allem nach langen Etappen bei Regen. Manchmal bleibt aber auch gar keine Zeit dafür, weil man unterwegs mal länger rasten, die Landschaft oder das Panorama genießen, in den See springen oder einen Zusatzgipfel mitnehmen möchte.

PACKLISTE

(für ca. ein bis zwei Wochen)

RUCKSACK

- mindestens 35 Liter (wenn alles durchgehend selbst getragen wird)
- Regenhülle (für den Rucksack)
- Clips bzw. Rucksackschnallen: Bei einer Wanderdauer von etwa sieben und mehr Tagen am Stück müssen so manche Shirts, Socken, Unterwäsche etc. (mit Handwaschmittel) gewaschen werden. Mit Clips kann z. B. ein Shirt außen am Rucksack befestigt werden, wo es an einem sonnigen Tag während der Wanderung trocknen kann.

WANDERSCHUHE

- knöchelhoch, wasserdicht, mit rutschfester Vibram-Sohle – und gut eingegangen
- zweites Paar, ev. „Halbschuh", für längere Abschnitte in der Ebene und/oder Asphalt oder falls das erste Paar nass geworden und über Nacht nicht aufgetrocknet ist

KLEIDUNG

Auch im Sommer schwanken die Temperaturen in den Bergen stark – ich wurde einmal bei einer Tour im Hochsommer von Schneegestöber und Minusgraden überrascht. Je höher man beim Weitwandern kommt, desto wichtiger wird der „Schichtenlook".

- 2–3 Hosen, je nach Vorliebe kurz oder dünn und lang oder abzippbar – oder Sport-Leggins. Diese eigenen sich auch als Schlafgewand auf Hütten.
- 2–3 Paar Socken (Merino- bzw. Kompressionssocken)
- 4 Stück Funktionsunterhosen
- für Frauen: 4 Stück Funktions-BHs
- 3 Wander-Shirts; ich bevorzuge Polos (gegen Sonnenbrand im Nacken) und ein Merino-Shirt, das auch als Nachtleiberl optimal ist
- 1 langes dünnes Leiberl für sehr heiße Tage und unter der Regenjacke
- 1 dünnes ärmelloses Gilet für windige, aber warme Tage
- 1 Zwischenschicht (bevorzugt mit Reißverschluss) für kühlere Abende und frühes Weggehen sowie den Abstieg
- 1 gute Regenjacke und -hose
- 2 (Buff-)Mehrzwecktücher – verwendbar als Stirnband, Haube, Halstuch
- 1 „Fetzerl" für alle, die stark schwitzen (hält den Hosenbund trocken)

Zusätzlich bei Höhen-Weitwanderungen (ab ca. 1 500 hm):

- wärmere GORE-TEX-Jacke mit Kapuze (Außenschicht)
- 1 langärmelige (Sommer-)Primaloft-/Daunen-Jacke oder Fleecejacke für kalte Abende

- Unterhandschuhe
- dünne Haube
- Grödel (bei Rest- und Neuschnee); vor allem, wenn man keine Stecken mitführt

SONNENSCHUTZ

- Sonnenkapperl bei starker Sonne
- Sonnenbrille mit UV-Schutz (helle Wechselgläser für starken Wind)
- Sonnencreme mit hohem Schutzfaktor
- (Sonnen-)Lippenstift

ACCESSOIRES

- wahlweise stabile Stecken oder faltbare (bevorzugt mit rundem „Knauf")
- Erste-Hilfe-Set (unbedingt mit Biwaksack und Rettungsdecke), ergänzt um SAM-Splint (Universalschiene), „Israeli-Bandage" (spezieller Druckverband) und Zeckenzange, Desinfektionsmaterial (Tücher, Spray), Blasenpflaster, Tape, Pfeiferl (um in Notsituationen auf sich aufmerksam zu machen)
- Schweizermesser
- Stirnlampe (mit geladenen oder neuen Batterien; ggf. auch Ersatzbatterien einpacken)
- ev. Zeitungspapier, wenn viel Regen angekündigt ist (zum Ausstopfen nasser Schuhe)
- Plastik-Zip-Sackerl für Handy und Geldbeutel bei Niederschlag sowie 1–2 „Klipserl" und kleine Karabiner zum Befestigen
- ev. Wanderregenschirm, wenn an Tagen mit langen (Forst-)Straßen-Abschnitten strömender oder durchgehender Regen vorhergesagt ist
- Sitzkissen
- Handwaschmittel
- Akkupack für das Handy
- Handy-Tasche, die am Bauchgurt befestigt wird (wenn man gerne fotografiert und das Gerät schnell zur Hand sein soll)
- alternativ: regenfeste Hüfttasche
- wasserfester Packsack
- luftdichter Sack für Schmutzwäsche
- mittelgroßes, schnell trocknendes Handtuch (zum Waschen auf Hütten und Baden in Seen)
- kleines Schweißtuch

PERSÖNLICHE BEDÜRFNISSE

- Kosmetik: Seife, Zahnbürste und -pasta (klein), ev. Zahnseide ohne Verpackung
- Taschentücher (auch aus Stoff)
- bei mir: Kontaktlinsen und Sehbrille (sowie Putztuch, auch gut für die Kameralinse)

- persönliche Medikamente
- Slipeinlagen (statt WC-Papier)

PROVIANT

- Trinkflaschen für insgesamt 2–2,5 Liter
- Teebeutel für kalten Aufguss
- kleiner Salzstreuer
- ev. Magnesiumtabletten
- Zitronenzuckerl (für heiße Tage, durststillend)
- Trockenfrüchte, Müsliriegel oder ähnliches für schnelle Energie
- „Klipserl" zum luftdichten Verschließen von größeren Verpackungen
- kleine Dose zum Einpacken von Essensresten, Anrühren von Müsli etc.

„MEIN KLEINER LUXUS"

- ein zweites Paar niedrige Wanderschuhe zum Wechseln für lange gerade (Asphalt-) Strecken – und falls das erste Paar nicht gut auftrocknet
- ein Paar Barfußschuhe als eigene Hüttenschuhe
- Badebekleidung (alternativ: in der Funktionsunterwäsche schwimmen)
- faltbarer Minirucksack für zusätzliche Gipfel von der Hütte/Unterkunft aus
- Tennisball oder Mini-Faszienrolle für müde Füße

ZUSÄTZLICH FÜR HÜTTENNÄCHTE

- Hütten(seiden)schlafsack
- Ohrstöpsel, eventuell Schlafmaske
- Bargeld
- Mitgliedsausweis eines alpinen Vereins
- feuchte Tücher

BEI GEPÄCKTRANSPORT

- Tagesrucksack: ca. 20–30 Liter
- fix ein zweites Paar Wanderschuhe
- schönere Kleidung fürs Abendessen
- Freizeitschuhe
- Nachthemd
- elektrische Zahnbürste, Haarbürste
- Buch
- „persönlicher Luxus": eigener ergonomischer Kopfpolster, Reisewasserkocher für Teewasser, Lieblingsspiel

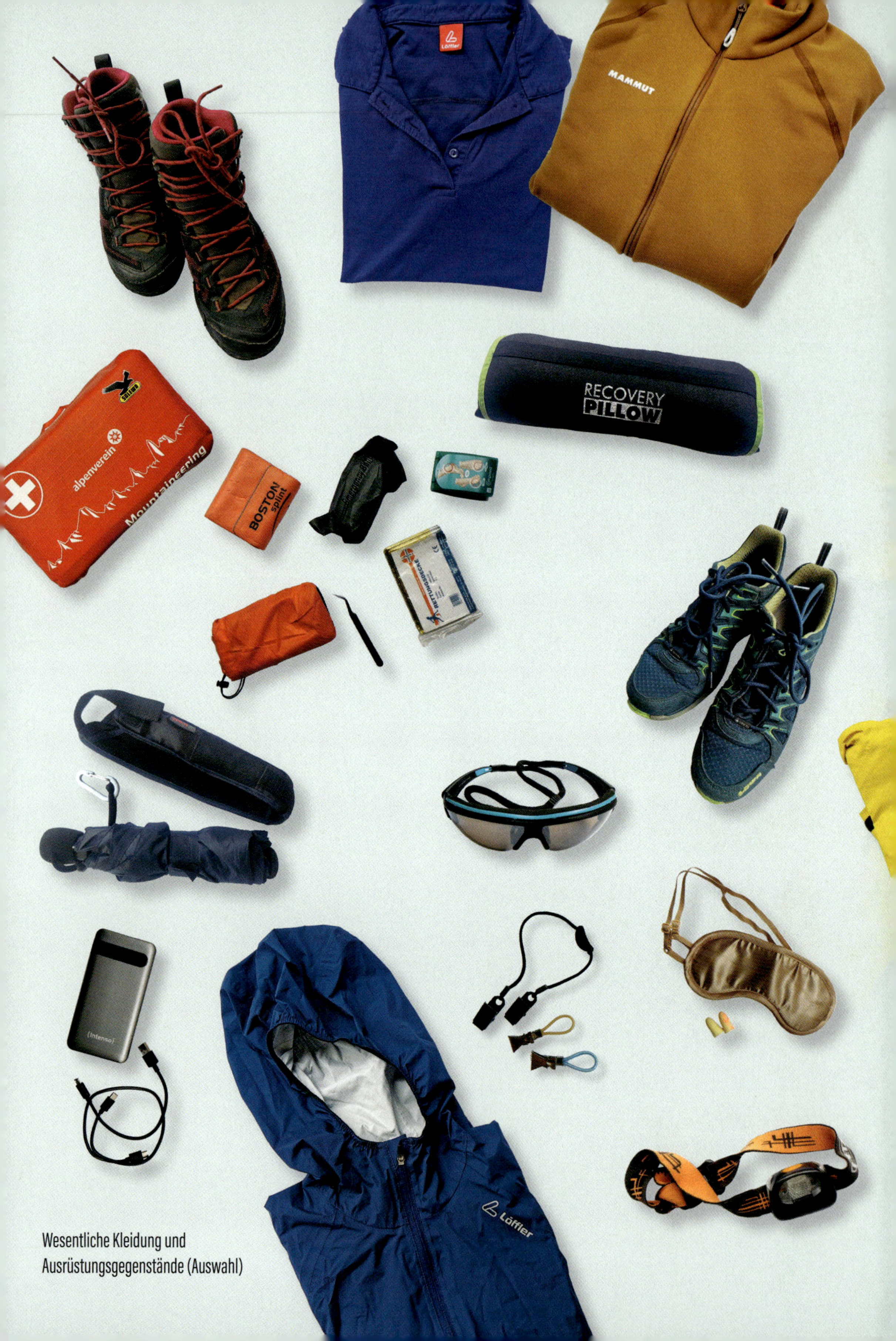

Wesentliche Kleidung und
Ausrüstungsgegenstände (Auswahl)

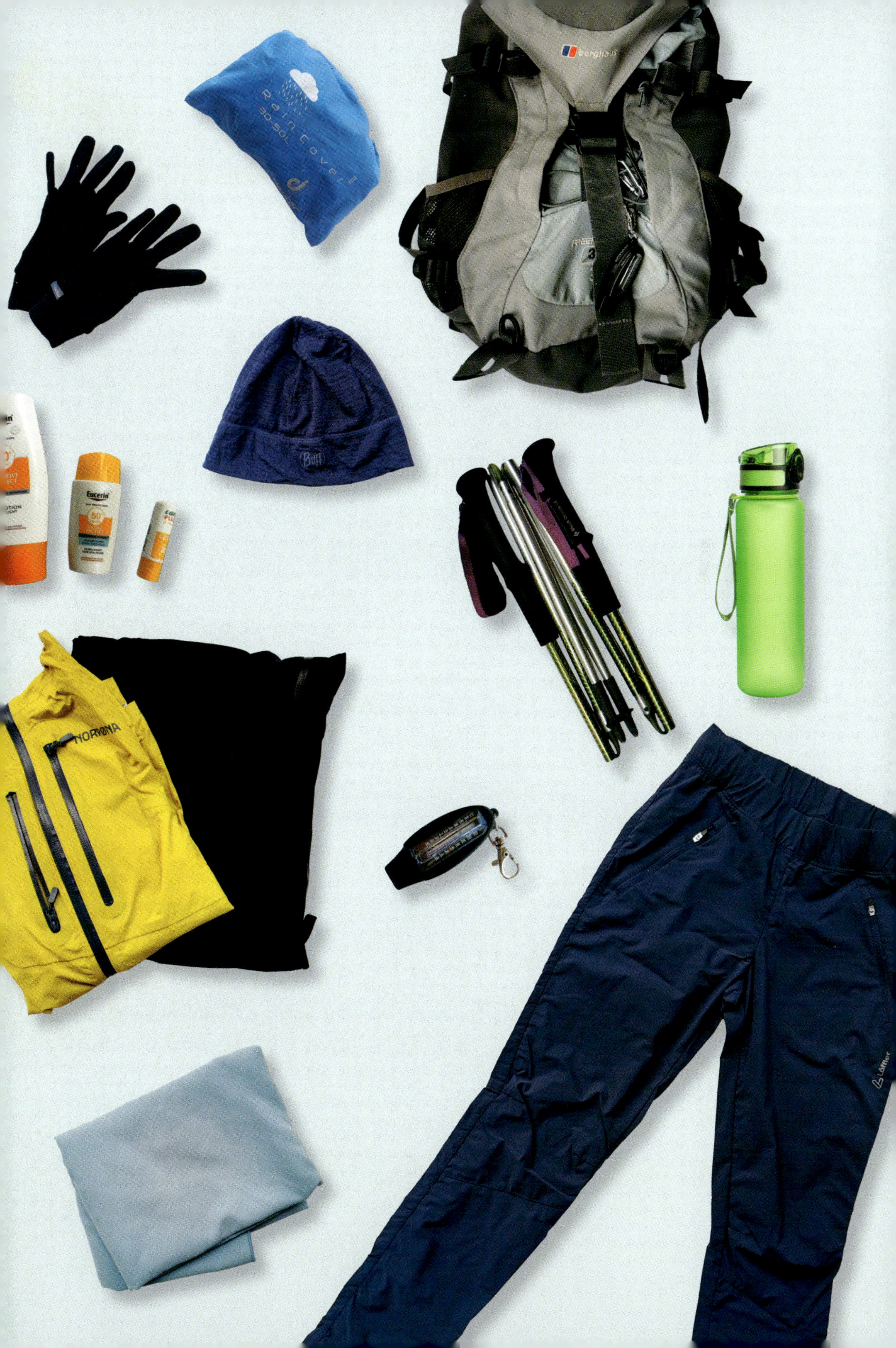
berghaus
Rain Cover
30-50L
Eucerin
NORRØNA

DER FAKTOR SICHERHEIT

Um Weitwandertage sicher genießen zu können, möchte ich an dieser Stelle ein paar wichtige Hinweise und Tipps geben:

ORIENTIERUNG

Die Art der Markierung und Ausschilderung von Weitwanderwegen ist sehr unterschiedlich. Der Grund dafür ist in ihrer Entstehung auszumachen: Manche Weitwanderwege wurden von Grund auf neu erschaffen, andere verbinden bestehende Wegnetze. Je nachdem werden Beschilderungen neu angebracht oder existierende Wegweiser mit einem Zusatz versehen. Viele Weitwanderwege haben eigene Symbole/Logos (z. B. die Lilie beim Johannesweg oder der Luchs beim Luchstrail), weitere einen markanten, teilweise färbigen Schriftzug (z. B. der Lebensweg und der Hohe Tauern Panorama Trail). Von anderen Bundesländern kenne ich auch Weitwanderwege komplett ohne ein eigenes Bildzeichen – in diesem Fall steht nur der Name des Weges in Buchstaben. Je nach Platz sind die Logos und Bilder auf eigenen Tafeln oder als Ergänzung mit Symbol oder Name auf bestehenden Wegschildern angeführt. Logos und färbige Markierungen sind meist besser und von Weitem erkennbar.

Die Frequenz der Beschilderung und die Sichtbarkeit der Tafeln variieren stark, Unwetterschäden tragen ihren Teil dazu bei. Je länger ein Wanderweg, desto mehr Regionen sind für die Beschilderung zuständig – daher kann es innerhalb einer Weitwanderung von „perfekt markiert" bis „kaum sichtbar" alles geben.
Daher immer von allen Etappen die GPS-Daten als Back-up im Vorfeld offline herunterladen! Der Akku entlädt sich rasch, wenn das Handy ständig auf „Netzsuche" ist. Daher empfehle ich, beim Weitwandern tagsüber den Flugmodus einzustellen. Ganz selten passiert es, dass sich auch eine offline heruntergeladene Karte nicht öffnet. In diesem Fall verwende ich „maps.me", eine App, die ich eigentlich zum Reisen und Navigieren in verwinkelten Orten nutze.

DU HAST DICH VERLAUFEN?

Wenn du glaubst oder am Track siehst, dass du eine Abzweigung verpasst hast, ist die einzige komplett sichere Option, dorthin zurückzugehen, von wo du gekommen bist – d. h. bis zum letzten bekannten bzw. markierten Punkt. Auch dann, wenn du am Track eine Abzweigung entdeckst, die später in die Originalroute mündet. Denn du kennst den Weg nicht und allzu oft werden kleinere Pfade nicht mehr gepflegt und verlaufen sich. Oder du landest in sumpfigen Wiesen und kommst nass und dreckig heraus – statt entspannt am Weg. Oder du musst einen Zaun überklettern.

Wenn du bei zwei (oder mehr) Möglichkeiten an einer Kreuzung nicht zu 100 % sicher bist, welchen Weg du wählen sollst, dann kontrolliere den Verlauf am Handy, da insbesondere bei langen Etappen unnötige Zusatz(kilo)meter zu vermeiden sind.
Und noch ein Tipp: Wer sich blind auf das Handy verlässt, ist „verloren", wenn es ausfällt. Auch wenn du „nur mit jemandem mitgehst" oder gut markierte Weitwanderwege wählst – mache dich mit der Gegend vorab vertraut! Befasse dich am Vorabend oder beim Frühstück mit der Route – mit dem Kartenmaterial (oder zumindest im Detail am Online-Track), um die wichtigsten Infos für dich abzuspeichern: Wie verläuft der Weg? Überquert man einen Fluss? Wie viele Gipfel sind zu bezwingen? Wie sind die Höhenmeter aufgeteilt? Wo finden sich gute Rastplätze? Ist der Weg schattig oder ganztags der Witterung ausgesetzt? Verläuft er eher „gerade" oder hat er viele Abzweigungen? Geht man der Sonne entgegen oder steht diese im Rücken? Auf Grundlage dieser Informationen hast du einen guten Überblick und kannst auch deine Energie optimal einteilen und den idealen Sonnenschutz wählen (Brille, Polo).

Grundsätzlich sind die meisten Weitwanderwege maximal als „mittelschwere" Wege klassifiziert. Informiere dich daher auf der offiziellen Webseite des jeweiligen Weges über die konkreten konditionellen Anforderungen sowie über aktuelle (temporäre) Wegsperrungen und Routen-Umlegungen.

Die bei den jeweiligen Tages-Etappen angegebenen Zeiten sind reine Gehzeiten, d. h. ohne Pause(n). Nimm dir Zeit, in den ersten Tagen zu reflektieren, worin deine Stärken liegen. Wie ist deine tatsächliche (genussvolle) Wanderzeit im Verhältnis zur berechneten? Pro Stunde schafft man bei „normaler" Geschwindigkeit vier Kilometer in der Ebene bzw. 300 Höhenmeter im Aufstieg oder 500 Höhenmeter im Abstieg. Es macht auch einen großen Unterschied, ob du nur mit leichtem Tagesrucksack wanderst oder dein komplettes Weitwandergepäck selbst schulterst. Wichtig ist eine ehrliche Selbsteinschätzung. Und wenn ein Weg es zulässt (wie z. B. am Hohe Tauern Panorama Trail), dann wähle auch hin und wieder einmal die leichtere Alternativroute, wenn du vom Vortag noch müde bist.

BESONDERHEIT SCHNEE

Gerade bei Höhenweitwanderungen über 2 000 Metern kann noch sehr lange bis in die Saison hinein Restschnee liegen – das hat bei uns Ende Mai einmal zum Abbruch einer Tour geführt – bzw. kann es auch im Hochsommer zu Neuschnee kommen. Es empfiehlt sich daher sich über eine Webcam ein Bild über die aktuellen Bedingungen zu machen oder auf den Hütten direkt anzurufen. Altschneefelder sind ein wesentlicher Grund, warum ich stets empfehle, Stecken mit dabei zu haben.

WETTERPROGNOSE UND GEWITTER

Zum täglichen Morgenritual gehört der Check des Wetterberichts: Ist der Tag „stabil" oder muss man mit Niederschlag rechnen? Mit welcher Wahrscheinlichkeit und in welcher Menge? Versuche, wenn möglich, bei Gewitter nicht draußen zu sein, und vor allem nicht an ausgesetzten Stellen am Berg. Wenn das Wetter unsicher und Gewitterneigung gegeben ist, habe stets einen Plan B parat. Sehr vorbildlich ausgearbeitet ist das z. B. beim Hohe Tauern Panorama Trail, der an einigen Tagen eine tiefer gelegene Schlechtwetter-Alternativroute anbietet.

MATERIALIEN

Generell empfehle ich, die nötigen Utensilien bei regionalen Produzenten einzukaufen, die auf Nachhaltigkeit in der Herstellung und bei den Rohstoffen Wert legen.

SCHUHE

Beginne eine Weitwanderung nie mit komplett neuen Schuhen, bei denen du nicht weißt, wie es dir mit ihnen nach z. B. sieben Stunden geht. Absolviere mindestens eine lange Wanderung oder besser zwei Tage am Stück vorab, wenn du neue Schuhe gekauft hast – dies übrigens immer am Nachmittag, wenn die Füße durch die Hitze am größten sind. Wichtig sind ein gutes Profil und auch ein wasserabweisendes GORE-TEX-Material, da es selten vorkommt, dass es bei einer Weitwanderung nicht regnet. Gerade bei schwierigen, z. B. steinigen Wegabschnitten oder wurzeligen Waldpassagen sind überknöchelhohe Schuhe die richtige Wahl. Ich habe meist ein zweites flacheres Paar für lange ebene Strecken mit, um meine Sohlen zu entlasten.
Und noch ein Hinweis: Nimm dir vor allem auch vor dem Losgehen Zeit, um gut in die Schuhe zu schlüpfen. Ich klopfe immer mit aufgestelltem Fuß die Ferse ganz nach hinten und beginne erst dann zu schnüren. Bergauf können die Schuhe etwas lockerer gebunden sein, beim Bergabgehen achte ich auf einen engen, stabilen Sitz. Es empfiehlt sich, empfindliche Stellen an der Ferse oder den Zehen provisorisch mit einem Tape abzukleben.

SOCKEN

Genauso wichtig wie die Schuhe sind die Socken. Man sagt, dass Blasen eher durch schlecht sitzende Socken entstehen. Teste daher auch diese und investiere in gute Qualität! Merinosocken sind fürs Weitwandern ideal, da sie Geruch wirklich binden. Ich gehe auch gerne mit kniehohen Kompressionssocken, vor allem an langen Tagen mit vielen Höhen- und Abstiegsmetern. Den Unterschied spürst du vor allem einen Tag später. Schnüre deine Schuhe nach, wenn du merkst, dass sie nicht mehr eng sitzen – auch das hilft, Blasen zu vermeiden.

STECKEN

Vor allem im Sommer liebe ich Stecken, da diese ein Anschwellen der Finger verhindern. Weiters unterstützen sie ein aufrechtes, rückenschonendes Gehen, gerade bei schwerem Rucksack, und bieten eine Entlastung für die Knie bei langen, steinigen Bergabstrecken. Ich bin absolut kein Fan von „immer mit Stecken gehen“ und wandere bei meinen Tagestouren zwei Drittel der Zeit ohne. Beim Weitwandern dagegen habe ich sie immer dabei.
Wenn du zuvor nie mit Stecken gegangen bist, mangelt es dir an der richtigen Technik und es ist eventuell sogar herausfordernder, damit schnell und sicher zu gehen. Daher auch das „Steckengehen“ vorab trainieren! Ich empfehle jene mit rundem „Knauf“, der gut in der Hand liegt, statt mit Kanten zu drücken – den Unterschied merkst du vor allem beim Bergabgehen. Nimm die Stecken beim Absteigen länger und beim Bergaufgehen kürzer – ideal sind solche mit nach unten verlängerter, rutschfester Grifffläche.

RUCKSACK

Nach dem Schuhwerk ist der Rucksack meiner Meinung das Wichtigste für freudvolles Weitwandern. Dieser muss gut sitzen, an den Schultern und vor allem an den Hüften. Die meisten modernen Rucksäcke sind von der Hinterwand mit etwas Abstand zum Rücken konzipiert, sodass man weniger schwitzt und die Luft zirkulieren kann.
Tipp: Die schweren Gegenstände eng am Rücken platzieren (und nicht ganz unten, wie es viele immer noch fälschlicherweise tun). Unten leicht, dann Schweres nah am Rücken, umgeben von Leichtem; oben Mittelschweres und Dinge, die man oft und schnell benötigt. Kleinzeug ins Deckelfach. Und wenig Benötigtes in den unteren Teil – wie das Erste-Hilfe-Set oder den Hüttenschlafsack.

GEHTECHNIK

- → Gehe langsam los – das ermöglicht dir ein ausdauerndes Gehen. Gerade Anfängerinnen und Anfänger machen den Fehler, zu schnell zu beginnen, was sich später meist rächt.
- → Versuche ein konstantes, genussvolles Tempo zu gehen: sowohl bergauf als auch im Flachen und bergab. Finde deinen Rhythmus!
- → Gehe immer „kühl“ los, damit du in einen guten Gehrhythmus findest, anstatt gleich nach zehn Minuten die erste Kleidungsschicht ablegen zu müssen.
- → Ziehe dich lieber vor einem steilen Anstieg aus als danach, wenn du schon verschwitzt bist. Auch nicht optimal wäre eine Entkleidung direkt im Aufstieg, da dich eine Ausziehpause aus deinem Schwung bringt.
- → Gehe beim Bergabwandern in die Knie und halte den Oberkörper dabei aufrecht (das geht mit Stecken etwas leichter). Im Optimalfall spannst du die Bauchmuskeln leicht an, um deinen Rücken zu entlasten.

→ Benutze bei schwierigen Querungen stets die ganze Fußsohle und neige dich nicht zum Hang, sondern lass den Schwerpunkt über beiden Füßen. Ein Stecken auf der Talseite kann dir zusätzliche Sicherheit geben.

TRINKEN UND ESSEN

Das Angebot an öffentlichen Brunnen, Trinkstationen und Geschäften zum Auffüllen deiner Wasservorräte auf einer Etappe entscheidet über die Menge an Wasser, die du mittragen musst. Die Info dazu ist oft in den Apps oder in den offiziellen Booklets der Tourismusverbände vermerkt (besonders vorbildlich am Johannesweg). Vermeide unbedingt Wasserknappheit: Das führt zu Unkonzentriertheit, Kopfweh bis hin zu gefährlicher Dehydrierung und nimmt dir vor allem die Freude am Wandern. Mir ist es schon passiert, dass manche Wasserhähne in der späteren, aber immer noch schönen Nachsaison wie zwischen Nationalfeiertag und Allerheiligen schon inaktiv waren. Daher: Vorab erkunden! In vielen alpinen sowie weniger erschlossenen ländlichen Gegenden haben Supermärkte an Wochenenden geschlossen und dazu oft zwei- bis dreistündige Mittagspausen unter der Woche. Genauso gibt es Orte, wo Restaurants nur an zwei Tagen wöchentlich geöffnet haben. Die Zeit, die man hier in die Vorbereitung steckt, verhindert später ein Ärgern und Hungern – und damit einen Leistungseinbruch.

GESUNDHEIT

Weitwandern ist eine der gesündesten Arten, sich zu bewegen – es stärkt die Knochen, trainiert das Herz-Kreislauf-System und sorgt für seelischen Ausgleich. Wald und Wasser wurden in zahlreichen Studien gesundheitsfördernde Wirkung bestätigt – und fast alle Weitwanderwege bieten eine Fülle an herrlichen Waldwegen, Passagen entlang von Bächen und Flüssen sowie vorbei an beeindruckenden Wasserfällen und klaren (Berg-)Seen.

Wichtig ist aber auch, dass du das restliche Jahr nicht auf deine Gesundheit vergisst und dich optimalerweise einwanderst, bevor du auf Weitwanderung gehst. Du benötigst einen starken Rücken, wenn du das gesamte Gepäck selbst trägst, eine bewegliche Hüfte für hohe Anstiege und eine gute Muskulatur rund um das Knie für steile Wege. Je mehr du dich ganzjährig bewegst, desto mehr Freude wirst du am Weitwandern haben. Denke neben einem Erste-Hilfe-Set inklusive Biwaksack auch an deine persönlichen Medikamente sowie an Sonnenschutz und eine Zeckenzange.

BEGEGNUNG MIT TIEREN

Halte Abstand zu Tieren, vor allem zu Jungtieren. Viele Weitwanderwege führen im Sommer über Almen und zwischen Kuhherden hindurch. Vermeide direkten

Blickkontakt und mache lieber ein paar Meter Umweg. Und wenn Kühe nervös oder aggressiv wirken, stoppe nicht, um zu fotografieren, sondern marschiere zügig weiter. Solltest du mit Hunden gehen, dann sind diese unbedingt an die Leine zu nehmen. (Das Thema „Hunde und Weitwandern“ erfordert eine eigene Vorbereitung, hierin liegt nicht meine Expertise. Ob ein Weitwanderweg mit Hund machbar ist bzw. ob die Unterkünfte Hunde tolerieren, muss beim zuständigen Tourismusverband bzw. mit den jeweiligen Gastgebern abgeklärt werden.)

ERSTE HILFE

Frische dein Wissen über Erste Hilfe auf, gerade wenn du alleine auf wenig begangenen Weitwanderwegen unterwegs bist oder ihr nur zu zweit seid. Sehr gute Kurse bieten das Rote Kreuz oder auch der Alpenverein an – ich empfehle ein spezielles Outdoor-Erste-Hilfe-Training.

Ein Erste-Hilfe-Set, dazu deine persönlichen Medikamente, ein Biwaksack (ich habe immer eine „Israeli Bandage“ und einen SAM-Splint sowie eine gute Zeckenzange dabei) sind unerlässlich. Ein Pfeiferl hilft, um auf sich aufmerksam zu machen.

NOTRUF

Meist geht alles gut, aber wisse immer, wen du im Notfall kontaktieren musst und speichere dir diese Notfallnummern ein:

ALPINNOTRUF: 140

Das ist die erste Wahl bei Bergunfällen, um Einsatzkräfte der Bergrettung zu alarmieren; die Nummer funktioniert nur bei Empfang des eigenen Handynetzes.

EURO-NOTRUF: 112

Dieser Notruf wird in Österreich zur nächsten Polizeidienststelle weitergeleitet; diese Nummer ist auch über das „Fremdnetz“ erreichbar und über die „Notruf-Funktion“ des Handys wählbar, sofern sich das Gerät in irgendein österreichisches Netz „einklinken“ kann. Die Funktion gestaltet sich je nach Handytyp unterschiedlich, daher sollte man sich vorab entsprechend informieren und „üben“ – bei vielen Modellen muss zunächst das Gerät komplett ausgeschaltet werden und beim Hochfahren erscheint noch vor der Eingabe des Pincodes die Info: „Nur Notruf möglich“.

Der Nachteil dieser Nummer: Der kontaktierten Dienststelle ist kein Rückruf möglich und aus Datenschutzgründen dürfen keine Standortdaten übermittelt werden.

Es kann allerdings vorkommen, dass sich das Handy in einem Gebiet mit absolutem Funkloch in kein Netz einwählen lässt. In diesem Fall ist mit einem normalen Mobiltelefon grundsätzlich kein Notruf abzusetzen. Allerdings gibt es mittlerweile nennenswerte Entwicklungen und erste Handymodelle mit integrierter Satellitenverbindung kommen bzw. sind am Markt.

OPTION 1: STANDORTWECHSEL

Wenn es die Situation zulässt (dazu am besten einen Outdoor-Erste-Hilfe-Kurs absolvieren, um die Lage richtig einschätzen zu können, dann verlasse den Standpunkt, steuere höhere Punkte an und versuche auf diese Weise „aus dem Funkloch zu kommen".

OPTION 2: ALPINES NOTSIGNAL

Wenn du absolut keine telefonische Verbindung zustande bekommst, führe das alpine Notsignal durch: Das sind je sechs akustische oder optische (Licht-)Signale pro Minute, gefolgt von einer Minute Pause und dann dieses Prozedere immer wiederholend. Dazu hilfreich sind ein Pfeiferl, eine Stirnlampe oder ein Spiegel – oder deine Stimme. Wenn dein Notruf gehört wurde, erhältst du als Antwort drei Signale pro Minute, gefolgt von einer Minute Pause.

VERSICHERUNG

Wenn du gerne in den Bergen unterwegs bist, ist die Mitgliedschaft in einem alpinen Verein eine logische Konsequenz. Für die Leistungsdetails (Bergekosten, Vergünstigungen bei Hüttennächtigung etc.) findest du Informationen auf der Webseite des Alpenvereins, der Naturfreunde oder anderer alpiner Vereine. Führe deinen Mitgliedsausweis stets mit, um z. B. die Nächtigungs-Vergünstigungen zu erhalten.

RICHTIGES FOTOGRAFIEREN

Es kann sein, dass du das Weitwandern einfach nur genießen und die Natur, ihre intensiven und teils magischen Stimmungen mit den Augen und dem Herzen ganz in dir aufnehmen möchtest. Manchmal möchte man sich an einen besonderen Moment aber auch nach der Rückkehr nach Hause noch erinnern bzw. diesen mit Freunden teilen. Oder ein Foto ausdrucken, um daraus Kraft für den Alltag zu schöpfen. Oder jemand bittet noch während der Tour, ein (Gipfel-)Foto zu machen.

Tipps für die Bergfotografie (mit dem Handy):

ABWECHSLUNG!

Niemand sieht sich gerne 100 ähnliche Fotos an. Bilder sollen Geschichten erzählen, und diese gestalten sich umso lebhafter und spannender, desto abwechslungsreicher die Motive und auch die Perspektiven sind. Versuche daher eine Kombination aus weiten Landschaften, die einen Überblick geben, Detailaufnahmen von besonders schönen Blumen oder Strukturen (von Häusern, Bäumen etc.) sowie von Menschen (beim Posieren, aber vor allem bei einer natürlichen Tätigkeit – beim Gehen, Packen des Rucksacks oder Waten durch das Wasser).

SPIEL MIT DER PERSPEKTIVE

Versuche mit der Perspektive zu spielen: Gehe nah heran, fokussiere z. B. den Wanderschuh und fotografiere nach oben. Wähle bewusst einen Ausschnitt – etwa die „Büste“ und den Blick in die Weite. Aber: Schneide bei einem Ganzkörperfoto nie die Füße ab, insbesondere nicht bei Gipfelkreuzfotos.

ZEITPUNKT

Das schönste Licht ist meist am Tagesbeginn und -ende. Mittags, an sonnigen Tagen, ist das Licht sehr „hart“ und wirft starke Schatten und Kontraste.

STANDPUNKT

Fotografieren bedeutet „Malen mit Licht“. Und das sollst du lernen – das Licht zu sehen. Woher kommt es? Während manchmal Silhouetten von Menschen auf einem Bergrücken wie Scherenschnitte ganz toll aussehen, sind nahe Gegenlichtaufnahmen mit dunklen Gesichtern eher ungewollt.
Vermeide Fotos mit starkem Hell-Dunkel-Kontrast (z. B. Gesicht im Schatten, im Hintergrund die gleißende Sonne). Ein Teil ist immer unter- oder überbelichtet. Die Funktion „HDR“ kann etwas Abhilfe schaffen, aber achte im Optimalfall auf eine ähnliche Beleuchtung der Person und des Hintergrundes.

HANDY

Kenne die (Haupt-)Funktionen deiner Handykamera! Wie setze ich den Fokus, d. h. wie definiere ich, was scharf sein soll? Wie stelle ich die optimale Belichtung ein? Gibt es eine Funktion, die das Wasser fließend darstellt?
Und noch weitere Tipps:

- → Achte darauf, dass deine Kameralinsen sauber sind!
- → Lade dein Handy abends oder morgens auf, damit du genug Akku zum Fotografieren und gleichzeitig als Navigations-Back-up hast und nimm für lange Tage gegebenenfalls ein Akkupack mit.
- → Gehe mit einem leeren Speicher auf Tour, damit du nicht am vierten Tag bereits anfangen musst, Fotos zu löschen.

ZURÜCK DAHEIM

Wähle ca. zehn Bilder pro Wandertag aus, mit denen du dein Publikum erfreust.

Viel Freude beim Fotografieren, aber vor allem beim Live-Sehen und Erleben!

PS: Manchmal gebe ich auch Kurse zur Bergfotografie. Schreib mir bei Interesse gerne eine E-Mail oder schau auf meinem Blog www.99erstemale.at vorbei. Viele Fotos meiner Weitwanderungen und auch der vielen Tagestouren findest du außerdem in meiner öffentlichen Facebook-Gruppe www.facebook.com/wandernby99erstemale.

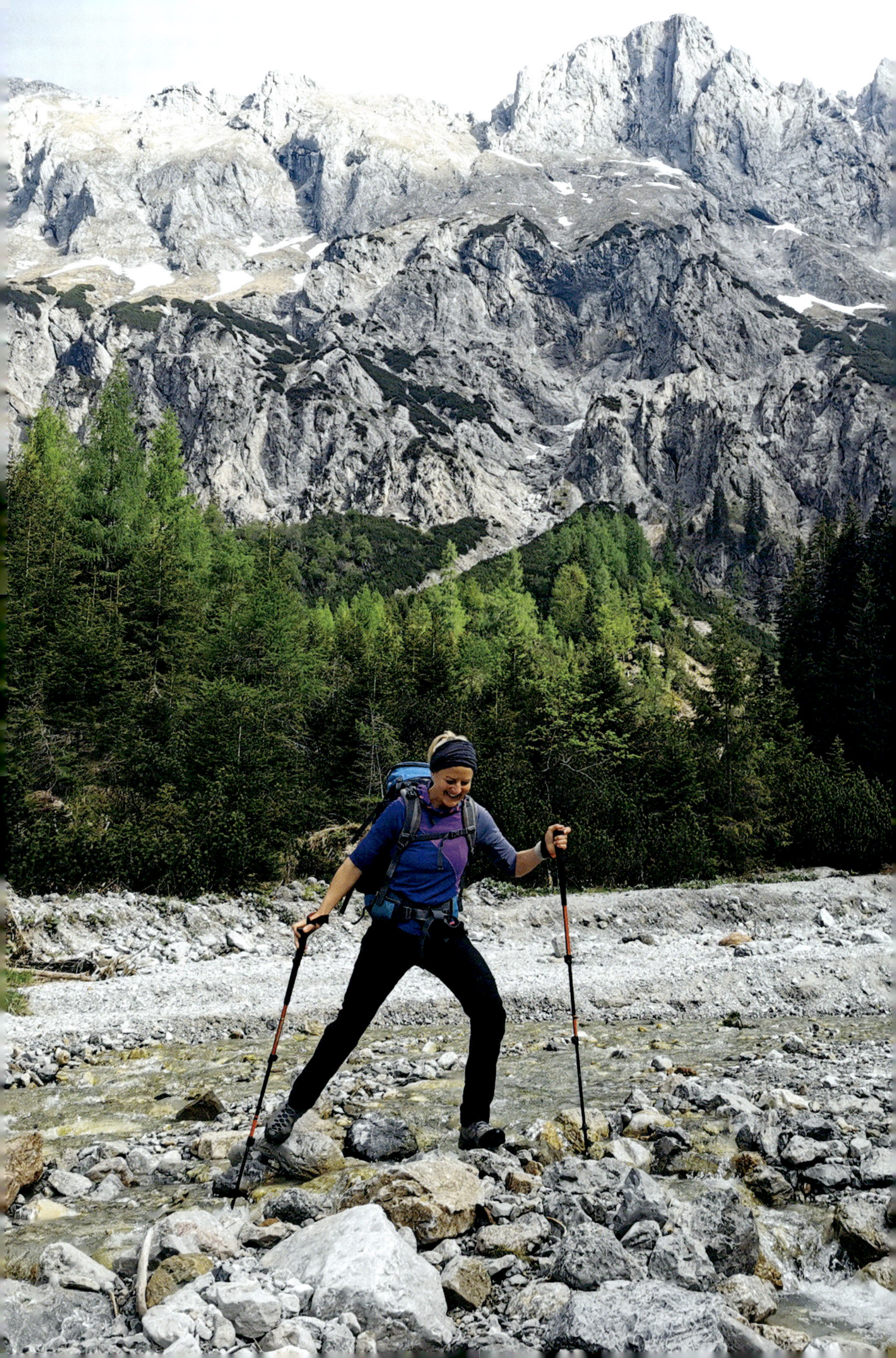

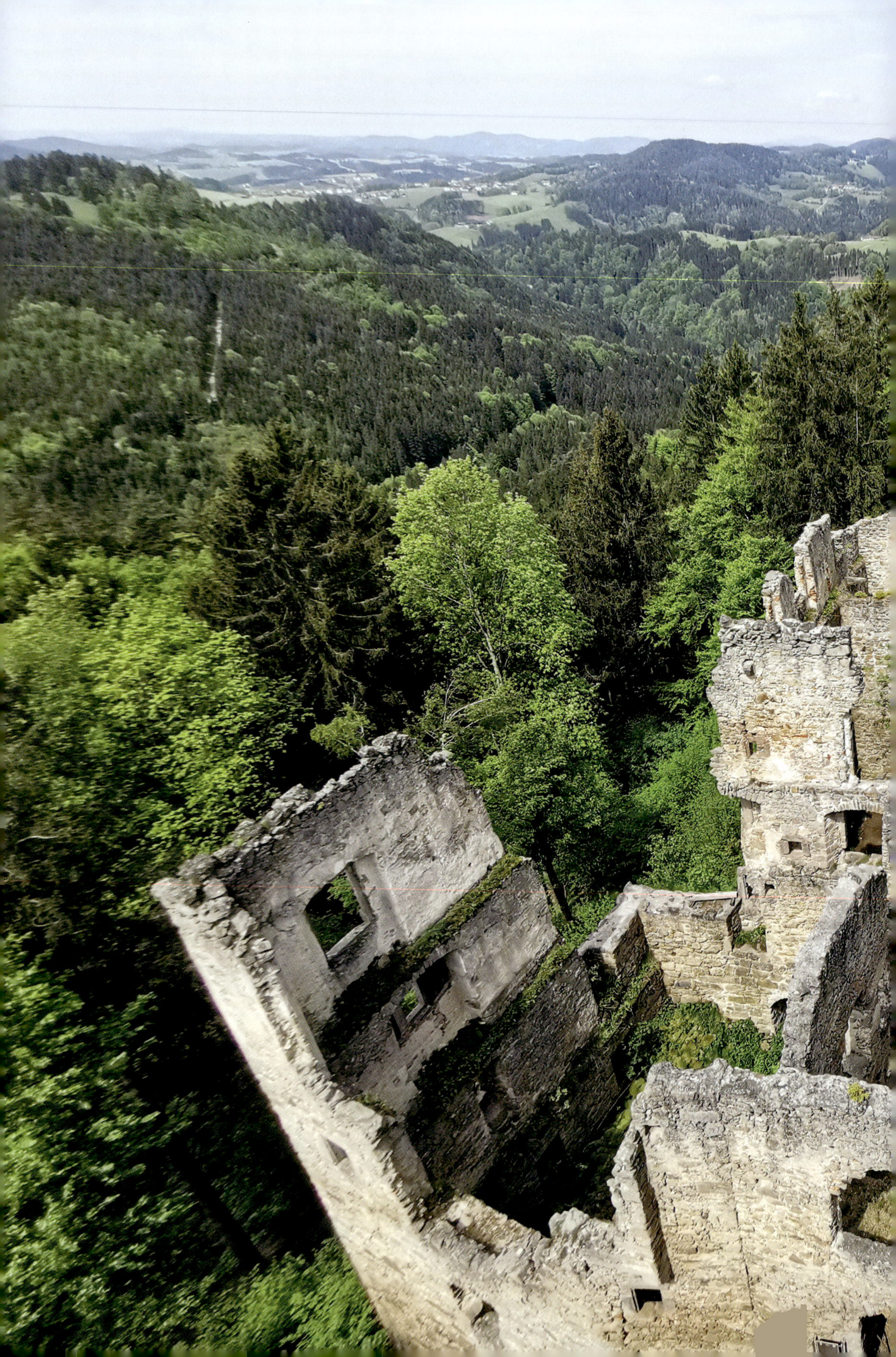

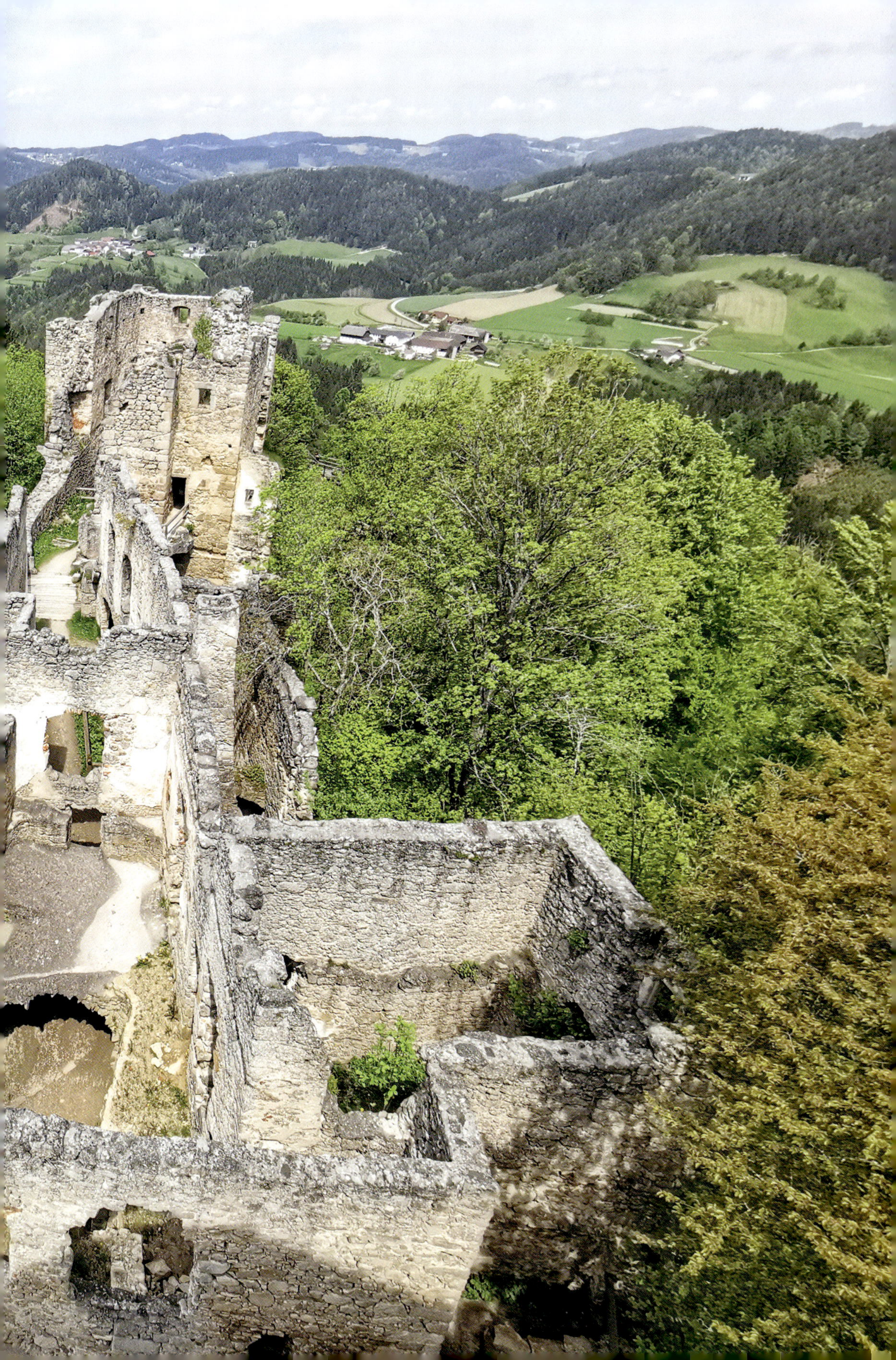

JOHANNESWEG

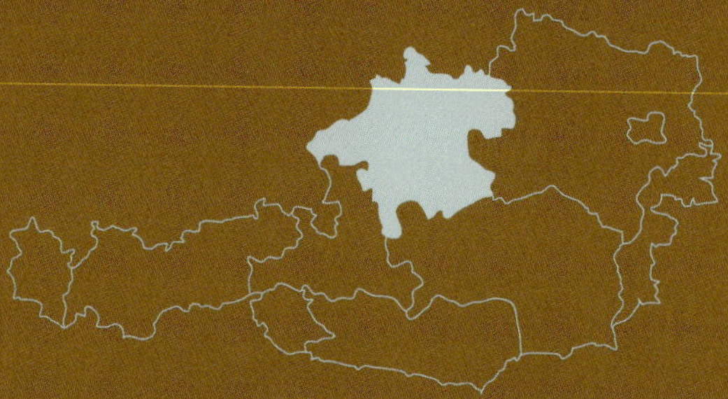

→ **84 km**
(etwa 3 km extra für die Attraktionen Burgruine Ruttenstein, Abschlussstation „Finis terrae" beim Friedenskreuz und Herzogreither Felsen)

↕ **2 800 hm**
(davon ca. 200 hm für die obigen drei Zusätze)

× **3–5 Tagesetappen**

REGION Mühlviertel – Region Mühlviertler Alm Freistadt

GIBT ES SEIT 2012 (mit laufender Wegoptimierung)

WEGBESCHAFFENHEIT Wald- und Wiesenwege, immer wieder unterbrochen durch Asphaltabschnitte

WEGFÜHRUNG

- stetige Optimierung der Route „weg von der Straße"
- Es gibt zwar noch einige Straßenabschnitte, allerdings werden diese immer rechtzeitig von schönen Waldwegen abgelöst, sodass das Gesamterlebnis ein rundes ist!
- imposante Burgruinen, schöne Gipfelkreuze, weitläufige Panoramen und herrliche Kraftplätze

GEEIGNET FÜR

- Einsteigerinnen und Einsteiger ins Weitwandern, die herausfinden möchten, wie weit sie ihre Füße tragen
- alle, die den Pilgeraspekt suchen, über ein (verlängertes) Wochenende eine schöne Auszeit vom Alltag nehmen bzw. wertvolle „Gemeinsamzeit" mit Lieblingsmenschen verbringen möchten

BESTE JAHRESZEITEN Da der höchste Punkt des Johannesweges mit 989 Metern sehr niedrig ist, kann diese Weitwanderung schon früh in der Saison schneefrei begangen werden. Schön sind besonders die Tage der Blüte im Mai, die langen lauen Abende im Juni wie auch der farbenfrohe Herbst. Grundsätzlich ist eine Begehung ganzjährig möglich. [Ich bin gewandert: 4 Tage, Mitte Mai]

BESONDERHEIT inspirierende Weisheiten an den 12 Johannesweg-Stationen

ANSTRENGENDSTE ETAPPE	keine im Speziellen – generell wird aber das regelmäßige Auf und Ab des hügeligen Mühlviertels oft unterschätzt
HERAUSFORDERUNG	kontinuierliches Auf und Ab
EMPFEHLUNGEN	Genießen, staunen, spüren – sich selbst beim Gehen näherkommen!
DAS BESTE AM TRAIL	× Der Johannesweg ist nur in eine Richtung beschildert, um den Wandernden Ruhe zu bieten. × Ein Riesenplus ist die tolle App, die neben der Route auch WC-Anlagen sowie Trinkbrunnen aufzeigt und nicht zuletzt als digitaler Stempelpass fungiert.
MEINE DREI HIGHLIGHTS	× Kraftplätze mit Wackelsteinen, Szenerie aus Moosen und Farnen × Höfe und Kapellen in Steinbloß-Optik × Flexibilität bei der täglichen Gehstrecke (Wandertaxis/Shuttle)
GEHEIMTIPP	lieber einen Tag länger gehen, um die Stationen zu genießen und die Burgruinen zu erkunden
SHUTTLE	sensationell ausgearbeitet: Z. B. bietet das Hotel Fürst in Unterweißenbach, in dem genächtigt werden kann, 18 Abholstationen, sodass Flexibilität bei der täglichen Weglänge garantiert wird. Es gibt noch weitere Unterkunftsbetriebe, die ein Angebot mit Shuttle-Service anbieten. Für alle, die kein Wanderpackage buchen, gibt es die Option entlang der Wegstrecke sogenannte Johanneswegtaxis zu buchen. Ob Hotelshuttle oder Taxi – diese Optionen erfordern eine Vorabreservierung und die Festlegung auf eine Abholzeit, was die zeitliche Flexibilität etwas einschränkt.
ORGANISATION	× Buchung direkt über die Beherbergungsbetriebe. Derzeit gibt es mehr als 20 „Johannesweg-Angebote" mit Shuttledienst. × Weitere Informationen sind über den Tourismusverband Mühlviertler Alm Freistadt bzw. auf der offiziellen Johannesweg-Webseite zu beziehen. × Einen Gepäcktransport gibt es am Johannesweg nicht: Entweder bleibt man durchgehend in einer Unterkunft (mit Personen-Shuttledienst) oder man trägt von Quartier zu Quartier alles selbst im Rucksack.
INFO	× www.johannesweg.at × Tourismusverband Mühlviertler Alm Freistadt: Lebensquellplatz 1, 4283 Bad Zell, +43 50 7263 - 31, anfrage@muehlviertel.at www.muehlviertel-urlaub.at

PERSÖNLICHER AUSBLICK

DEIN EINSTIEG INS WEITWANDERN!

Die Grundidee zum Johannesweg (als österreichisches Pendant zum Jakobsweg) stammt vom Linzer Dermatologen Dr. Johannes Neuhofer. Benannt nach Johannes dem Täufer, sollte seiner Vision nach der Wegverlauf der Form einer Lilie, dem Zeichen des Lichts, ähneln. In einer oberösterreichweiten Ausschreibung wurde die Region Mühlviertler Alm aufgrund ihrer Ursprünglichkeit und ihrer vielen Kraft- und Energieplätze für die Realisierung gewählt.
Eröffnet wurde der Johannesweg am 24. Juni 2012 – dem Namenstag von Johannes dem Täufer – mit zwölf Stationen zur Besinnung. Es sind dies Inspirationen, die zu einem zufriedenen Leben führen sollen (z. B.: „Sei tolerant gegenüber deinem Gesprächspartner“, „Bewahre die Geduld“, „Sei hilfsbereit und großzügig“). Besonders die Aussagen „Halte Maß in allen Dingen“ sowie „Der Schlüssel zum gesunden Altern liegt in deinem Alltag“ bekräftigen das definierte Ziel des Weges: „Die Gesundheit durch einen sich in Balance befindenden Körper und Geist zu fördern und zu erhalten“.

Nach den Wegoptimierungen in den letzten Jahren beträgt die Gesamtlänge des Johannesweges in etwa 84 Kilometer. Vom Oberösterreich Tourismus wurden drei Routen-Empfehlungen ausgearbeitet: als Genusswanderung (fünf Tage), für routinierte Wanderinnen und Wanderer (vier Tage) und für Ambitionierte (drei Tage). Alle Varianten beginnen beim offiziellen Johannesweg-Start in Pierbach.
Vom Hotel Fürst wird das „Fürstliche Johannesweg-Package“ mit Shuttle-Service angeboten. Diese Empfehlung ist auf vier Wandertage ausgelegt, mit dem Start direkt vom Hotel weg: am ersten Tag bis Mötlas (18 km), am zweiten nach Schönau (20 km), am dritten nach Langfirling oder Weitersfelden (23 oder 29 km) und am vierten Tag zurück nach Unterweißenbach (17 oder 23 km). An dieser Aufteilung haben auch wir uns orientiert. Was ich hier sehr positiv empfunden habe, ist die zusätzliche Flexibilität durch insgesamt 18 Abholpunkte, sodass auch die Tagesetappen um ein paar Kilometer mehr oder weniger variiert und der Tagesform angepasst werden können. Das gibt die Freiheit im eigenen Tempo zu gehen, bei einer Johannesweg-Station bzw. einer

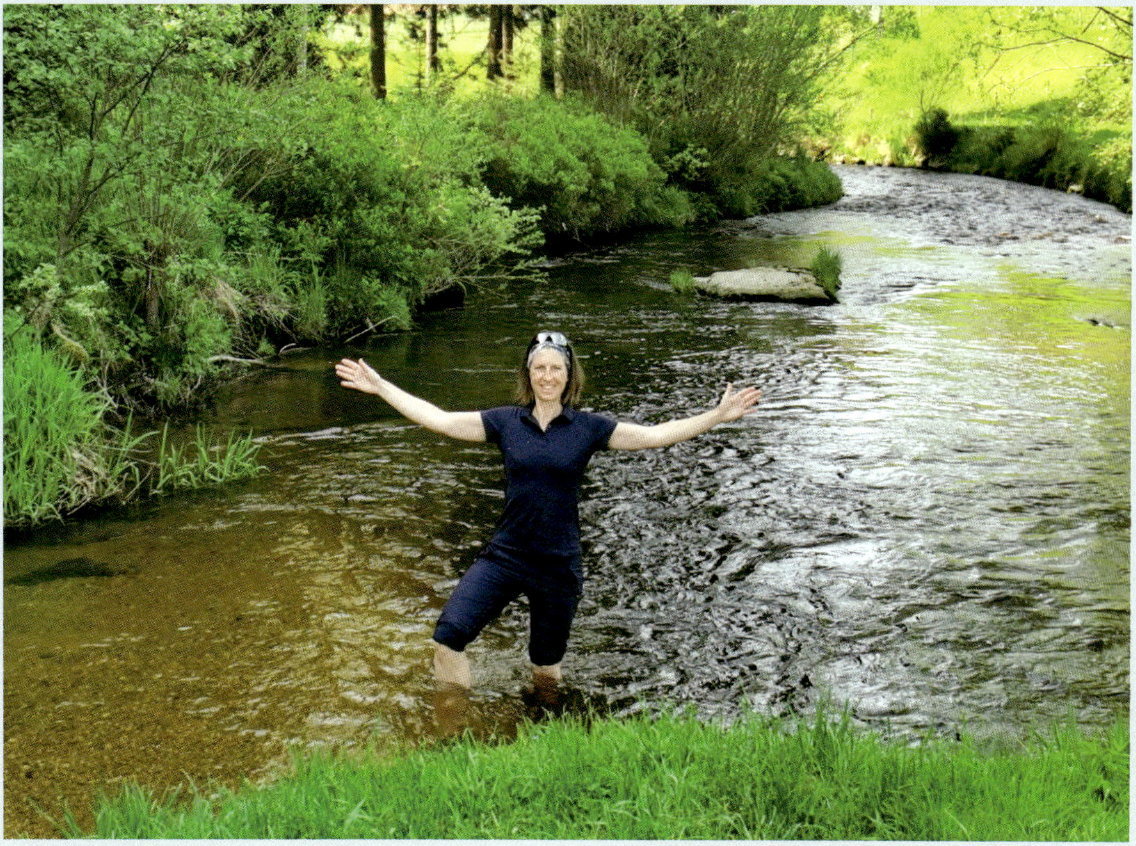

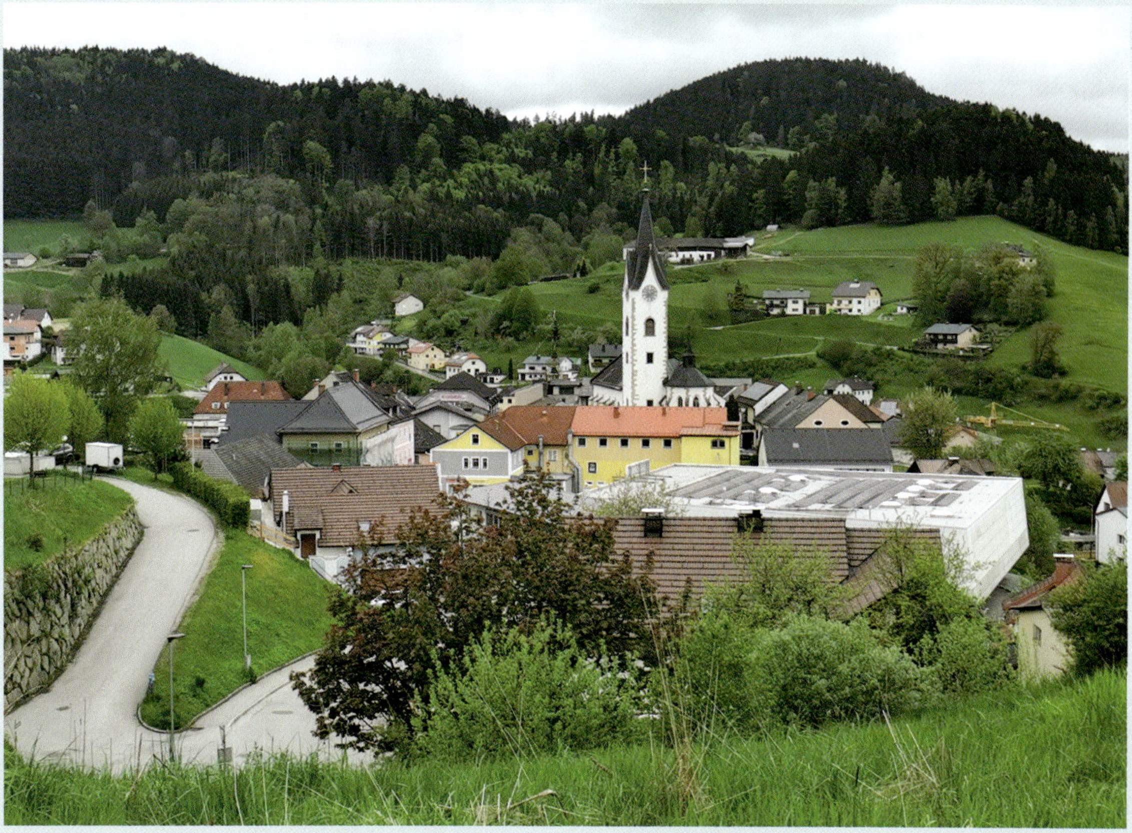

entsprechenden Attraktion länger zu verweilen und in Ruhe zu kneippen, die Burgruinen zu erkunden oder auch mittags genussvoll einzukehren.

Der Johannesweg als *der* Pionier-Weitwanderweg von Oberösterreich ist für mich die perfekte Option, um sich selbst als Weitwanderer kennenzulernen. Und herauszufinden: Wie viele Kilometer machen mir Freude? Wie geht es mir an den ersten drei Tagen – und was bedeutet das für mich, wenn ich länger unterwegs sein möchte? Wie gehe ich mit Regentagen um? Wie reagiert mein Körper auf sehr lange Tagesstrecken, auf Asphalt (solche Stücke hat fast jeder Weitwanderweg) und auf das Gewicht des Rucksacks? Und möchte ich alles selbst tragen – oder lieber mit Tagesrucksack unterwegs sein? Wie fortgeschritten bin ich schon beim Packen? Und möchte ich gerade alleine über etwas nachdenken oder das Erlebnis Weitwandern teilen? Was ist mir hier besonders wichtig, in welchen Fällen bin ich kompromissbereit? Auf all diese Fragen gibt der Johannesweg Antworten.

Was den Johannesweg auch als Einstiegs-Weitwanderweg prädestiniert, ist seine vorbildliche Beschilderung, die eine Orientierung ohne Handy gut ermöglicht. Ich persönlich habe mich an vier Tagen etwa drei Mal am GPS-Track versichert, dass wir richtig unterwegs sind. Einmal haben wir ein Schild übersehen und ich nutzte das Handy, um sicher und rasch zum vom Tourismusverband empfohlenen Originalweg zurückzukehren.
Wer möchte, kann mittels der Johannesweg-App „Stempel" sammeln, indem er oder sie an besonderen Punkten und Highlights „eincheckt". Da man dort meist ohnehin (mit dem Handy) fotografiert, behindert das die eventuell geplante Offline-Zeit kaum. Praktisch ist im Zusammenhang mit der App die Funktion, sich WC-Anlagen oder auch Wasser-Auffüll-Stationen anzeigen zu lassen. Hat man die Funktion „Automatisch einstempeln" nicht aktiviert, benötigt die App auch kaum Akku.

ETAPPE 1

EIN FÜRSTLICHER BEGINN

UNTERWEISSENBACH
↓
KÖNIGSWIESEN

ICH BIN DIESE ETAPPE MITTE MAI GEGANGEN

→ 11 km ↑ 401 m

3 bis 3 ½ Stunden

z. B. in Königswiesen

TIPP die ganze empfohlene Etappe gehen (dadurch geringere Intensität an den Folgetagen)

HIGHLIGHT Kraftplatz rund um das Wegerer Kreuz

RESÜMEE ein schöner Einstieg, erstes Gipfelkreuz und malerische Panoramen

BEWERTUNG Weg ●●●●○ Landschaft ●●●●○ Erlebnis ●●●●○

Der offizielle Start des Johannesweges ist in Pierbach, wobei ausdrücklich betont wird, dass der mehrtägige Weitwanderweg an jedem „Johannesweg-Ort" begonnen werden kann, je nachdem, wo man nächtigen möchte bzw. wohin man mit dem Auto – oder auch öffentlich – am einfachsten anreist.

Da sich unsere Unterkunft in Unterweißenbach befindet, beginnen wir hier und starten direkt beim Hotel Fürst. Dieser Betrieb ist nicht nur für seine regionale Küche bekannt, sondern bietet vor allem ein tolles Package für die am Johannesweg Pilgernden: eine Kombination aus Nächtigung im Haus und täglichem Shuttle zu und von den insgesamt 18 Transferpunkten am Rundweg. Das gibt höchstmögliche Flexibilität und ermöglicht das Eintauchen ins Erlebnis Weitwandern im ganz persönlichen Tempo: meiner Meinung nach der optimale Einstieg, um herauszufinden, wie weit einen die eigenen Füße am ersten Tag tragen, wie müde diese am zweiten Tag sind und wie sehr man sich am dritten Tag zum Weitergehen motivieren muss. Das Tolle: Man schultert bei dieser Option nur den Tagesrucksack, kann darüber hinaus das restliche Gepäck für mehrere Tage auspacken und auch abends „ankommen" und in frischer Kleidung das Abendessen genießen. Wir durften hier drei Nächte verbringen und uns an vier Tagen von dem perfekt funktionierenden Sternshuttle-Service überzeugen.

Aufstieg zum Wegererstein-Blick

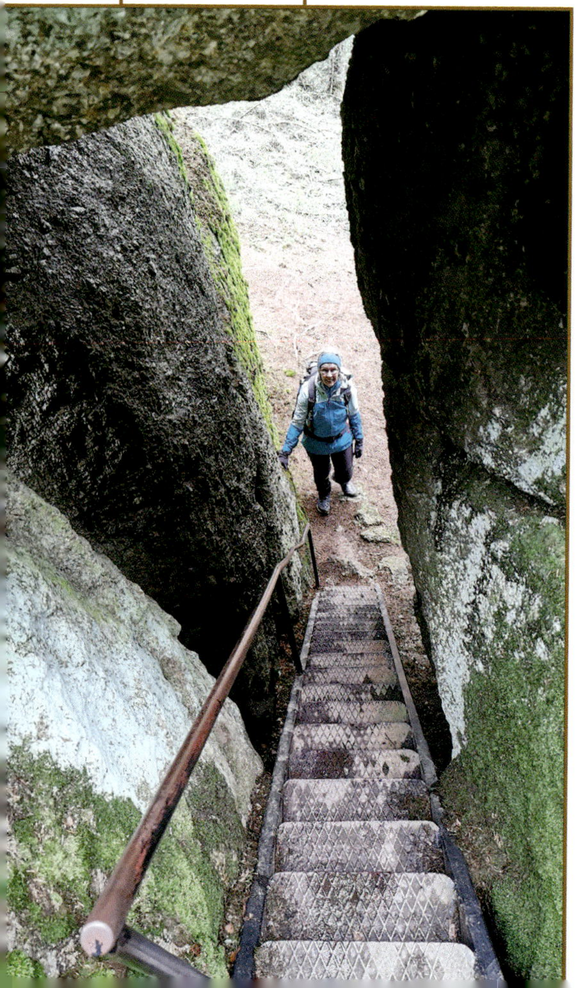

Tag eins beginnt, wie gesagt, direkt beim Hotel. Das erste gelbe Johanneswegschild im Blickfeld, folgen wir diesem nach links. Es geht an der Kirche vorbei. Schon hier erfreuen die liebevoll gepflegten Beete und kunstvolle Details der flankierenden Häuser und Gärten. Die Straße führt leicht bergauf, die Beschilderung ist so vorbildlich, dass wir an diesem Tag das Handy kein einziges Mal zur Wegfindung konsultieren müssen. Wir passieren den unteren und oberen „Marktblick", der eine herrliche Rückschau auf den Ortskern, seine Kirche und die dahinterliegende Hügellandschaft bietet. Es gilt, etwa 200 Höhenmeter in den ersten zwei Kilometern zu überwinden. Nach etwa 15–20 Minuten Gehzeit verlässt man den Asphalt. Erstes Tageshighlight ist der Wegererstein, ein Ruhe- und Kraftplatz mitten im Wald. Eine Leiter führt über die massiven, gestapelten Gesteinsbrocken zu einer kleinen Aussichtsplattform, die mit einem Blick auf das mittlerweile weit entfernt wirkende Unterweißenbach belohnt.
Der Waldboden am Weiterweg ist angenehm weich, allerdings nur für ein kurzes Stück, das dann wieder von einer Asphaltstrecke abgelöst wird. Vorausblickend verläuft der restliche Nachmittag in diesem Wechselspiel der Untergründe. Eine liebevoll angelegte „Allee der Freundschaft" führt bis kurz vor den Jagdmärchenpark Hirschalm, der von Familien gut besucht ist. Wir folgen erneut einem Waldweg, der gleichzeitig als Reitstrecke angelegt ist. So viele Hufeisenabdrücke müssen doch Glück für unser Abenteuer bringen!

Nach etwa zweieinhalb Stunden (mit Fotopausen) stehen wir vor dem Gipfelkreuz Harlingsedt und freuen uns, dass es ab hier fast ausschließlich bergab geht. Und das tut es zweimal sogar ziemlich steil und direkt. Wir nehmen den Schwung mit, um die letzten Höhenmeter nach Königswiesen zu bewältigen. Kaum drei Minuten später erscheint unser Shuttletaxi vom Hotel – gerade bleibt noch genug Zeit, um die doch etwas müden Beine zu dehnen. Am Johannesweg sind wir zwar nur knapp elf Kilometer vorangekommen, allerdings waren wir am Vormittag bereits sechs Kilometer am Tannermoor-Rundweg bei einer spannenden Führung mit dabei. Das ergibt in Summe etwa jene 18 Kilometer, die im Rahmen der ersten Johannesweg-Etappe vom Hotel Fürst bis zum eigentlich empfohlenen Endpunkt Mötlas eigentlich vorgesehen wären. Wir werden versuchen, die fehlenden sieben Kilometer am zweiten Tag dran- bzw. voranzuhängen.

Wunderschöner Waldweg auf unserer ersten Etappe

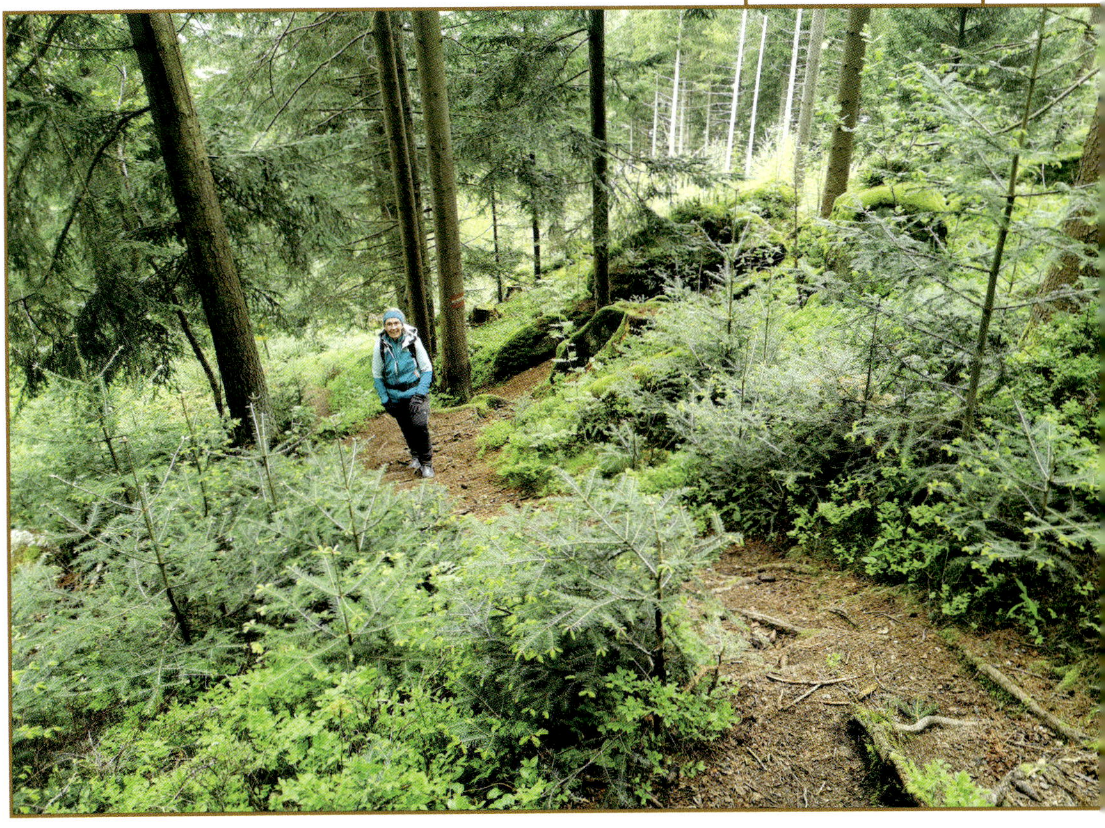

ETAPPE 2

BURGRUINE, BRUNNEN UND BEVÖLKERUNG

KÖNIGSWIESEN
↓
KAINING

ICH BIN DIESE ETAPPE MITTE MAI GEGANGEN

→ 23,5 km ↑ 714 m ↓ 717 m

ca. 6 ½ Stunden

z. B. bei der Schutzhütte der Burgruine Ruttenstein oder in Pierbach im Gasthof Populorum

TIPP Zeit für die (kostenlose) Burgbesichtigung einplanen

HIGHLIGHT die Kombination aus der imposanten Burgruine, dem Johannesbrunnen und den typischen Mühlviertler Steinbloßhäusern

RESÜMEE Die Burgruine Ruttenstein ist eine tolle Attraktion, für die man den Extrakilometer (etwa 60 Höhenmeter sowie mindestens eine Stunde für Besichtigung und Zustieg) investieren sollte!

BEWERTUNG Weg ●●●●○ Landschaft ●●●●● Erlebnis ●●●●●

Wir werden zurück nach Königswiesen geshuttelt, um 8:45 Uhr setzen wir den ersten Schritt. Noch ist es kühl. Eine spontane Zufallsbegegnung wärmt unser Pilgerherz: Am Wegesrand zieht ein Igelschild mit dem Hinweis „Wir queren hier die Straße" unsere Aufmerksamkeit auf sich. Gerade als wir uns darüber unterhalten, wie toll wir das finden, ertönt ein freundliches „Hallo". Der Initiator der Schutzmaßnahme grüßt aus seinem kleinen Tier- und Pflanzengarten, wo neben Igel auch Vögel gefüttert werden und Blumen wild wachsen dürfen. Wir erfahren, dass er seit 13 Jahren seine Mutter pflegt und dieses Paradies sein Ausgleich ist. In der Seele berührt, setzen wir unseren Weg fort – wieder einmal in großer

Dankbarkeit für die Magie dieser zufälligen Begegnungen und berührenden kleinen Momenten beim Weitwandern.
Wir verlassen die Straße und folgen einem wunderschönen Waldweg, der ebenso Teil des Wackelsteinweges ist. Am Boden glitzert noch der letzte Morgentau – als wir eine kleine Anhöhe erreichen, bricht die Sonne durch. Danach geht es wieder bergab, Wanderweg-Abschnitte wechseln mit kurzen Asphaltstücken. Das erste Steinbloßhaus erfreut uns und die nette Besitzerin erkundigt sich mit aufrichtigem Interesse nach unserer Herkunft und unseren Plänen.
Bis Mötlas, dem Ende der für gestern empfohlenen Gesamtetappe von etwa 17 Kilometern, genießen wir den weichen Waldweg. Beim Steinbloßkirchlein im Ort ist eine kurze Pause am Bankerl eine gute Idee, da danach ein längerer Straßenabschnitt bis vor dem Aufstieg zur Ruine Ruttenstein folgt. Wie schon am Tag davor kann man aber auch hier auf einem etwa 30 Zentimeter breiten Schotterweg neben der Fahrbahn gehen, was es für Füße und Gelenke um einiges angenehmer macht.
Mächtig erscheint die Ruine hoch über uns. Der Johannesweg führt leicht unterhalb der Burg vorbei, dennoch warten 100 Höhenmeter auf uns, die wieder auf angenehmem Waldweg verlaufen. Die Frage stellt sich, ob man noch weitere etwa 60 Meter im Aufstieg und einen Zusatzkilometer ergänzen möchte, um die Burgruine Ruttenstein zu besichtigen. Ohne Eintritt (aber mit höflicher Bitte um eine Spende für die Instandhaltung) kann man sogar die Türme erklimmen und eine herrliche Aussicht auf die Anlage aus der Vogelperspektive und ein tolles Panorama genießen.
Es folgt der Abstieg nach Pierbach – und zwar großteils auf Asphalt, unterbrochen durch einzelne wohltuende Waldstücke. Für eine Weile geht es entlang der Großen Naarn, wo auch der Burgen- und Schlösserweg verläuft. Wirklich vorbildlich ist, dass hier für jene, die mit dem Mountainbike unterwegs sind, ebenso tolle Strecken angelegt wurden – und diese, soweit ich es beurteilen kann, komplett getrennt vom Johannesweg verlaufen. Das hilft sehr beim Abschalten und Entspannen, genau wie die hervorragende Beschilderung.
Wir marschieren bergan nach Pierbach, kurz davor geht es in einer Zickzack-Kurve bergab. Direkt im Zentrum bietet sich eine tolle Möglichkeit für eine kulinarische Pause im Gasthof Populorum. Beim Verlassen des Ortes muss man sich entscheiden: Der Weg gabelt sich – ein „Abstecher" zum „Finis terrae beim Friedenskreuz" lockt in zehn Minuten. Diese haben es aber mit sehr direkten 75 Höhenmetern in sich. Dafür entlohnen das originelle Gipfelkreuz und der Blick zur tief unten liegenden Kirche. Für alle, die in Pierbach gestartet sind, soll dieser in den letzten Jahren ergänzte offizielle Endpunkt noch einmal Zeit geben, sich vom Johannesweg zu verabschieden, Eindrücke Revue passieren und die Erfahrungen auf sich wirken zu lassen.
Zurück bei der Kirche setzen wir den Weg fort und passieren das riesige Plakat „Angekommen am Johannesweg". Wir sind definitiv nicht am Ziel, aber mit

den Gedanken weit weg vom Alltag und im Jetzt angekommen. Unser Weg biegt 90 Grad rechts ab und verlässt kurz darauf die Straße, um in einem angenehm schattigen Waldstück wieder bergauf zu führen. Ich habe in der Zwischenzeit meine Motivationshilfe ausgepackt – meine faltbaren Stecken. Unterstützt durch Armkraft geht es wieder leichter. In weiter Ferne erkennen wir die markante spitznasige Silhouette der Ruine Ruttenstein und sind beeindruckt, wie weit uns die Füße in so kurzer Zeit getragen haben.

Der nächste Halt ist beim wohl bekanntesten Fotomotiv des Pilgerweges: dem Johannesbrunnen und der Engelskapelle. Dann geht es noch einmal bergab, gefolgt von einem Geradeausstück und zuletzt bergan – nach Kaining. Hier beenden wir nach etwa 23,5 Kilometern unseren zweiten Tag, etwa 2,5 Kilometer vor dem offiziellen Ende in Schönau im Mühlkreis. Eine im Nachhinein nicht so kluge Entscheidung – die Sonnendauer im Mai hätte diese etwa 40 Zusatzminuten leicht ermöglicht und die Folgetage vereinfacht. Daher möchte ich allen empfehlen, die den Lebensweg in vier Tagen erleben möchten, am zweiten Tag bis zum vom Tourismusverband eigentlich empfohlenen Ziel in Schönau durchzuhalten.

Die Burgruine Ruttenstein ist definitiv einen Besuch wert.

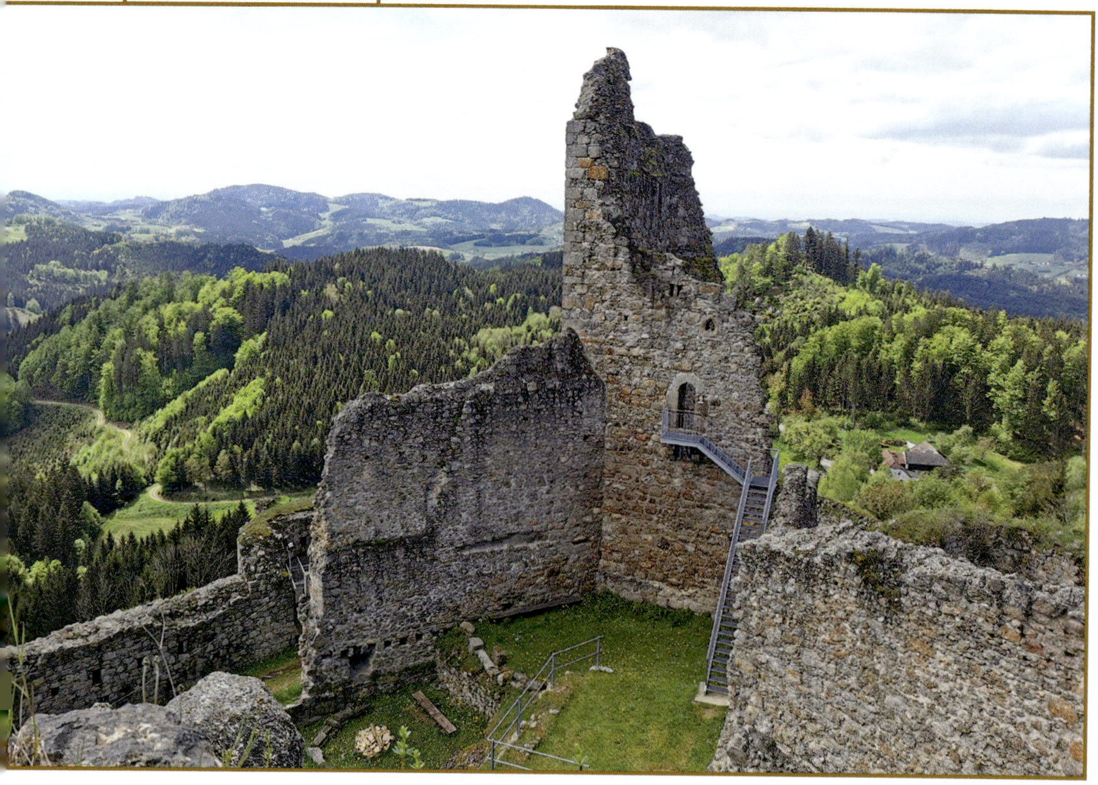

ETAPPE 3

EIN LANGER TAG MIT VIELEN ATTRAKTIONEN

KAINING
↓
LANGFIRLING

ICH BIN DIESE ETAPPE MITTE MAI GEGANGEN

→ 25,5 km ↑ 993 m ↓ 751 m

ca. 8 Stunden

in St. Leonhard oder vorher in der Taverne der Burgruine Prandegg

TIPP Herzogreither Berg – nur für absolut trittsichere und schwindelfreie Personen zu empfehlen!

HIGHLIGHTS Kraftplatz Herrgottsitz sowie Panorama vom optionalen Herzogreither Berg

RESÜMEE wieder eine herrliche Mischung aus Natur, Kultur und Aussicht

BEWERTUNG Weg ●●●●● Landschaft ●●●●● Erlebnis ●●●●●

Heute starten wir schon um 8 Uhr, schließlich wollen wir die restlichen (nicht ganz) drei Kilometer des gestrigen Tages „hereinwandern". Punkt 8:09 Uhr werden wir an der Kapelle verabschiedet – der Wegweiser „Herrgottsitz 1 h 45 min" gibt den Plan der ersten Hälfte des Vormittages vor. In weiter Ferne thront die Ruine Ruttenstein im Dunst. Hier verläuft der Johannesweg wieder parallel zum Burgen- und Schlösserweg. Wegweisend für unser zweites Tagesziel: die zweite Burg am Johannesweg, Ruine Prandegg.

Doch zurück zum Start. Als erstes wartet die Stoaninger Alm mit der Sommerrodelbahn. Kurz darauf folgt ein Wechsel von der „menschlich-technischen Umgebung" in einen Märchenwald, in dem wir aufsteigen bis zum Herrgottsitz. Hier erfreut ein einladender Platz mit einem Bankerl. Wer Lust

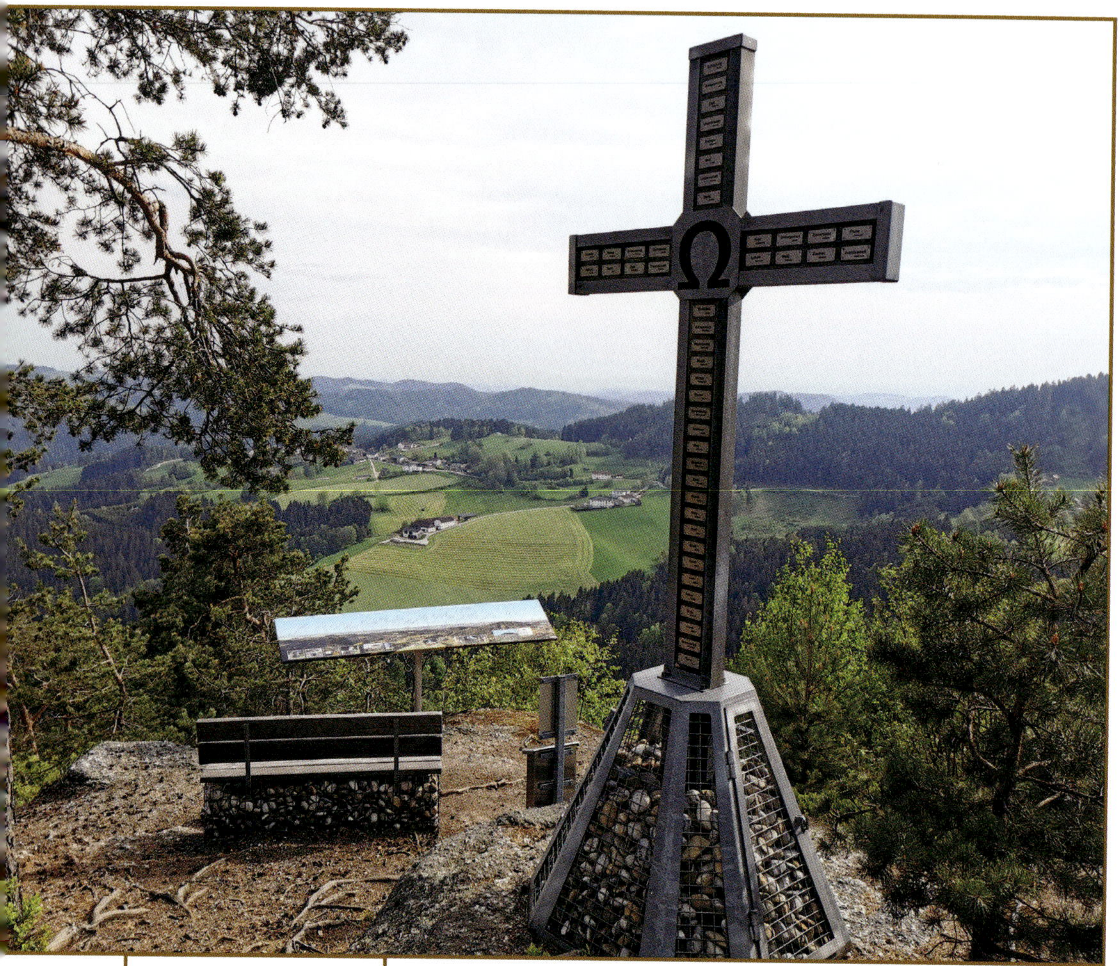

Wunderschöner Ausblick vom Gipfelkreuz am Haiderberg

hat und schwindelfrei ist, kann noch ein paar Meter seilgesichert bis kurz vor ein kleines Gipfelkreuz auf den Blockfelsen emporklettern.

Der Weiterweg verläuft durch landwirtschaftlich genutztes Gebiet. Wir gehen und gehen. Doch wo ist nur die Burgruine Prandegg? Laut Wegweiser sollten wir sie in einer Viertelstunde erreichen! Sie taucht erst dann in unserem Blickfeld auf, als wir direkt unter ihr stehen. Wir erklimmen den 26 Meter hohen Turm und werden mit einem sensationellen Blick auf die Außenmauern und das weitläufige Panorama belohnt. Eine längere Pause machen wir hier keine, da der Tag noch lang ist.

Wir genießen den folgenden Abstieg durch den Wald. Später überqueren wir die Waldaist, die wie viele Gewässer hier sehr eisenhaltig rostfarben schimmert. Nach einer Lichtung geht es angenehm schattig wiederum im Wald bergauf, während ein kleines Rinnsal rechts neben uns in kleinen Kaskaden spielerisch bergab springt. Zur Mittagszeit entdecken wir kurz vor dem Ort „Stiftung“ ein herrliches Bankerl mit Blick auf die bereits weit entfernt liegende Burgruine Prandegg. Wir picknicken hier und legen die Füße auf unsere Rucksäcke. Etwa zehn Minuten später hätte es ein noch genialeres Platzerl gegeben: Ein kleines Holzschild mit der Inschrift „Getränke“ weckt unsere Neugierde. Inmitten eines Sitzkreises aus Baumstümpfen befindet sich in einem Erdloch ein unterirdischer Kühlschrank – mit Limonaden und Bier. Und wenige Meter später ein Natur-WC. Also am besten bis hierher wandern. Da wir ja schon pausiert haben, gehen wir weiter.

Es wird asphaltig und ein Stück zum gegenseitigen Motivieren. Weit und breit sind nur Hügel, aber keine Zwischenziele oder Dörfer in Sicht. Die Sonne drückt von oben, es ist schwül. Wir setzen einen Schritt vor den nächsten, bis wir unerwartet an der Abzweigung stehen, wo mit 15 Minuten in einer Richtung der Herzogreither Felsen als zusätzliche Attraktion lockt. Ich lasse den Rucksack bei meiner Mama liegen und beginne zu joggen, damit sie nicht zu lange warten muss. In etwa zehn Minuten lege ich die etwa 800 Meter und 80 Höhenmeter laufend und im Anschluss die letzten paar Meter kraxelnd zurück. Wer hier zum Gipfelkreuz will, muss absolut trittsicher und schwindelfrei sein. Zwar ist der Aufstieg seilversichert, allerdings besteht auch unmittelbare Absturzgefahr. Das sollte eventuell bei der Abzweigung klarer ersichtlich gemacht werden. Wer diesen Abstecher einbauen möchte, sollte realistisch mit 40 Minuten extra rechnen.

Danach geht es in den Wald – mit Ziel „Sankt Leonhard“. Im Geschäft „Moment“ gibt es die Möglichkeit kühle Getränke zu erwerben und sich auszuruhen, was wir gerne tun. Danach spiralisieren wir uns den Haiderberg hinauf, ein schöner Abschluss mit einem ansprechenden Gipfelkreuz und tollem Ausblick. Obwohl wir über 25 Kilometer zurückgelegt haben, sind wir nun weiter hinter Plan zurückgerutscht. Leider gibt es aber zwischen Langfirling und Weitersfelden, dem offiziell empfohlenen Endpunkt der Etappe, keinen weiteren Shuttlepunkt, sodass man laut Originaletappe entweder 23 oder 29 Kilometer und in unserem Fall 25,5 oder 31,5 Kilometer Tagespensum zu bewältigen hat. Das wäre dann doch etwas viel und so wird für uns auch der vierte Tag wieder ein langer werden. Schafft man es am dritten Tag bis Weitersfelden, kann man den letzten Johannesweg-Tag mit 17 Gesamtkilometern gemütlich ausklingen lassen.

ETAPPE 4

DER KREIS SCHLIESST SICH – DARAUF EIN PROST!

LANGFIRLING
↓
UNTERWEISSENBACH

ICH BIN DIESE ETAPPE MITTE MAI GEGANGEN

→ 23 km ↑ 573 m ↓ 775 m

ca. 6 ½ Stunden

Biobrennerei und Biohof Thauerböck in Kaltenberg inkl. Schnapsverkostung und Hofladen

TIPP Zeit für Verköstigung und Plausch in der Biobrennerei Thauerböck und zum Rasten am Kammererberg einplanen; bei der Rückfahrt über Bad Zell das Rätsel „Der verschwundene Johanneswegpilger" im MAD Escape Room lösen

HIGHLIGHTS Station „Zwischenstrom" mit Weißer und Schwarzer Aist sowie Liege und Kapelle am höchsten Punkt des Johannesweges

RESÜMEE ein stimmungsvoller Abschluss mit regionalem Schnaps und Panoramablick vom Kammererberg

BEWERTUNG Weg ●●●●○ Landschaft ●●●●● Erlebnis ●●●●●

Ein früher Wecker, um die Johannesweg-Runde ohne Hast zu vollenden – ein großes Danke an dieser Stelle an das Hotel Fürst, das uns einen extrazeitigen Shuttle ermöglicht hat. Punkt 8:00 Uhr setzen wir den ersten Schritt.

Bald genießen wir ein schönes Waldstück, „spazierwandern" entlang von Feldern und Wiesen und teilen uns die Strecke mit einem Pferde-Wanderweg. Es ist unglaublich ruhig, sodass das Zwitschern der Vögel fast unreal

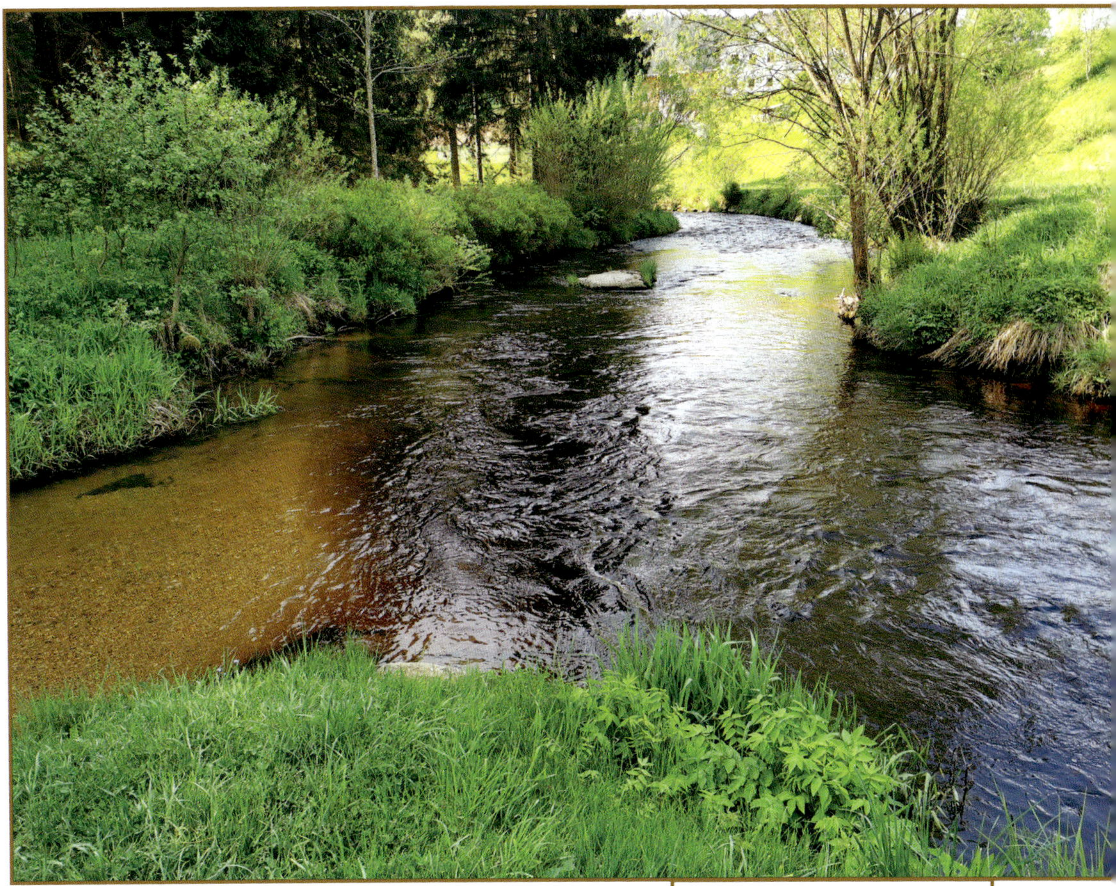

Am „Zwischenstrom" fließen die Schwarze und Weiße Aist zusammen.

laut wirkt. Der Wind streicht durch die Äcker und unsere Haare.
Erste Attraktion heute: der Galgenbühel, wo wir kurz etwas trinken. Nach zwei Stunden reicht mir das Wasser bis zu den Knien – das rechte in der Weißen, das linke in der Schwarzen Aist. Wir befinden uns am „Zwischenstrom", wo diese beiden Flüsse ineinander münden und zur Waldaist werden. Diese mit einer Liege ausgestattete Johannesweg-Station lädt zum Kneippen und Verweilen ein. Unsere Waden sind jedoch noch fit und da der Schatten frühmorgens hier dominiert, bleiben wir nur kurz zum Lesen der Infotafel zur Entstehungsgeschichte des 2012 ins Leben gerufenen Pilgerweges stehen.
Dieser verläuft heute für ein langes Stück parallel mit dem Wollnessweg. Wir passieren Weitersfelden, unser angepeiltes Endziel von gestern. Bis hierher waren es etwa sieben Kilometer. Bald verlässt der Weg wieder die Straße. Besser ist es, hier nicht auf den Track zu schauen, da man eine große Schlaufe wandert, statt den Direktweg nach Unterweißenbach zu nehmen. Es ist dennoch eine gut gewählte Wegführung, denn die Straße wird an diesem sonnigen Tag von

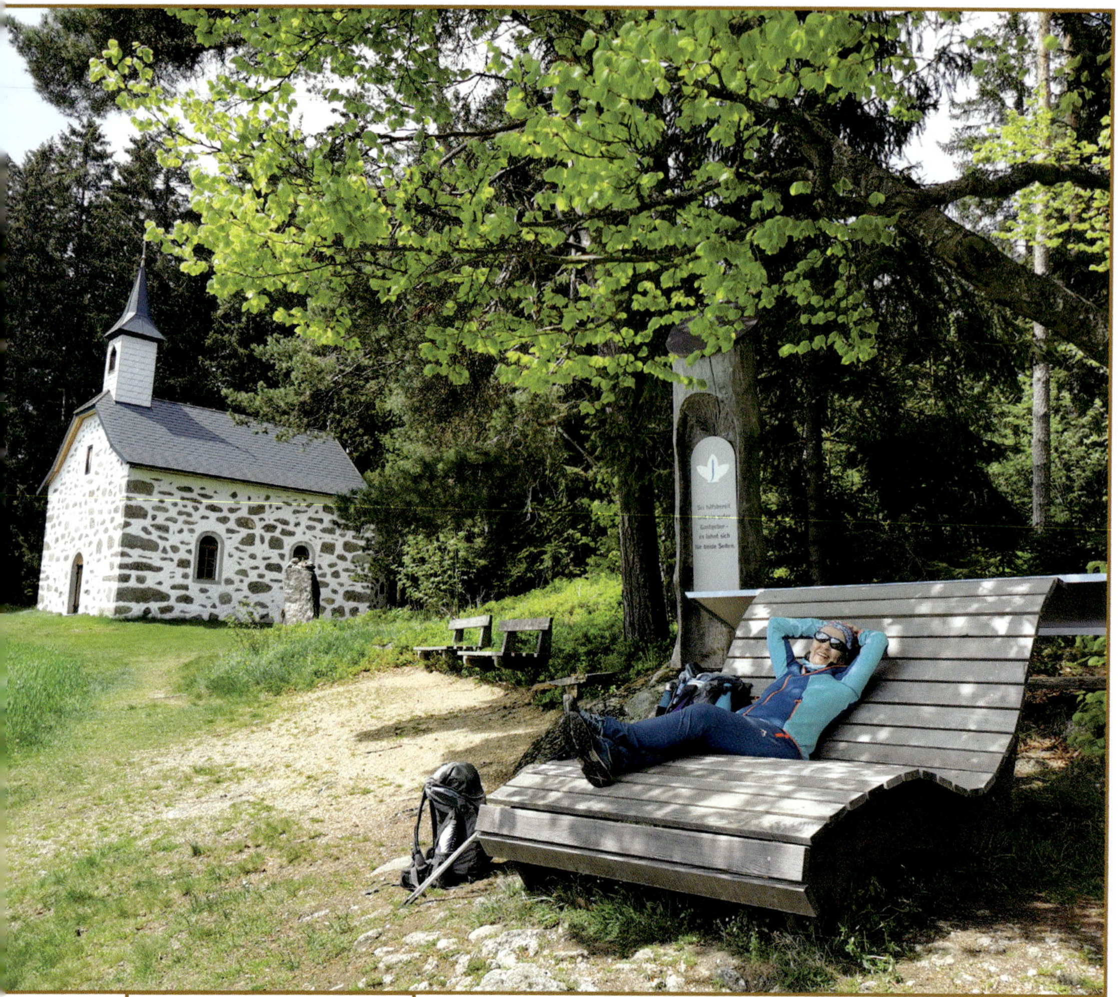

Wohlverdiente Rast am höchsten Punkt des Johannesweges

Motorrädern im Akkord „becruist“. Um 12 Uhr finden wir uns in der Biobrennerei bzw. dem Biohof Thauerböck ein. Nach einer Mittagsjause freue ich mich, zwei der köstlichen Schnäpse zu verkosten. Wir kommen ins Plaudern: ich mit dem herzlichen Paar, das 2012 den Hof übernommen und neben der Schnaps-Tenne auch einen exquisit-regionalen Hofladen eröffnet hat. Meine Mama sitzt neben dem Seniorchef, der – rüstig wie er ist – seit vielen Jahren den Johannesweg an einem Tag erwandert. Es gesellen sich noch die herzigen Kinder dazu und schlussendlich verweilen wir eine Stunde, lachen und genießen; auch der regional geröstete Kaffee schmeckt vorzüglich.

Eine halbe Stunde später stehen meine Mama und ich am höchsten Punkt – nicht nur des heutigen Tages, sondern des gesamten Johannesweges: am Kammererberg bei der in Steinbloß-Stil errichteten Bergkapelle auf 989 Metern.

Hier, an diesem kraftvollen Platz, trennt sich der Weg von meiner Mama und mir. Ihrer führt – mehr als verdient nach drei ausdauernden Marschtagen – ein paar Meter zurück zur so sehr ersehnten sonnenbeschienenen Holzliege mit Blick über die weitläufige Mühlviertler Hügellandschaft. Meiner geht abwärts, zuerst etwa 6,5 Kilometer nach Kaltenberg. Der Weg folgt dem Bärenluckenweg. Während der dritte Tag für mich meist jener der müden Beine ist, laufen diese am vierten oft zu Hochform auf. Mein Ziel: in zwei Stunden die 8,7 Kilometer vom Kammerer Kreuz nach Unterweißenbach zurückzulegen. Ich falle in ein rhythmisches Gehen.

Um 15 Uhr durchquere ich Kaltenbach, ich bin hier neben dem Johannes- am Ameisenweg, eine für Kinder angelegte Wanderroute. Ja, klein wie Ameisen sind wir Menschen, nur ein winziger Teil auf diesem großen Mysterium Erde. Und dennoch leben wir oft so, als ob wir die Macht über alles hätten. Ich bin demütig und fühle mich dankbar, Teil des Ganzen, der Natur, der Schöpfung zu sein.

Ein unerwarteter Regenschauer reißt mich aus meinen Gedanken – und eigentlich freue ich mich darüber: die Erfrischung etwa sieben Minuten vor dem Ende, als ich den Maibaum von Unterweißenbach schon erblicke. Als ich nass und überglücklich beim Hotel Fürst eintreffe – eine Stunde und 50 Minuten nach Aufbruch von der Kapelle –, biegt das Shuttle des Hotel Fürst mit meiner Mama um die Ecke. Sie hat die Liege genossen, ist zum Biohof zurückgewandert, hat im Laden noch regionale Köstlichkeiten erworben und dann ihren Joker genutzt: einen extra Shuttle-Service.

Was für ein schöneres Ende könnte es für unsere gemeinsame Weitwanderung geben, als gemeinsam anzukommen?! Ich bin sehr dankbar und stolz auf meine Mama. Wir genießen – nachdem wir uns im Wellnessbereich trockene Kleidung angezogen haben – eine Erfrischung im Wintergarten des Hotels.

Und zum finalen Ausklang gönnen wir uns noch ein weiteres Highlight: Bei der Rückfahrt über Bad Zell versuchen wir, das Rätsel um den verschollenen Pilgerwanderer Franz im MAD Escape Room zu lösen.

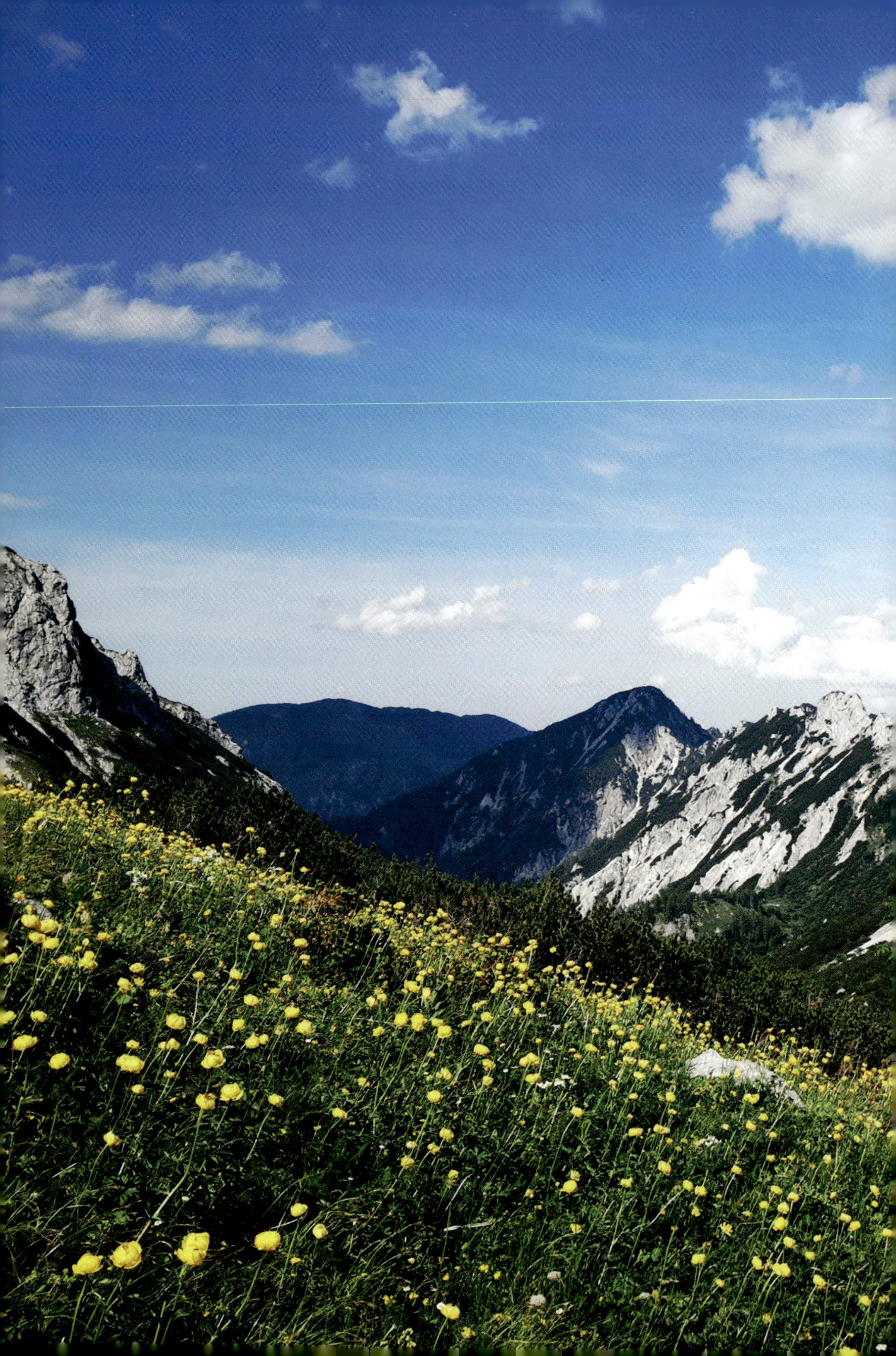

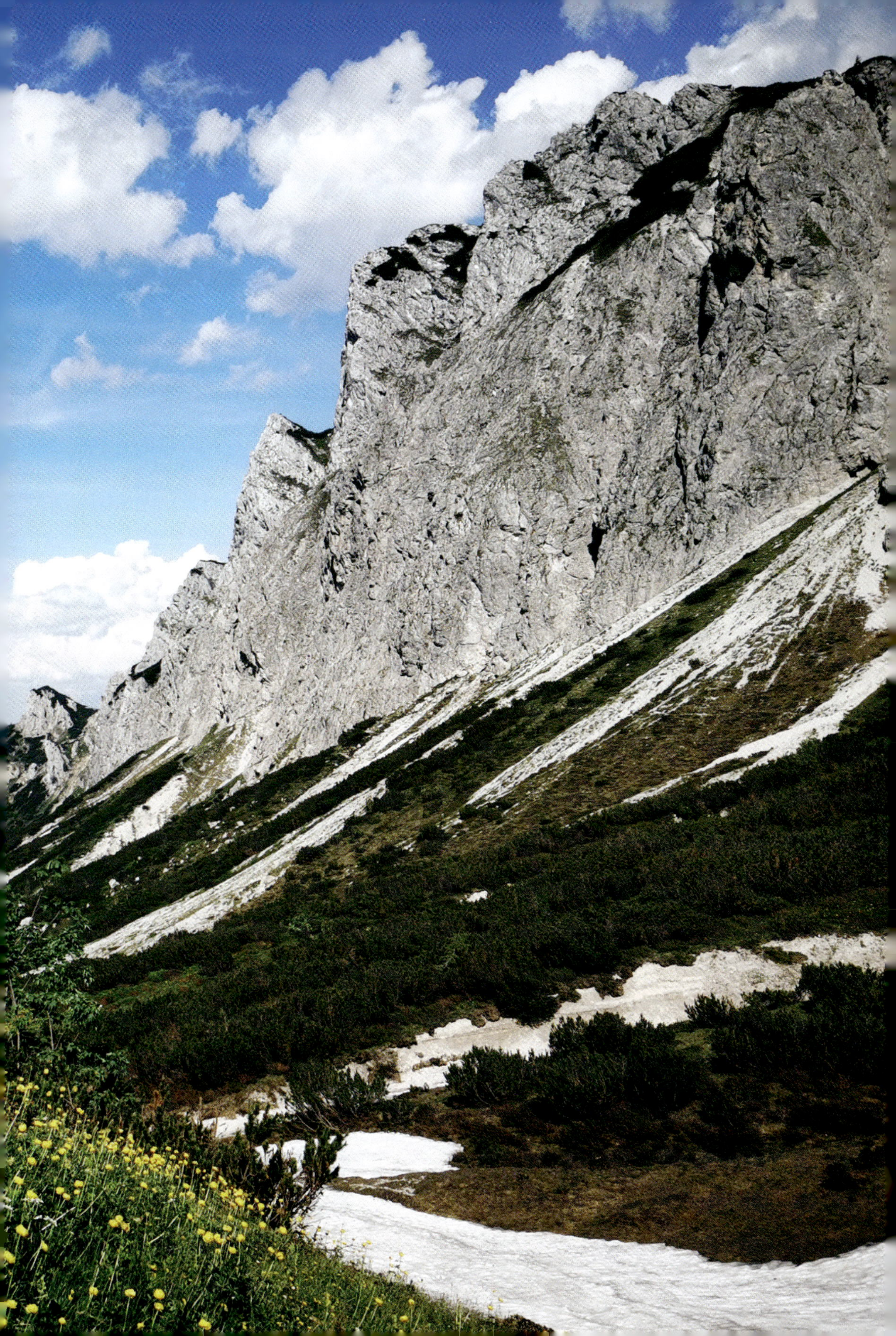

LUCHSTRAIL

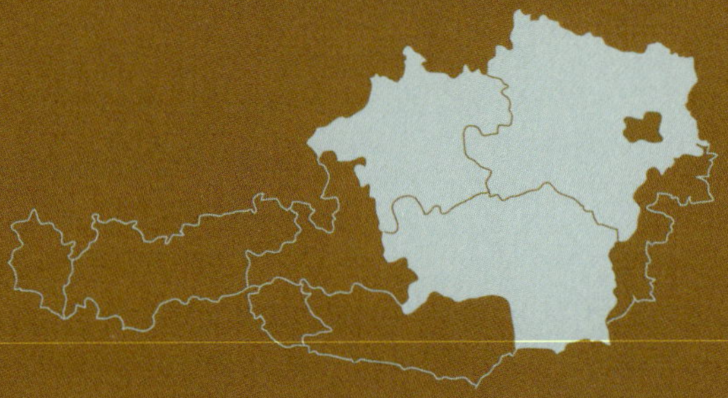

→ 220 km

↕ 12 000 hm

× offiziell 11 (besser: 12) Tagesetappen

REGION Nationalpark Kalkalpen und Gesäuse, Wildnisgebiet Dürrenstein-Lassingtal

GIBT ES SEIT 2019

WEGBESCHAFFENHEIT einzigartige Vielfalt – von den Buchenwäldern des Nationalparks Kalkalpen, den schroffen alpinen Wanderwegen des Gesäuses bis hin zu tollen Schluchten, Klammen und Seen; mit Ausnahme von zwei Tagen im Verhältnis sehr wenig Asphalt

WEGFÜHRUNG Verlauf zwischen 350 und 1 870 m Seehöhe, großteils auf rot markierten Wanderwegen

GEEIGNET FÜR

- Folgt man der 11-Etappen-Empfehlung des Wanderbüchleins, weist kaum ein Tag unter 20 km und 1 000 hm auf, daher: Bergwanderinnen und -wanderer mit guter Kondition und bei einigen Etappen (Kalkalpen und Gesäuse) guter Trittsicherheit
- Hüttenliebhaberinnen und -liebhaber

BESTE JAHRESZEITEN Mitte Juni bis Oktober – wir hatten Ende Mai noch zu viel Schnee im Gesäuse und mussten abbrechen.
So bin ich gewandert (5 Aufenthalte): Etappen 1–3: Ende Mai (mit Abbruch der Etappe 3 wegen Schnee) | Etappen 4–6: Anfang Juni | Etappe 3: Ende Juni (ergänzt um Klettersteig) an zwei Tagen | Etappen 7–8: Mitte August (ergänzt um Klettersteig, „verkehrt herum", an drei Tagen) | Etappen 9–11: Anfang September

BESONDERHEITEN einmalige Kombination aus zwei Nationalparks und dem Wildnisgebiet Dürrenstein-Lassingtal (seit 2017 auch UNESCO-Weltnaturerbe); landschaftlich sicher einer der abwechslungsreichsten Weitwanderwege in Österreich

ANSTRENGENDSTE ETAPPEN

- Etappe 2 – der sehr steile Schluchtabstieg vor der Anlaufalm gleich am Beginn des Tages, gefolgt von einem steilen Aufstieg; unbedingt Stecken mitnehmen!
- Etappe 11 komplett, d. h. ohne Nächtigung auf der Ybbstalerhütte, über 30 km und 1 400 hm im Auf- und 1 500 hm im Abstieg; ggf. kürzere Variante mit Direktabstieg nach Lunz andenken.

HERAUSFORDERUNG lange Tage mit vielen Höhenmetern

EMPFEHLUNGEN vorab überlegen, ob man lieber am Berg oder im Tal nächtigt; Gepäck-/Rucksack-Gewicht minimieren

DAS BESTE AM TRAIL

- eindrucksvolle und abwechslungsreiche Landschaft
- Ergänzungsmöglichkeiten um tolle zusätzliche Gipfel (Admonter Warte und Tamischbachturm) oder auch Klettersteige (Hexen- und Teufelssteig)

MEINE DREI HIGHLIGHTS

- Urwaldfeeling in den Kalkalpen und meine erste Sichtung einer Frauenschuhorchidee in natura
- Schroffheit des Gesäuses mit großartigen Hüttennächtigungen inklusive atemberaubender Sonnenuntergänge
- Kennenlernen des für mich neuen Wildnisgebietes Dürrenstein-Lassingtal mit eindrucksvollen Schluchten

GEHEIMTIPP Nächtigung in den Hütten

SHUTTLE Wer nicht am Stück geht, sollte sich vorab gut mit dem Öffi- und Wandertaxi-System auseinandersetzen; bei Organisation über die Trail Angels wird das für dich erledigt!

INFO

- luchstrail.at
- Trail Angels GmbH, Obervellach 15, 9821 Obervellach, +43 478293093, info@bookyourtrail.com, www.bookyourtrail.com
- Mit der Admonter, Ennser, Mödlinger und der Ybbstaler Hütte liegen urige Nächtigungsmöglichkeiten am Weg, die im Rahmen der Originaltouren-Vorschläge bis 2023 nicht vorgesehen sind; je nach persönlicher Präferenz Berg- oder Talnächtigung auswählen!

PERSÖNLICHER AUSBLICK

MEINE ERSTE WEITE UND KOMPLETT SELBST ORGANISIERTE WEITWANDERUNG

Nach dem Johannesweg, den ich 2016 beim ersten Mal auch nicht am Stück gegangen bin, folgte aus einer spontanen Idee heraus der Luchstrail. Als mein erster weiter Weitwanderweg wird er wohl immer die große Liebe für mich bleiben. Vor allem, weil ich mit Herzblut alles selbst organisiert habe. Es war eine Zeit des Lernens, der (ungeplanten) Herausforderungen wie Schnee, viel Regen – und langer Tage mit schwerem Rucksack (teilweise mit Klettersteig-Ausrüstung). Aber vor allem eine unglaublich bereichernde Erfahrung im Zeichen von tiefer Freundschaft, Vertrauen in den eigenen Körper und Geist, herzlichen Begegnungen (vor allem auf den Hütten) und magischen Momenten des Staunens ob der Schönheit der Natur: eindrucksvolle Wetterstimmungen, seltene Orchideen, bizarre wilde Landschaften, liebliche Almen.

Das Wichtigste beim Luchstrail – sei ehrlich zu dir selbst und frage dich: Was will ich? Und: Bin ich fit genug? Es bieten sich hier unglaublich viele Möglichkeiten, diesen tollen Weitwanderweg auf deine Bedürfnisse abzustimmen.

- Macht es dir Spaß, täglich über 1 000 Höhenmeter zu wandern? Wahlweise mit Tagesgepäck (bei Organisation über die Trail Angels) oder auch mit vollem Rucksack?
- Willst du komfortabel nächtigen oder bevorzugst du 1 000 Sterne am Himmel gegenüber 5-Sterne-Hotels? Nicht alle Hütten haben Zwei-Bett-Zimmer im Angebot. Wenn ihr aber z. B. vier Personen seid, habt ihr bei frühzeitiger Reservierung auch am Berg eure Privatsphäre in kleineren Zimmern. Doch Achtung, es haben in der Vorsaison nicht alle Hütten geöffnet.
- Willst du den empfohlenen Wegverlauf des Luchstrails 1:1 gehen oder auch zusätzliche Gipfel einbauen? Letzteres ist besonders im Gesäuse sehr reizvoll und bei Hüttennächtigungen mit wenigen Zusatzhöhenmetern möglich (z. B. Admonter Warte vom Admonter Haus oder Tamischbachturm von der Ennstaler Hütte).
- Liebst du Klettersteige? Dann ist das Gesäuse ein Paradies für dich. Für einzelne Tage ist es oft mühsam, Anstiege von 1 000 Höhenmetern nur für einen

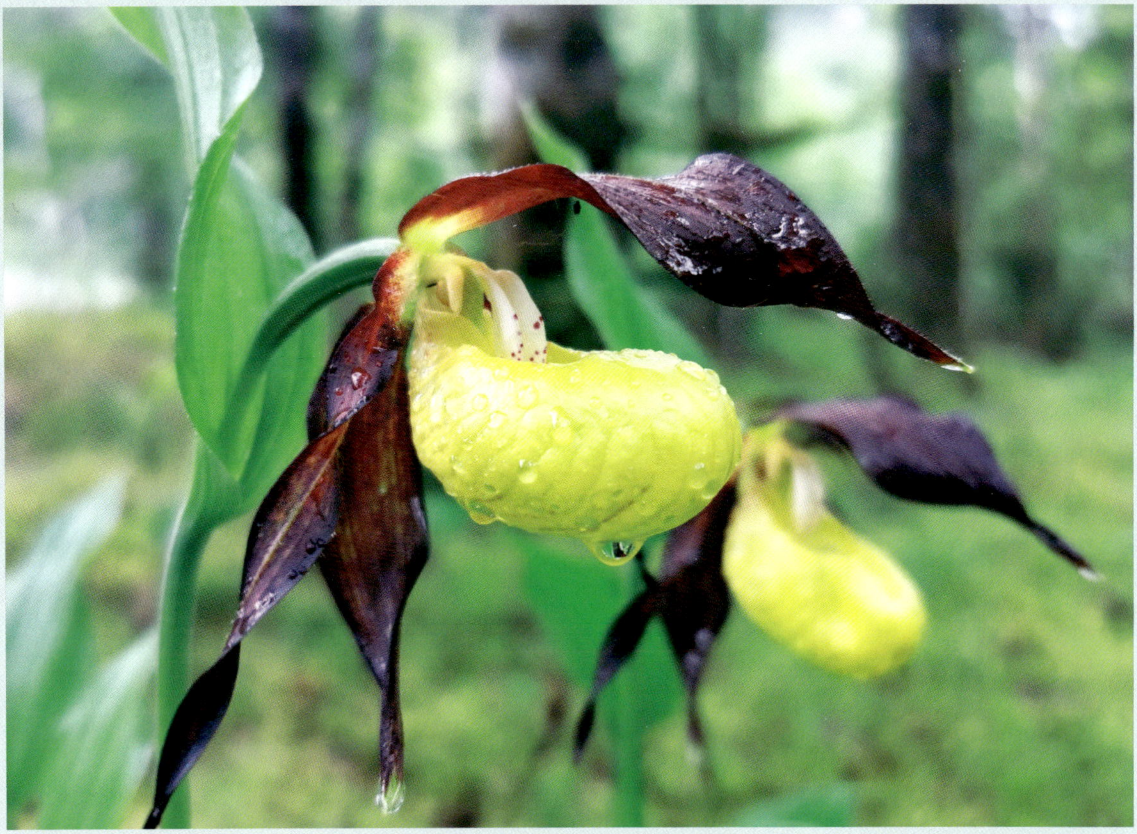

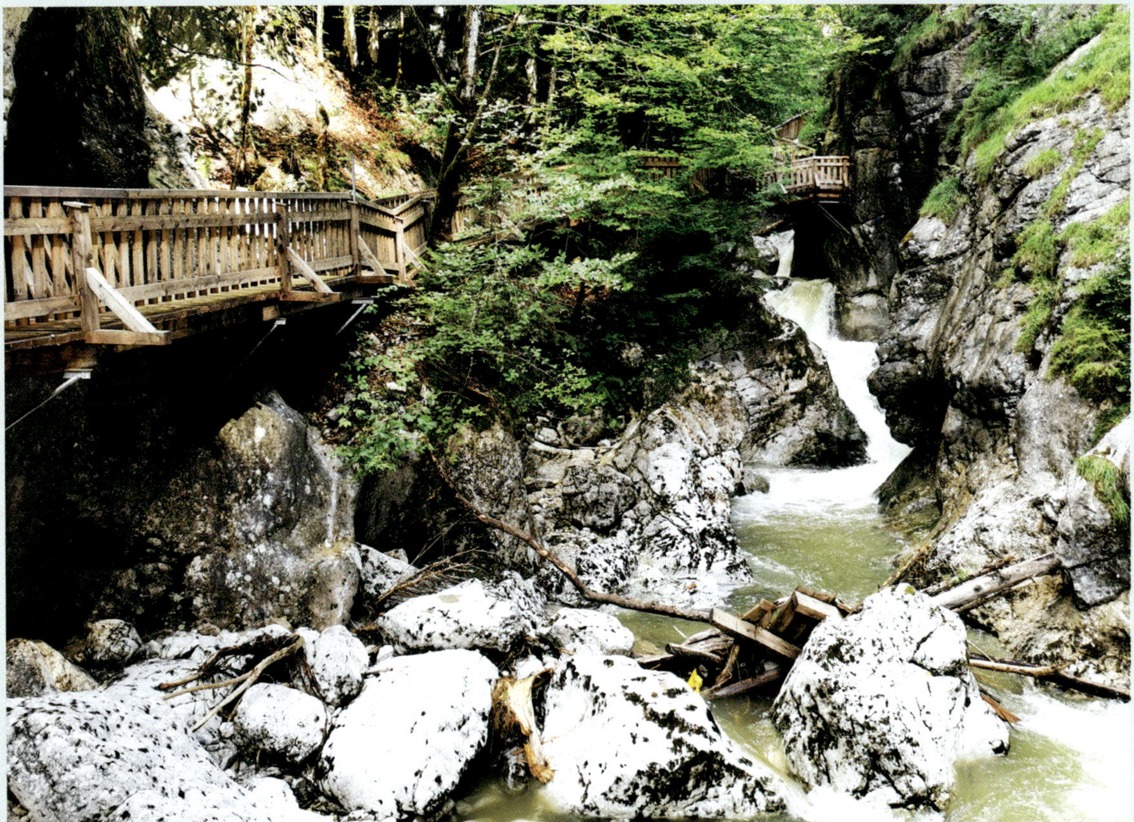

Klettersteig auf sich zu nehmen. Hier kannst du sie quasi „mitnehmen“, z. B. den Hexensteig auf den Hexenturm oder den Teufelssteig auf die Tieflimauer. Sei dir aber bewusst, dass du hier eine komplette Klettersteigausrüstung (Gurt, Helm, Sicherheitsset) benötigst, die du zusätzlich mittragen musst. Wir haben den Luchstrail im Rahmen von fünf Aufenthalten bewältigt und sind jeweils meist drei Tage am Stück marschiert, da ging das ganz gut. Gehst du den gesamten Trail auf einmal, hängt sich das Zusatzgewicht definitiv an. Eventuell kannst du dir die Ausrüstung nur fürs Gesäuse bereitlegen lassen und danach wieder „heimschicken“.

Für alle Naturliebhabende ist der Luchstrail ein unglaubliches Geschenk:

- die Buchenwälder und Orchideenvielfalt des Nationalparks Kalkalpen
- die Schroffheit des Gesäuses, unterbrochen von märchenhaften Almen
- die Vielfalt des Wildnisgebietes Dürrenstein-Lassingtal: Fels, Urwald, Schluchten, Höhlen

Beim Luchstrail steht die Natur im Vordergrund, das Ursprüngliche. Wenig Asphalt und kein Dauer-Durchschreiten sommerlicher Skipisten. Daher rührt auch die gerechtfertigte eigene Bewerbung als „Weitwanderweg, der die Wildnis erlebbar macht“.

Im Unterschied zum Lebensweg ist hier eine „Stern-Wanderung“ mit längerer Nächtigung an einem Ort eher schwer möglich. Auch die öffentliche Anreise hat (noch) ihre Tücken – daher bei Zeit und Kondition am besten „Durchgehen“ oder größere Ortschaften mit besserer Anbindung für Aufenthaltsstart und -ende wählen. Wir sind ein paar Mal am Vorabend angereist, da die langen Tagesetappen sonst nicht stressfrei zu bewältigen gewesen wären.

Resümee: Der Luchstrail ist für mich einer der landschaftlich vielfältigsten und eindrucksvollsten Weitwanderwege in Österreich. Er ist körperlich (und daher manchmal auch mental) fordernd, schenkt dafür aber ein tiefes Eintauchen in die Magie des Gehens und komplettes Abschalten vom Alltag.

DIE SCHUTZGEBIETE DES LUCHSTRAILS

Es waren die drei benachbarten Großschutzgebiete – die Nationalparks Kalkalpen und Gesäuse sowie das Wildnisgebiet Dürrenstein-Lassingtal –, die ihre Lebensräume noch stärker vernetzen wollten. Ihre Gemeinsamkeit: das Auftreten des seit 2011 unter Bestandsschutz stehenden Luchses. Er ist der Namensgeber für den aus dieser Intention entstandenen, regionsverbindenden Weitwanderweg.
Nicht nur der Luchs, auch der Buchenbestand war vom Aussterben bedroht, und wurde 2017 als erstes österreichisches Weltnaturerbe unter Schutz gestellt. 87 % des Nationalparks Kalkalpen sind Waldfläche, mehr als 32 Waldtypen prägen das grünnuancierte Landschaftsbild. Gleich zu Beginn, am Buchensteig, kann man die Magie des Märchenwaldes erleben.
Der Luchstrail führt über den südlichen Teil des Nationalparks Kalkalpen über die Haller Mauern, die die Grenze Oberösterreichs zur Steiermark bilden, ins Gesäuse. Es folgt der Übertritt nach Niederösterreich in das Wildnisgebiet Dürrenstein.
Der Luchstrail besteht hauptsächlich aus als „mittelschwer" klassifizierten, rot markierten Bergwanderwegen. Insgesamt werden über 12 000 Höhenmeter auf etwa 220 Kilometern zurückgelegt.
Zelten und Biwakieren ist nur an ausgeschilderten Camping- und Biwakplätzen (z. B. Weißwasser im Nationalpark Kalkalpen) erlaubt.

NATIONALPARK KALKALPEN

Der Nationalpark Kalkalpen, der zweitgrößte Österreichs, besteht seit 1997. Als Wald-Nationalpark ist er, gemeinsam mit dem Wildnisgebiet Dürrenstein-Lassingtal, Heimat des ersten und einzigen österreichischen Weltnaturerbes – gemeint sind die alten Buchenbestände. Hier findet man nicht nur die älteste Buche der Alpen, sondern ebenfalls eine reiche Biodiversität, allen voran mehr als 1 500 Schmetterlingsarten.

NATIONALPARK GESÄUSE („XEIS")

Das Gesäuse ist Österreichs jüngster Nationalpark (seit 2002) und fasziniert vor allem mit seinem alpinen Charakter. Der Name führt darauf zurück, dass es – dank der Enns, die durch das Gebiet fließt – beständig „säuselt". Die Enns ist nicht nur der längste Binnenfluss des Landes, sondern auch der längste Wildfluss mit natürlichem Verlauf und mehreren komplett unverbauten Kilometern.

WILDNISGEBIET DÜRRENSTEIN-LASSINGTAL

Das Wildnisgebiet Dürrenstein-Lassingtal, dem Mostviertel zugehörig, ist das einzige Wildnisgebiet Österreichs und beherbergt auf 400 Hektar die letzten großen Urwaldreste des Alpenbogens (Urwald Rothwald). Hier sind nicht einzelne Pflanzen und Tiere geschützt, sondern die Natur als System.

ETAPPE 1

IM SCHUTZ DES BUCHENWALDES

REICHRAMING
↓
ANLAUFALM

ICH BIN DIESE ETAPPE ENDE MAI GEGANGEN

→ 23 km ↑ 1000 m ↓ 540 m

ca. 8 Stunden

Klaushütte; letzte Option zum Einkaufen für die ersten drei Tage in Reichraming

TIPP gemütlich am Vorabend anreisen (Gasthof in Reichraming); die Nächtigung auf der Anlaufalm rechtzeitig im Voraus reservieren, da dies die einzige Option bei dieser Etappe darstellt, wenn man nicht noch weiter gehen möchte

HIGHLIGHTS Urwaldfeeling am Wildnistrail Buchensteig, idyllisch gelegene Anlaufalm

RESÜMEE landschaftlich eindrucksvoller Wanderstart mit dem Wildnistrail Buchensteig und Nächtigung auf der urigen Anlaufalm

BEWERTUNG Weg ●●●●● Landschaft ●●●●○ Erlebnis ●●●●○

Meine Freundin reist aus Wien an, ich aus Wels. Würden wir die Öffis für die Fahrt zum Ausgangspunkt in Reichraming nutzen, könnten wir erst gegen 10 Uhr aufbrechen. Aufgrund der achtstündigen Gehzeit und der Tatsache, dass es erst Ende Mai ist und die Tage noch kurz sind, entscheiden wir uns, am Vortag anzureisen. (Eine weise Wahl, die ich später beim Lebensweg nicht beherzige und den ersten Wandertag gestresst durch frühes Aufstehen und eine verkehrsreiche Anreise beginnen werde.) Hier sind wir nach einer Nacht im Gasthof in Reichraming gut erholt und wollen gemütlich um 8:15 Uhr nach dem Frühstück den ersten Schritt auf unserer Luchstrail-Weitwanderung setzen. Allerdings schüttet es in Strömen, sodass wir noch ein wenig sitzen bleiben. Um 9:00 Uhr resignieren wir und brechen in voller Regenmontur auf. Ein kurzes Startfoto bei der ersten Luchstrail-Markierung, dann schlängeln wir uns den Weg in den Wald hinauf. Der Reichraminger Bach wird an diesem Tag unser treuer Begleiter, ebenso wie zahlreiche Salamander, die das Wetter etwas mehr genießen als wir. Es gießt unaufhörlich, der Wald des Wildnistrails Buchensteig schützt uns mit seinem dichten Blattwerk aber stärker, als wir erhofft hatten. Und auch die hölzernen Brücken sind mit ihren montierten Metallgittern unter den Füßen viel weniger rutschig, als befürchtet.

Beim Parkplatz Anzenbach betritt man den Nationalpark Kalkalpen (Achtung, hier gibt es seit 20.4.2023 eine Sperre). Diesen beschreiten wir ohne große Höhenmeter für etwa zehn Kilometer, bis wir – nun doch schon etwas nass und ausgekühlt – die an diesem Tag aufgrund der Witterung leider geschlossene Klaushütte erreichen. Wir sind bereits etwa fünf Stunden ohne Pause unterwegs. Generell finden sich auf dieser Etappe nur wenige Rastbänke, bei uns liegt es jedoch vor allem am Regen, der ein Hinsetzen bisher unattraktiv gemacht hat.

Nun, am späten Nachmittag, meldet sich allerdings der Hunger. Wir sehen eine Person rund um die Klaushütte. Es ist der Besitzer und ohne zu zögern lädt er uns ein ins Warme, heizt den Ofen an und serviert uns eine große Schüssel Nudelsuppe. Während wir diese genießen, trocknen Halstuch und Handschuhe – und wir tanken neue Motivation und Energie.

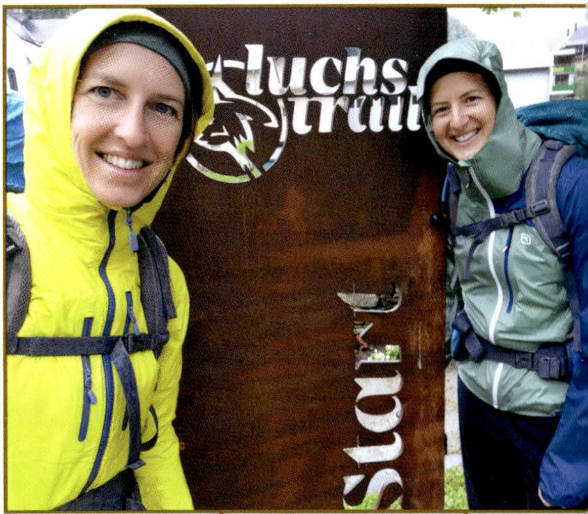

Regentage gehören beim Weitwandern einfach dazu.

Die weitere Wegstrecke ist zwar mit knapp sechs Kilometern nicht mehr lang, mit über 400 Resthöhenmetern aber steil, vor allem die letzten 150. Das lohnende Ziel: die idyllisch gelegene Anlaufalm, die erstmalig alpines Flair in den Luchstrail bringt. Wie eine Fata Morgana empfängt uns ein herrliches weitläufiges Plateau, die urige Hütte wie gemalt.

Da wir früh gebucht haben, bekommen wir ein Doppelzimmer – das Herzerlzimmer, das wir ganz unromantisch mit unserem nassen Gepäck auskleiden. Richtig kitschig wird es, als die Sonne kurz vor Untergang noch durch die Wolken bricht. Dankbar für abwechslungsreiche Landschaften, herzliche Gastfreundschaft und die urige Nächtigung auf der Alm schlafen wir früh ein.

ETAPPE 2

IM HERZEN DER KALKALPEN

ANLAUFALM
↓
ZICKERREITH

ICH BIN DIESE ETAPPE ENDE MAI GEGANGEN

→ 15 km ↑ 800 m ↓ 1100 m

ca. 7 Stunden

keine, Blahbergalm hat ausschließlich an den Wochenenden im Juli und August geöffnet

TIPP genügend Jause und Getränke einpacken; achtsam absteigen – Stecken sind empfehlenswert; Nächtigung bereits in der Almrast Zickerreith

HIGHLIGHTS Abschnitt zum Ahornboden über den Märchenwald mit den Siebenbrünn-Quellen

RESÜMEE eine fordernde Etappe – bedingt durch den steilen Abstieg zu Beginn

BEWERTUNG Weg ●●●●○ Landschaft ●●●●○ Erlebnis ●●●●○

Seit dieser Etappe weiß ich, was mich als Weitwanderin am meisten fordert: wenn ein bevorstehender langer Tag nach einem bereits anstrengenden Vortag mit einem steilen Abstieg beginnt – so wie in diesem Fall. 400 Höhen- bzw. Tiefenmeter geht es am Hochschlacht hinab bis zum Schleierwasserfall. Dieses Wegstück, das bei Nässe wenig empfehlenswert ist, fordert höchste Aufmerksamkeit. Wer nicht trittsicher und schwindelfrei ist, hat mit diesem Abstieg wenig Freude, eine Alternative gibt es (auf der offiziellen Luchstrail-Route) keine. Meter für Meter steigen wir ab, an Weglänge gewinnen wir kaum.

Der Wasserfall verheißt eine kurze Verschnaufpause, ebenso wie der flach verlaufende Hintergebirgsradweg: eine Forststraße, der wir kurz folgen und die zum Biwakplatz Weißwasser führt. Dann ist auch schon wieder Schluss mit gemütlich und man folgt dem Knappensteig etwa 500 Höhenmeter knackig bergauf. Die „Belohnung“: eine geschlossene Blahbergalm. Diese hatte 2021 nur in den Sommermonaten ab Juli und auch nur am Wochenende geöffnet. Es ist 12:30 Uhr, als wir hier müde eintreffen. Nach über zwei Drittel der Höhenmeter – aber erst knapp 50 % der Tagesstrecke – lassen wir uns auf den Sitzbänken der Alm nieder, picknicken und erholen uns.

Wunderschön ist das folgende Wegstück mit den Siebenbrünn-Quellen. Dieser Märchenwald führt bis zum Ahornsattel und weiter über die Dörflmoaralm zum Hengstpass.

Das Luchstrail-Büchlein schlägt die Laussabaueralm als Tagesziel vor. Mitten in der Corona-Pandemie bevorzugen wir eine kleinere Schlafoption. Die Peterbaueralm hat in diesem Jahr nicht geöffnet und so entscheiden wir uns für die Zickerreith, die etwas früher am Weg liegt, was nach dieser Berg-Tal-Wanderung unseren Beinen sehr willkommen ist. Ein schmackhaftes Abendessen, herzliches Plaudern und ein frühes Zubettgehen sollen uns Kraft für den nächsten Tag geben: Die imposanten Haller Mauern warten, inklusive der Zusatzmeter bis zur Laussabaueralm.

Schleierwasserfall

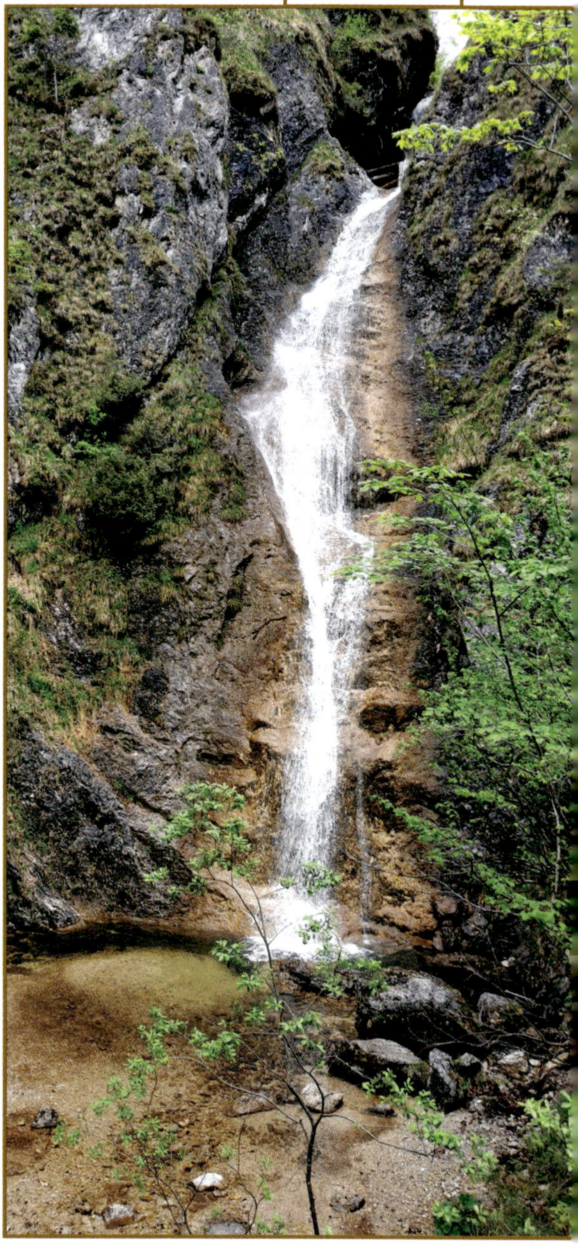

ETAPPE 3 [2 TAGE]

REALISIERUNG VON PLAN B

ZICKERREITH
↓
ADMONTER HAUS
↓
ADMONT

ICH BIN DIESE ETAPPE ENDE JUNI GEGANGEN

→ 7,5 km (Tag 1) + 12,7 km (Tag 2) ↑ 1 050 m (Tag 1) ↓ 1 230 m (Tag 2)

ca. 3 ½ Stunden, dazu noch ca. 15 Minuten für die Mini-Wanderung auf die Admonter Warte (Tag 1) + ca. 4 Stunden, ohne Klettersteig (Tag 2)

Admonter Haus

TIPP Nächtigung im Admonter Haus am Ende von Tag 1

HIGHLIGHTS sanfte „Seeböden" vor schroffer Gesäuse-Kulisse

RESÜMEE Abbruch von Plan A im Mai, viel besserer Plan B für Juni

BEWERTUNG Weg ●●●●● Landschaft ●●●●● Erlebnis ●●●●●

Sie thronen mächtig und bilden eine beeindruckende Kulisse, wenn man vom Hengstpass südwärts blickt – die schroffen Felswände des Gesäuses: ein starker Kontrast zu den märchenhaft-lieblichen Buchenwäldern der oberösterreichischen Kalkalpen. Wir freuen uns auf Luchstrail-Bundesland Nummer zwei, die Steiermark. Doch es kommt anders. Noch von der Zickerreith aus telefoniere ich am Vorabend mit Gottfried, dem Hüttenwirt vom Admonter Haus, da ich befürchte, dass der Regen der letzten Tage weiter oben als Schnee gefallen ist. Auf 1 723 Metern gelegen, ist das Admonter Haus die höchste Schutzhütte des Gesäuses. Und jetzt, Ende Mai, mit reichlich Neuschnee im Zustieg wochentags

geschlossen, wie ich erfahre. Von einem Aufstieg wird uns abgeraten.
Und so kommt Plan B ins Spiel: Wir suchen einen uns unbekannten Gipfel in der Nähe der Zickerreith und starten damit nebenbei ein neues Projekt – „die Siblings“: die unbekannten „kleinen Geschwister“ großer, bekannter Gipfel. Wir gehen bis zur Hengstpasshütte und folgen noch ein Stück dem Luchstrail, dann bleiben wir geradeaus, während dieser in einer Kurve dem Proviantweg folgt. Als wir beim Kreuz des knapp über 1 000 Höhenmeter ragenden kleinen Warschenecks stehen, beginnt es zu schneien. Wir beglückwünschen uns zu unserer Entscheidung, die nun einiges an Umplanung für die Folgeetappen erfordert. Da wir für unseren Aufenthalt ab Admont schon alles für Anfang Juni organisiert haben, lassen wir das Teilstück Hengstpass/Admont vorerst aus, um es Ende Juni mit einem ausgeklügelten Plan B nachzuholen.

Unsere Rucksäcke sind dann voller denn je. Und wir haben männliche Begleitung. Mein Partner bekommt Lust, sich uns anzuschließen, als ich ihm von unserem Plan B erzähle. Und dieser ist so entstanden: Nur für einen Tag ins Gesäuse anzureisen, erschien mir wenig nachhaltig. Und: Ich finde es sehr schade, wenn man eine Weitwanderung unternimmt, die (teilweise) durch alpines Gelände führt, man aber stets im Tal nächtigt. Nichts lässt mich persönlich tiefer dem Alltag entkommen und der Natur nahe sein als ein Sonnenauf- oder -untergang am Berg. Und so beginnt Plan B Gestalt anzunehmen: Etappe 3 auf zwei Tage verteilt, mit einer Nächtigung im Admonter Haus.
Dazu: rauf auf den Hexenturm – ein für uns sehr reizvoller Klettersteig. Das heißt, zusätzlich zum Weitwandergepäck gesellen sich ein Gurt, ein Klettersteig-Sicherungsset sowie ein Helm. Das ist auch der Grund, warum wir vom Parkplatz Kampermauer starten und die etwa sechs Wegkilometer von der Zickerreith bis hierhin „spritzen“.
Wir passieren die geschlossene Laussabaueralm und folgen dem Laussabauerbach. Dann geht es hinauf, ziemlich genau 1 000 Höhenmeter. Es ist die Herausforderung vieler Gesäuse-Klettersteige, dass zuerst ein gewaltiger Aufstieg gemeistert werden muss.
Der Wegverlauf ist schön angelegt und die Neugierde auf den im Buch beschriebenen „fantastischen großen Seeboden“ lässt uns zügig an Höhe gewinnen. Anstrengend ist es trotzdem, sind es doch nur fünf Kilometer für den Anstieg. Versunken im gleichförmigen Schritt geraten wir ins Staunen, als sich eine imposante Ebene vor uns öffnet: der große Seeboden. Ringsherum schroffe Felsen, wir inmitten einer märchenhaften, saftigen Wiese. Kein Foto kann beschreiben, wie es sich anfühlt, leibhaftig in dieser Szenerie zu stehen bzw. sich hier ins Gras zu legen und die Wolken beim Ziehen zu beobachten.
Noch weitere 300 Meter im Aufstieg warten, dann erreichen wir das Admonter Haus. Herrlich gelegen, mit Blick zurück auf die Kalkalpen auf der einen und ins Admonter Becken auf der anderen Seite. Wir entledigen uns unserer

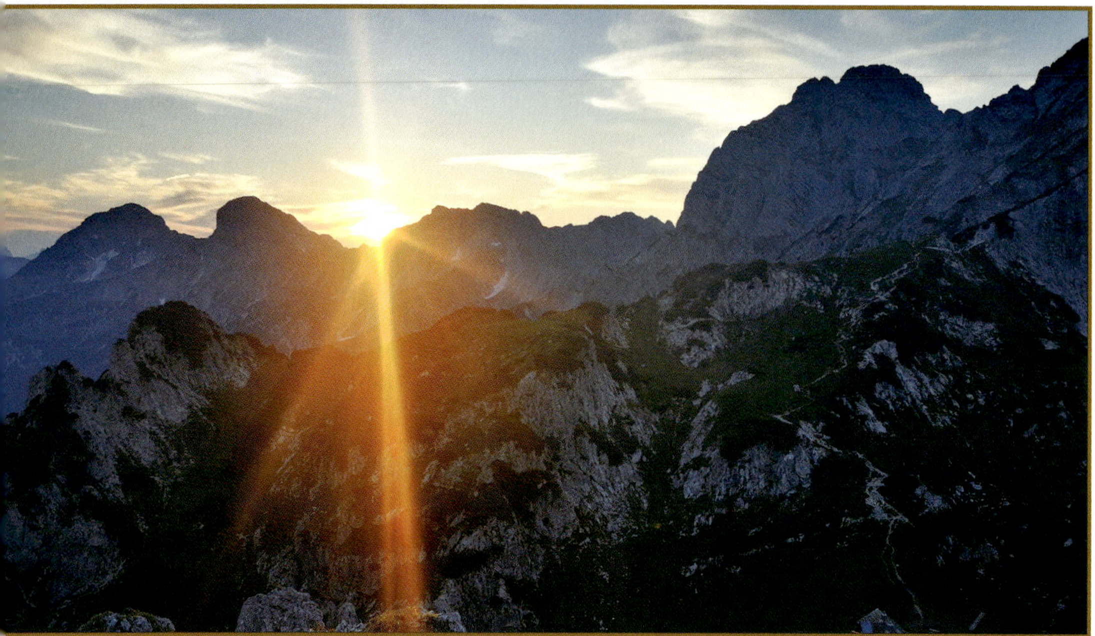

Sonnenuntergang von der Admonter Warte mit Blick auf die Hütte

schweren Rucksäcke. Das Abendessen schmeckt herrlich und wir haben das große Glück, es bei absoluter Windstille auf der Terrasse einnehmen zu können. Mit neuer Energie reicht der Austausch eines Blickes: rauf auf den „Hausgipfel", die Admonter Warte. Ohne schweren Rucksack stehen wir in etwa 15 Minuten bei dem mit Nepal-Flaggen behangenen Gipfelkreuz. Das 360-Grad-Panorama ist überwältigend. Wir bleiben aufgrund des kurzen An- bzw. Abstiegs bis zum Sonnenuntergang, der die Hütte in ein romantisches Licht taucht.

Genauso magisch beginnt der zweite Tag: Frühstück bei Sonnenschein und erneute Windstille – ein rarer Doppeljackpot laut Hüttenwirt Gottfried.

Wieder mit leichterem Gepäck erwartet uns eine herrliche Klettersteig-Tour über den Natternriegel auf den Hexenturm – und danach ein frühes Mittagessen auf der Hütte, um uns für den 1 230 Meter-Abstieg nach Admont zu stärken. Das fordert nach dem gestrigen Tag ein wenig unsere Beine.

Mit Glück erlaufen wir die letzte Busverbindung kurz vor 17 Uhr in Admont, dessen Haltestelle wir nicht einfach finden konnten, und der uns zurück zu unserem Auto nach Windischgarsten bringt. Keuchend aber glücklich sitzen wir im Bus, dankbar für das Schicksal, das uns Ende Mai bei Regen und Schnee zum Abbruch zwang und uns dafür diese zwei unglaublich herrlichen Sonnen- und Abenteuertage geschenkt hat.

Für alle, die nicht den Klettersteig in Angriff nehmen möchten, kann ich eine Nächtigung im Admonter Haus allein wegen des Panoramas dennoch sehr empfehlen. Auch die Admonter Warte ist ein lohnender Zusatzgipfel, der für trittsichere Personen gut machbar ist.

ETAPPE 4

EIN KLASSISCHER XEIS-ANSTIEG

ADMONT
↓
KLINKEHÜTTE

ICH BIN DIESE ETAPPE ANFANG JUNI GEGANGEN

→ 8,8 km ↑ 1 305 m ↓ 450 m

ca. 4 Stunden

keine, erst am Etappenziel (Klinkehütte)

TIPP Besichtigung des Stifts in Admont

HIGHLIGHT Sonnenuntergangskulisse beim Abendessen

RESÜMEE fordernd, viele Höhenmeter bei wenigen Wegmetern

BEWERTUNG Weg ●●●○○ Landschaft ●●●○○ Erlebnis ●●●○○

Eine einstellige Kilometerzahl, dafür aber vierstellige Höhenmeter stehen am Tagesprogramm. Es ist Anfang Juni, vom Wetter gefühlt Hochsommer mit fast 30 Grad. Schon der gemütliche Spaziergang vom Bahnhof Admont entlang einer schönen Allee lässt die ersten Schweißperlen rollen. Die Schultern rebellieren an diesem „ersten Tag“ unseres zweiten Aufenthalts am Luchstrail – und der Wanderflow will erst gefunden werden.

Nach etwa zwei Kilometern verlassen wir die Zivilisation und das pittoreske Admont mit seinem imposanten Stift. Der Wanderweg führt bergan und kreuzt eine Forststraße, der wir kurz folgen sollen. Wir nutzen das Nebeneinandergehen zum Plaudern und übersehen dabei die Abzweigung zurück auf den Wanderweg, was wir erst nach einem Zusatzkilometer bemerken.
An diesem Tag befinden wir uns im Nationalpark Nummer zwei, dem Gesäuse

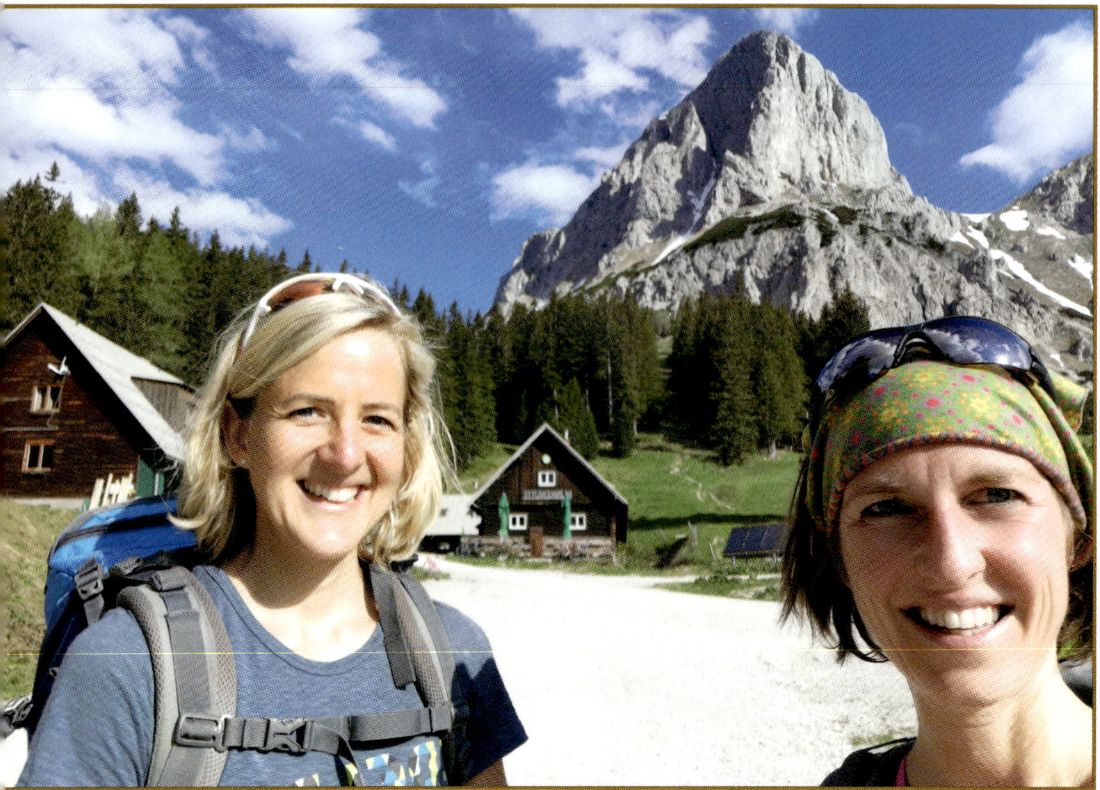

Imposante Kulisse vor der Klinkehütte

oder Xeis, wie die Einheimischen es nennen. Wie schon erwähnt, besticht dieses mit seiner Schroffheit und den bekannt höhenmeterreichen Zustiegen zum Wandfuß zahlreicher Gipfel- und Klettertouren. Nicht punktet die Beschriftung des Luchstrails, die hier merklich spärlicher ist als in den Kalkalpen (Stand 2021).
Zurück am richtigen Weg zieht dieser nun an, steil geht es bergauf. Wir dampfen von innen und motivieren uns gegenseitig. Hoch und höher – ein gleichförmiges Steigen ist meine Haupterinnerung an diesen Tag.
Kurz lockert ein weitläufiger Almboden die Tagesetappe auf, dann geht es relativ steil bergab, bevor es gegen Ende noch einmal etwa 250 Höhenmeter hinaufzieht: zum Tages- und Nächtigungsziel, der Klinkehütte – einem riesigen U-förmigen Gebäude vor dem markanten Gipfel des Admonter Kalbling (auch als Admonter Kaibling bezeichnet). Beim köstlichen Abendessen genießen wir ein herrliches Sonnenuntergangs-Panorama. Wir sind die einzigen Gäste in den Zimmern, weniger als eine Handvoll Wanderer teilen sich das Lager im anderen Gebäudetrakt – etwas unheimlich, diese Stille. Die Anstrengung des Tages lässt uns dennoch gut einschlafen, schon in Vorfreude auf die folgende Etappe.

ETAPPE 5

TIEF DRINNEN IM GESÄUSE

KLINKEHÜTTE
↓
JOHNSBACH

ICH BIN DIESE ETAPPE ANFANG JUNI GEGANGEN

→ 14,4 km ↑ 760 m ↓ 1450 m

ca. 5 ½ Stunden

Mödlinger Hütte – ein „Genuss-Muss"

TIPP am Vortag etwas weiter gehen, Nächtigung in der Mödlinger Hütte bzw. nach Etappe 5 im Kölblwirt in Johnsbach

HIGHLIGHT Panorama vom Spielkogel

RESÜMEE Ich liebe das Gesäuse!

BEWERTUNG Weg ●●●●○ Landschaft ●●●●● Erlebnis ●●●●○

Das Frühstück bekommen wir aufs Zimmer – auf einem Tablett vor die Tür platziert, da der Inhaber für einen verpflichtenden Coronatest ins Tal muss. Er hat an alles gedacht – das Essen, meinen Kakao, Marschtee –, aber nicht an den Kaffee meiner Freundin. Weder ihre Füße noch der Geist „laufen" ohne. Ich versuche sie mit einer Kaffeepause auf der ersten Hütte zu motivieren.

Wir brechen zeitig auf. Dieser Tag erwartet uns mit einer Bergabstrecke, allerdings weit nicht so steil wie bei Etappe 2. Bei der Flitzenalm ist Umkehrpunkt und etwa 700 Höhenmeter im Aufstieg erwarten uns. Bevor wir den ersten von zwei Gipfeln erreichen, folgt das ersehnte erste Highlight: die Mödlinger Hütte. Umrahmt von einer Kulisse aus Admonter Reichenstein und dem

Sparafeld erwartet uns ein sonniger Gastgarten und eine herzliche Gastgeberin, die uns mit köstlichem Kaffee und einer kleinen Stärkung verwöhnt. Eines wird uns nach einer sympathischen Plauderei klar: Hierher kommen wir wieder – um den Admonter Reichenstein zu besteigen und vor allem zur Nächtigung. Das ist auch eine Überlegung für den Luchstrail. Es sind zwar noch viereinhalb Kilometer und etwa 320 Höhenmeter Zusatzweg ab der Klinkehütte, aber das Wohlfühlambiente hätte uns den Abschnitt gestern noch meistern lassen, sind wir uns im Nachhinein sicher.

Gut gestärkt und motiviert geht es weiter zum Spielkogel, einer – wie es im offiziellen Luchstrail-Booklet heißt – der „fantastischsten Aussichtslogen des Gesäuses“, mit Blick auf die Südwände prominenter Berge: Buchstein, Hochtor, Ödstein, Zinödl.

Blick vom Spielkogel

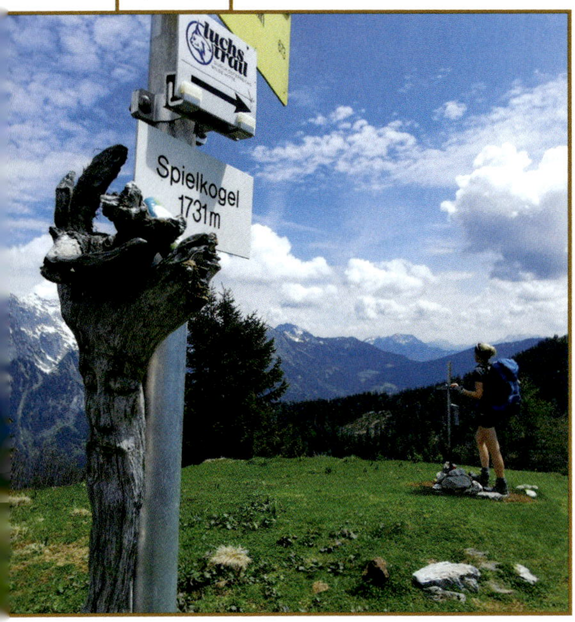

Wir saugen dieses Rundum-Panorama auf, nehmen Anlauf und erreichen über den Sattel unseren zweiten Gipfel, den 1764 Meter hohen Anhartskogel, an den ich keine nennenswerte Erinnerung habe, außer, dass wir hier beim Aufstieg einiges an Restschnee umgehen mussten. Und eine Gams eines der Schneefelder zur Abkühlung genoss.

Schritt für Schritt verlassen wir den „Planet Fels“, wie das Luchstrail-Booklet sie nennt: die schroffe Landschaft aus Dolomit und Kalk, die zerklüfteten Felsen und steilen Wände des Gesäuses. Vor uns liegt das kontrastierend liebliche Johnsbachtal mit seinen sanften Formen, weichen Hügeln und grünen Almflächen, „Planet Grasberg“.

Es geht relativ gemütlich (aber dennoch insgesamt fast 1500 Höhenmeter an diesem Tag) mit nur einem kurzen Anstieg stetig bergab ins Bergsteigerdorf Johnsbach. Dieses kenne ich sehr gut von Skitouren-Urlauben mit meinen Schwestern und wähle daher aus Nostalgie den Kölblwirt, dessen Essen mir in bester Erinnerung ist. Wie damals nutze ich – diesmal mit meiner Freundin – die kleine Sauna, um die müden Beine für den morgigen Tag wieder fit zu machen. Während wir drinnen die Wärme genießen, bricht draußen ein Regenschauer aus. Der Sound des Gewitters beschallt uns durch das gekippte Fenster, als wir es uns in unseren Betten bequem machen.

ETAPPE 6

IM ORCHIDEEN- UND SAGENWALD

JOHNSBACH
↓
GSTATTERBODEN

ICH BIN DIESE ETAPPE ANFANG JUNI GEGANGEN

→ 11 km ↑ 7 m ↓ 400 m

ca. 3 Stunden

Snacks im Nationalparkzentrum

TIPP Anhängen der Etappe an jene des Vor- oder Folgetages (geht man den Luchstrail am Stück)

HIGHLIGHT (Frauenschuh-)Orchideen

RESÜMEE Genusstag

BEWERTUNG Weg ●●●●○ Landschaft ●●●○○ Erlebnis ●●●○○

Mit der gemütlichsten aller Etappen mit einstelligen Höhenmetern beenden wir unseren zweiten Aufenthalt am Luchstrail. Wer einen Tag einsparen möchte, kann diesen Abschnitt bei guter Kondition an den Vortag zum „Ausgehen" anhängen oder an die Etappe 7 vorne dran. Die Szenerie wechselt vom alpinen Gelände zurück auf Urwald, dicht bemooste Farne und „50 Shades of Green" erwarten uns. Der Abschnitt, der dem Johnsbach folgt, nennt sich Sagenweg, etwas später Erlebnisweg „Wilder John". Wir sind hier im Orchideenparadies, und als ich die erste Frauenschuhorchidee (meines Lebens) entdecke, bin ich sprachlos und staune ob der filigranen Schönheit der gelbblütigen Pflanze, die Insekten mit großer Hinterlist zur Bestäubung zwingt. Über das Erlebniszentrum Weidendom führt unser Weg weiter bis zum Nationalparkzentrum Gstatterboden, wo uns netterweise meine Mama mit dem Auto abholt.

ETAPPE 7 + ETAPPE 8 [3 TAGE]

AUF DREI TAGE VERTEILT „VERKEHRT HERUM“

PALFAU
↓
MOOSLANDL
↓
ENNSTALER HÜTTE
↓
GSTATTERBODEN

ICH BIN DIESE ETAPPEN MITTE AUGUST GEGANGEN

→ 23,5 km (Tag 1) +11,1 km (Tag 2) + 6,6 km (Tag 3)

↑ 1 000 m (Tag 1), 1 200 m (Tag 2), 0 m (Tag 3)

↓ 900 m (Tag 1), 180 m (Tag 2), 950 m (Tag 3)

ca. 8 Stunden (Tag 1) + ca. 4 ½ Stunden (Tag 2) + ca. 3 Stunden, ohne Klettersteig (Tag 3)

kaum, ev. Parkbad Gams (Tag 1); Ennstaler Hütte

TIPP besser in der „richtigen" Richtung wandern und dem offiziell empfohlenen Etappenverlauf folgen; bei Interesse Zeit für die Besichtigung der Kraushöhle und zusätzliche Wanderung auf den Tamischbachturm (ca. 1 ½ Std., ca. 500 hm) einplanen

HIGHLIGHTS ursprüngliche Nothklamm, Nächtigung in der Ennstaler Hütte

RESÜMEE ein langer Tag 1, der durch die herrliche Landschaft dennoch kurzweilig ist; Hüttenidylle und Klettersteig-Genuss

BEWERTUNG Weg ●●●●○ Landschaft ●●●●● Erlebnis ●●●●○

Plan A war, dass wir – meine Freundin Anne und ich – die letzten fünf Tage am Stück gehen. Das ließen die Zeitressourcen meiner Begleiterin aber leider nicht zu. Wir überlegten, wohin die Anreise für sie aus Wien gut machbar wäre. Wir wollten es mit zwei separaten Aufenthalten versuchen – einmal für den siebten und achten Tag, das andere Mal für den neunten bis elften Tag. Doch dann kam Plan C: Weil die Nächtigung im Admonter Haus eines unserer bisherigen Luchstrail-Highlights war – und wir das Gesäuse und zusätzliche Klettersteige und Gipfel lieben gelernt hatten –, beschlossen wir, auf der Ennstaler Hütte zu nächtigen und (nach dem Hexensteig) den Teufelssteig zu erkraxeln.

Und dann kam das Wetter – mit Regen und sechs Grad auf 2000 Metern im August. Spontan – am Vortag der Anreise (als der Wetterbericht relativ verlässlich war) – entstand Plan D, das Begehen in umgekehrter Reihenfolge: den einfachen flachen Teil bei Regen (ursprüngliche Empfehlung des Tourismusverbandes: Etappe 8, von Mooslandl bis Palfau), gefolgt von der originalen Etappe 7 (eigentlicher, vom Tourismusverband beschriebener Verlauf von Gstatterboden bis Mooslandl) mit Klettersteig bei besserem Wetter am zweiten und dritten Tag.

Wir hatten Glück und konnten die Hotels für unsere Nächtigungen umbuchen. Diesmal waren wir mit zwei Autos unterwegs. Meine Freundin kam von Wien und wir trafen uns mit meinem Freund in Gstatterboden, wo sie ihr Auto stehen ließ. Zu dritt fuhren wir nach Palfau, um von hier in umgekehrter Reihenfolge die Etappen 8 und 7 des Luchstrails in Angriff zu nehmen.

Der Gesäuse-Abschnitt bietet die Möglichkeit bis zu zwei Klettersteige „mitzunehmen".

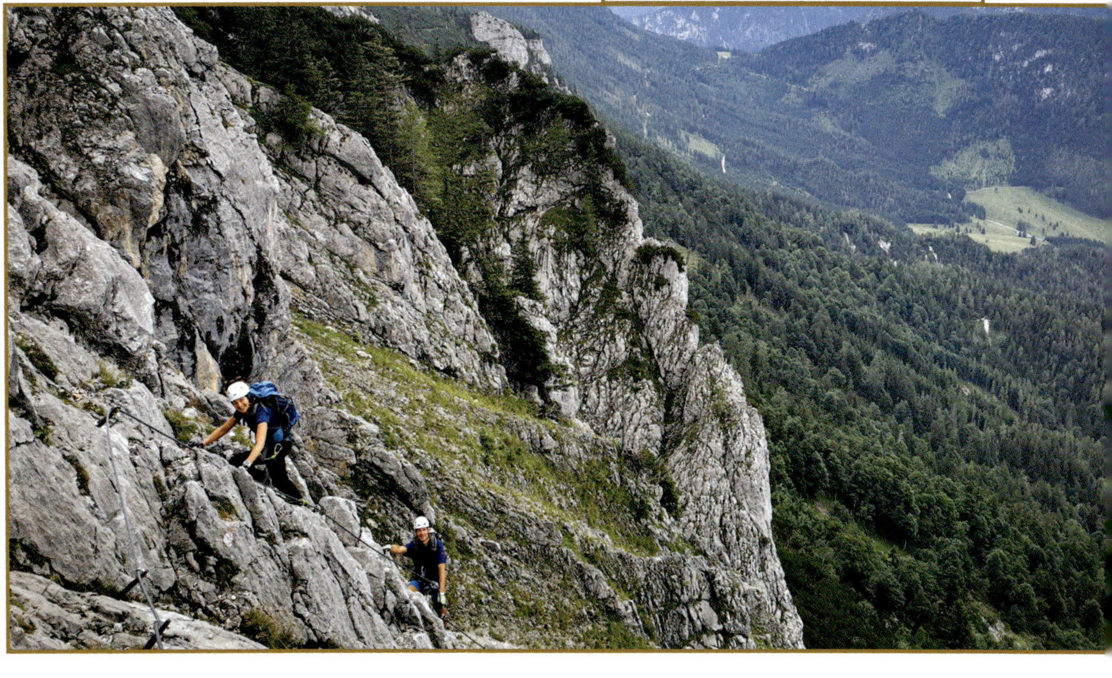

TAG 1

Die Umplanung dieses Aufenthaltes erfolgte so kurzfristig, dass wir gar nicht so recht wissen, was an diesem „verkehrten“ Tag in welcher Reihenfolge auf uns warten würde. Also gehen wir einfach los. Ein langer Abschnitt – der zweitlängste des Luchstrails – wartet. Und beginnt gleich mit einem Anstieg – und zwar zur Reiteralm, die auf einem Sattel zwischen Akogel und Grantenkogel liegt. Die Rucksäcke mit dem Zusatzgepäck für den Klettersteig lasten schwer auf unseren Schultern, der Gehrhythmus will erst gefunden werden.

Da wir in die falsche Richtung wandern, heißt es besonders gut Ausschau nach den Luchstrail-Hinweisschildern zu halten. Das bekommen wir in der Nothklamm zu spüren – die Bretter werden immer morscher und löchriger, ich bekomme ein mulmiges Gefühl mit dem rauschenden Wasser des Gamsbaches unter mir. Wir entscheiden uns umzukehren und den morschen Steg zu verlassen. Und tatsächlich finden wir eine Umgehung, an deren Ende eine Absperrung unseres anfangs eingeschlagenen Weges zu finden ist – die man aber nur von der richtigen Seite aus sieht. Dankbar, dass alles gut gegangen ist, marschieren wir weiter.

Da der Folgetag lang ist und wir auch am Vormittag erst angereist sind, bleibt leider keine Zeit, eine Führung durch die Kraushöhle zu unternehmen, die einzige Schauhöhle Europas, in der Schwefelwasserstoff Kalk zu Gips umwandelt.

Der weitere Streckenverlauf ist idyllisch und wir folgen der Salza, dem längsten noch unverbauten Wildfluss Österreichs. Wir müssen uns dennoch zur groß ausufernden, hufeisenförmigen Schlaufe – dem Gasteigerweg – ermuntern. Diese führt in etwa sechsmal längerer Wanderstrecke von Gams nach Mooslandl als die Bundesstraße die Orte direkt verbinden würde. Mit dem Badeteich am Etappenziel können wir uns leider nicht motivieren, da es für August sehr kalt ist.

TAG 2

Wir verlassen Mooslandl bei Regen und sind in Vorfreude: auf die angekündigte Wetterbesserung und die Berge. Rauf und mitten rein ins Gesäuse! Ohne Erinnerung an große Anstrengungen schweben wir wohl die knapp 1 000 Höhenmeter bergauf. Das liegt mir mehr, im Gegensatz zu dem flachen Gehen in der Ebene. Wir erreichen die Ennstaler Hütte nach dem Durchschreiten des Tamischgrabens – Namensgeber unseres heutigen finalen und zusätzlichen Ziels. Erstes ist die Hütte, in der wir uns stärken und uns unserer Rucksäcke entledigen.

Nun schweben wir wirklich: Etwa eine Stunde ist es zum Gipfel des Tamischbachturms, ohne schweres Gepäck ein „Genussspaziergang“ mit etwa 500 Höhenmetern. Die Aussicht in die Ferne ist gewaltig: scharfe Bergsilhouetten umringt von einem dichten, dunklen Wolkennetz, das von einzelnen Sonnenstrahlen wie Scheinwerfer durchbrochen wird. Inmitten dieses

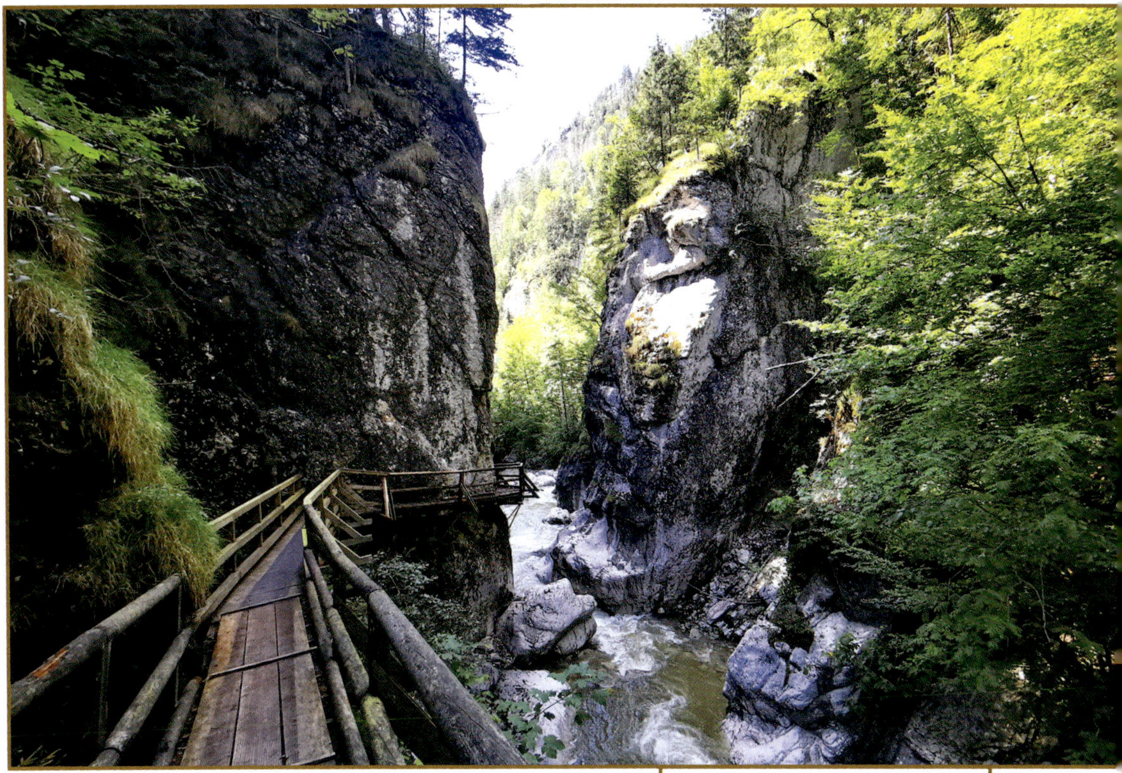

Idyllisch geht es nach Startschwierigkeiten durch die Nothklamm.

Schauspiels erreichen wir das Gipfelkreuz. Das Highlight des Tages erleben wir allerdings bei der Rückkehr zur Hütte. Wir dürfen beobachten, wie „Füchsin Fee", die bei einem Kampf ein Bein verloren hat, seither in Symbiose mit den Pächtern der Ennstaler Hütte lebt, schon seit der Zeit des Vorbesitzers, wie uns der jetzige erklärt. Sie kann nicht auf die Jagd gehen und ihr Junges versorgen – und bittet um Nahrung. Wir beobachten ihre feine Kommunikation und bekommen als Dank das süßeste Grinsen, das ich je bei einem Tier beobachten konnte. Auch wir werden danach hervorragend verköstigt.

TAG 3

Am nächsten Tag geht es für uns zur Tieflimauer über den Teufelssteig. Ein schön angelegter Klettersteig, den ich bei ziemlichen Restschneemengen mit komplett nassem Schuhwerk einige Jahre davor weniger genießen konnte. Bei nun trockenem Wetter möchte ich diesen meinen Begleitern zeigen und wir genießen diese erneute „Kraxel-Erweiterung" des Luchstrails. Am Gipfel belohnen wir uns mit frischem Kaffee vom mitgebrachten Gaskocher, zurück auf der Hütte mit einem stärkenden Mittagessen. Dann treten wir den steileren Abstieg von nicht ganz 1000 Metern nach Gstatterboden und im Anschluss die Rückfahrt nach Palfau an.

ETAPPE 9

UNGEPLANTES GIPFELGLÜCK UND ÜBERTRITT NACH NIEDERÖSTERREICH

PALFAU
↓
LASSING

ICH BIN DIESE ETAPPE ENDE SEPTEMBER GEGANGEN

→ 21,1 km ↑ 1167 m ↓ 1050 m

ca. 7 ½ Stunden

erst gegen Ende bei der Jausenstation/Gasthaus Herrenhaus Mendlingtal

TIPP Gamsstein erklimmen

HIGHLIGHTS Panorama vom Gamsstein, Sauna am Abend

RESÜMEE abwechslungsreiche Strecke mit (ungeplantem) Gipfelglück und tollem Schluchtweg

BEWERTUNG Weg ●●●●○ Landschaft ●●●●● Erlebnis ●●●○○

Mein vierter Aufenthalt am Luchstrail, die Etappen 9 bis 11 stehen an. Diesmal wieder in „richtiger" Reihenfolge, komplett den Originalrouten laut Luchstrail-Wanderbüchlein folgend.

Es sind drei sehr lange Tage mit (weit) über 1 000 Höhenmetern im Auf- und Abstieg, zwischen 22 und 32 Kilometern Wegstrecke und daraus resultierenden 7,5 bzw. 8 und sogar 10 Stunden Gehzeit. Gerne hätten wir die letzte Etappe – Nr. 11 – mit ihren über 30 Kilometern durch die empfohlene Nächtigung auf der Ybbstaler Hütte auf zwei Gehtage aufgeteilt, aber der Zeitplan meiner Freundin lässt das leider nicht zu. Wir reisen aber am Vortag nach Palfau, um zumindest diese erste lange Etappe ohne Stress und mit einem genussvollen Frühstück im Stiegenwirt zu beginnen.

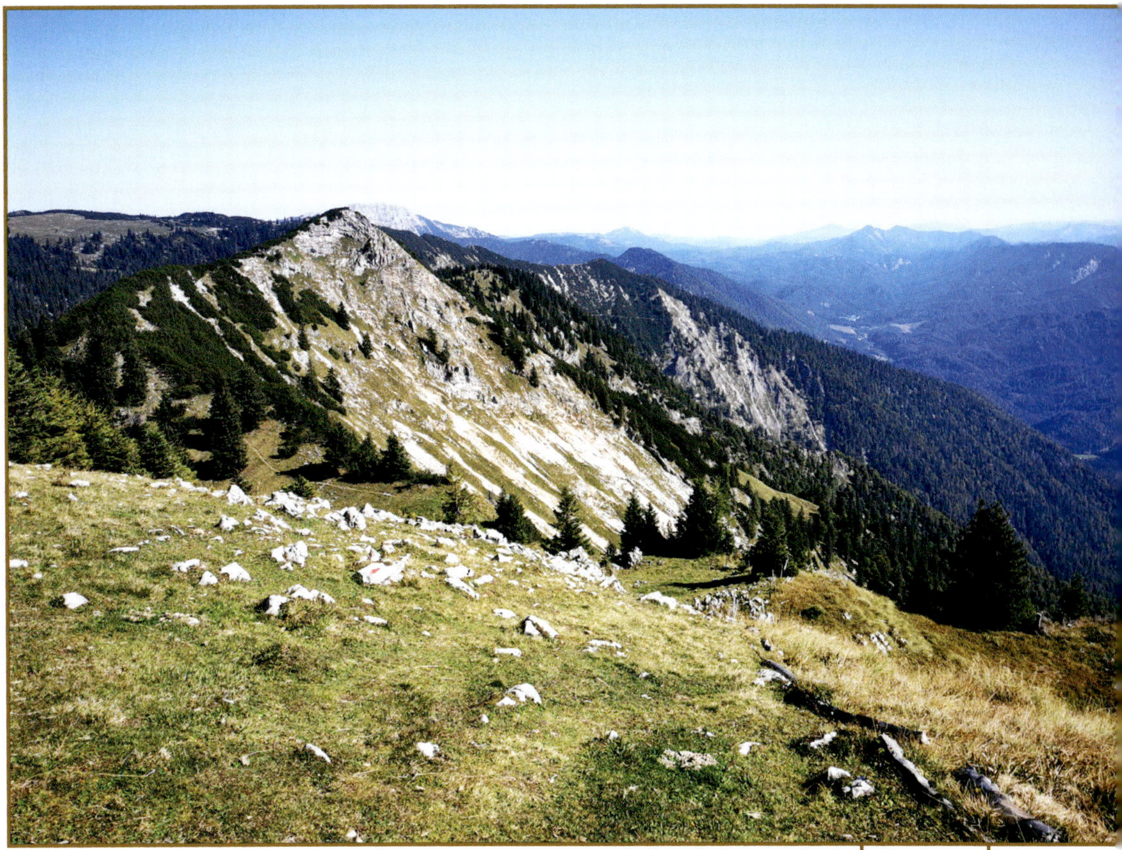

Zusatzgipfel Gamsstein

Etwas später als geplant starten wir beim markanten Luchstrail-Etappenschild. Der nächste Wegweiser lässt auf sich warten, im Nachhinein sind wir klüger und wissen warum. Wenn man nach den GPS-Daten des Luchstrails „googelt", findet man jene von Elisabeth V. – einer Privatperson, die die Weitwanderung in 13 Tagen gegangen ist, großteils auf Hütten genächtigt und auch Extragipfel mitgenommen hat. So wie heute den Gamsstein. Wir hatten uns am Vorabend vor Wiedersehensfreude verplaudert und nicht den Start des heutigen Tages geplant. Das sollte sich rächen, als wir blindlings dem Track folgen.

Angenehm geht es bergauf Richtung Naturfreunde-Hütte, ab dann gefühlt „diretissimo" bis zum Gipfel des Gamssteins. Das Panorama überwältigt uns und entschädigt mehr als genug für diese morgendlichen Strapazen. Es ist ziemlich genau Mittag, als wir das Gipfelkreuz erreichen und in ein Meer aus blau nuancierten Bergsilhouetten blicken – darunter der Lugauer, das Matterhorn der Steiermark.

Dass der Gamsstein in der Originalroute gar nicht eingeplant war, merken wir am Abend, als die getrackten Daten meiner Freundin einiges an Weg- und Höhenmeter extra zeigen.

Folgt man dem Luchstrail-Büchlein, beginnt Etappe 9 von Palfau aus ostwärts, während wir westwärts gestartet sind. Kurz vor dem „Hasenfuß“ trifft der von unten kommende Originalweg auf unseren und ziemlich genau hier, auf den Böden der folgenden Kleinpromaualm, erfolgt unbemerkt der Übergang von der Steiermark ins niederösterreichische Territorium.

So abenteuerlich die Kalkalpen und das Gesäuse waren, so sehr habe ich mich auf diesen Abschnitt gefreut, da – im Gegensatz zu Oberösterreich und zur Steiermark – Niederösterreich und das Wildnisgebiet Dürrenstein-Lassingtal für mich komplettes Neuland sind. Meine Vorfreude und Neugier sind immens.

Etwas für Ernüchterung sorgt der folgende Wegabschnitt, laut meiner Mitschrift „eine nie zu enden scheinende, sich in unzähligen Serpentinen windende Mountainbike-Strecke“.

Doch irgendwann haben wir auch diese hinter uns gebracht und kommen wieder ins Staunen. Die Mendlingbachklause entlang des gleichnamigen Baches führt imposant und über Stege und Brücken durch die Schlucht, teilweise eng an den Felsen entlang. Der Eintrittspreis macht 9 Euro aus, den wir mit der Gästekarte, die wir an diesem Abend erhalten, eigentlich inkludiert hätten – aber hier stoßen wir auf taube Ohren und müssen bezahlen. Ich reiche eine telefonische Beschwerde ein – und erhalte zwei Tage später eine mehr als freudige Überraschung.

Sehr müde, mit aufgebrauchten Wasservorräten, erreichen wir am frühen Abend den laut Wanderbüchlein „wohl kleinsten und idyllischsten Ort Österreichs, mit hauptsächlich einer Kirche und einem Hotel“: Lassing. Die Unterkunft lässt mit Zirbensauna und gehobener Küche allerdings aufhorchen. Erste rettet unsere müden Glieder, zweitere, so hoffen wir, unseren vor Hunger knurrenden Magen. Elegant arrangierte Teller erfreuen unsere Augen und erinnern uns daran, dass wir nicht ganz so standesgemäß gekleidet sind. Das ist ein kleines Manko; wenn man jedoch alles selbst trägt, ist wenig Platz für Schickes, das wohl ohnehin verknittert wäre. Wir trösten uns damit, dass wohl fast jeder Luchstrail-Wanderer hier absteigt, da vermutlich kaum jemand diese zähe Tagesetappe noch verlängern wird. Vor allem, da der nächste Ort 22 Kilometer entfernt liegt. Nach dem dritten Gang ist unser Hunger gestillt und wir freuen uns auf eine herrliche, frühe Bettruhe.

ETAPPE 10

TAG DER SCHILDER UND PUNKTE

LASSING
↓
GÖSTLING

ICH BIN DIESE ETAPPE ENDE SEPTEMBER GEGANGEN

→ 22,5 km ↑ 1 264 m ↓ 1 460 m

ca. 8 ½ Stunden

erst gegen Ende – genügend Trinkvorräte einplanen

TIPP gut Ausschau nach der Wegmarkierung halten; Nächtigung im Kirchenwirt

HIGHLIGHTS Ankommen in Göstling

RESÜMEE Augen auf!

BEWERTUNG Weg ●●●○○ Landschaft ●●●○○ Erlebnis ●●●○○

Wir verlassen Lassing gestärkt von einem phänomenalen Frühstück. Das erste Schild, das wir passieren, verheißt „Achtung Bergstrecke“ – mit 1 000 Höhenmetern Richtung Hochkar nicht übertrieben. Es folgt „Sie betreten Bärengebiet“. Unsere erste Herausforderung ist jedoch ein Hang mit geschlägerten Bäumen, die unseren Weg zum Hindernisparcours machen. Nach mühseligem Übersteigen beschließen wir, die Baum-Hindernisse etwas abseits, am Waldrand, zu umgehen. Ein weiteres Schild mit „Thomas Sykora Hang“ ist das letzte, das wir sehen, bevor wir für lange Zeit keine Markierung mehr wahrnehmen. Das Gelände wechselt von steinig (dem Toten Gebirge ähnelnd) bis zu weitläufigen Wiesen. Wir entdecken ein kleines steinernes Gebäude, allerdings keine Wegweiser. Wir müssen auf unsere Intuition vertrauen, da auch das GPS nicht ganz sicher ist, wo wir sind. Von Zeit zu Zeit taucht ein kleiner rot-verblasster Punkt auf einem Felsen oder Baum auf und gibt uns Zuversicht. Längst haben wir den Track verlassen. Ein riesiges Skelett, wohl eines Rindes, liegt inmitten der rau wirkenden Karstlandschaft und ermahnt uns, nicht zu lange stehen zu bleiben und Tageslicht-Zeit zu verlieren.

Nach etwa einer Stunde finden wir zurück auf den Weg und nach einem steilen Bergabstück nehmen wir bei einer kleinen Hütte Platz und gönnen uns die längst überfällige erste Pause. Für die Schönheit des Leckermoos-Hochmoores haben wir wenig Augen und Energie. Es ist bereits 16:30 Uhr. Etwas später folgt die erste bewirtschaftete Hütte wie eine Fata Morgana. Am Ende unserer Trinkreserven freuen wir uns auf eine zweite Pause und laben uns dankbar und gierig an der erfrischenden Preiselbeerlimonade. Die Verlockung ist groß, hier zu nächtigen, aber für den morgigen Tag sind bereits 28 Kilometer geplant – das wollen wir nicht noch verlängern.

Am Himmel beginnt es zu dämmern. Wir versuchen uns gegenseitig zu motivieren und brechen auf. Meine Freundin nimmt schon ihre Mit-letzten-Kräften-Pose ein – die Stecken über die Schultern geworfen. Wir gehen maschinell ohne große Worte bis ins Zentrum von Göstling, zum Kirchenwirt. Zehn volle Stunden waren wir unterwegs, haben fast 1 500 Meter im Abstieg und 1 200 Meter im Aufstieg bewältigt. Alles ist gut gegangen. Der einzige Bär, der uns erwischt hat, ist ein Bärenhunger. Nach einer Suppe und einem riesigen Teller Spaghetti folgen Powidltascherl, meine Leibspeise aus Kindertagen. Mein Magen und meine Seele sind glücklich, meine Beine weniger. Die Stiegen hinauf aufs Zimmer sind unsere härtesten Schritte für diesen Tag. Dass der morgige noch einmal um ein Drittel mehr Weglänge hat, versuchen wir zu verdrängen …

Ein langer Wandertag neigt sich dem Ende zu.

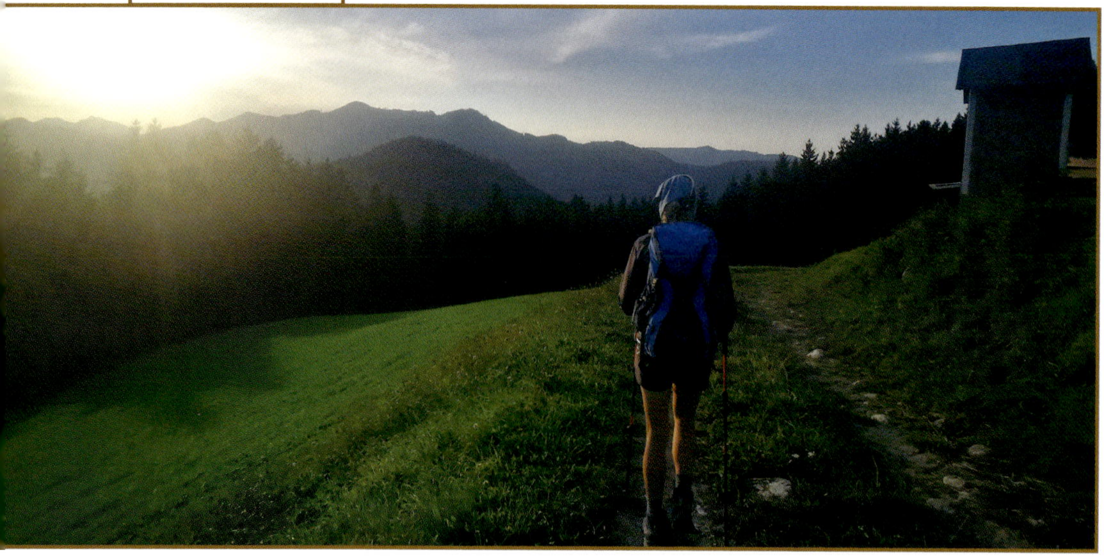

ETAPPE 11

DER LÄNGSTE WANDERTAG ZUM SCHLUSS

GÖSTLING
↓
LUNZ AM SEE

ICH BIN DIESE ETAPPE ENDE SEPTEMBER GEGANGEN

→ 32,7 km ↑ 1 450 m ↓ 1 470 m

ca. 10 Stunden

Ybbstaler Hütte

TIPP Etappe besser auf zwei Tage aufteilen inkl. Nächtigung auf der Ybbstaler Hütte

HIGHLIGHTS Dürrenstein, Lunzer See

RESÜMEE letztes Highlight mit Gipfelblick vom Dürrenstein

BEWERTUNG Weg ●●●●○ Landschaft ●●●●● Erlebnis ●●●●○

Es ist fast noch dunkel, als wir die Unterkunft verlassen. Und es regnet. Gekleidet in meinem schwarz-neongelben Regenschutz sehe ich fast aus wie die vielen Feuersalamander, denen wir an diesem Tag begegnen. Diese scheinen sich, wie die Feuersalamander am ersten Tag, mehr über das Wetter zu freuen als wir. Ein langer – der längste – Tag steht uns bevor. (Im Wanderbüchlein endet die Tour am Ostufer der Ybbs. Hier fehlt der Weg zum Endpunkt des Luchstrails beim Wildniszentrum, das sind noch etwas mehr als vier Kilometer. Die Gesamtetappe beläuft sich also auf ca. 32 Kilometer.)
Der erste Abschnitt folgt dem Themenweg „Die Kraft des Wassers", das heute nicht nur neben uns, sondern auch von oben strömt. Dennoch ist der Weg idyllisch. Er führt bis in die Nothschlucht, ein wunderschönes Streckenstück und Naturdenkmal.

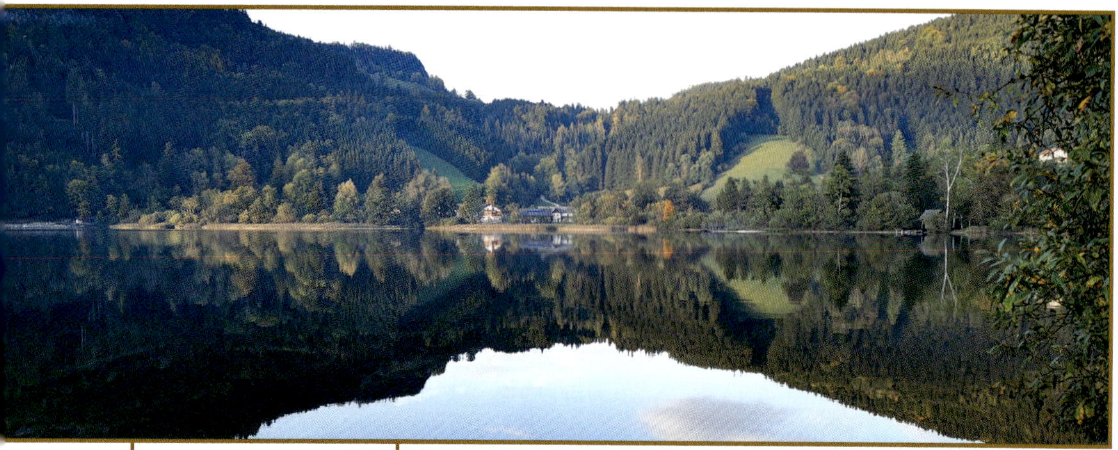

Herrlich empfängt uns der Lunzer See kurz vor Trail-Ende.

Dann folgt ein über 700 Höhenmeter fordernder Aufstieg zum Dürrenstein – ein Gipfel zum Grande Finale des Luchstrails! Davor jedoch – für uns durchnässte Wanderinnen fast noch attraktiver an diesem Tag – die Ybbstaler Hütte auf 1 343 Metern.

Ein Auto kommt uns entgegen. Doch nicht die Hüttenbesitzer? Wir halten sie an. Doch die Hüttenbesitzer! Sie fahren ob des schlechten Wetters ins Tal. Die gute Nachricht: Vor Ort bleibt ihr nepalesischer Angestellter Ram, den wir wenig später kennenlernen. Er feuert auf unser Bitten den Kamin an. Es sind noch drei andere Personen anwesend, mit denen wir in ein herzliches Gespräch einstimmen, bis unsere heißersehnte Suppe kommt. Die Motivation, das trockene Refugium wieder zu verlassen, ist gering.

Wie weit ist es bis zum Gipfel? Etwa zwei Stunden, bekommen wir zur Antwort. Es sind knapp 550 Höhenmeter in fünf Kilometern. Wir werfen einen Blick auf die schweren Rucksäcke und rechnen mit zweieinhalb Gehstunden, was uns in diesem Moment wenig motiviert. Aber dann spielen wir unsere Stärke aus: zügiges Ansteigen.

Der Weg ist magisch: Die Karrenverwitterung hat mit Karstmulden und Dolinen ein bizarres Landschaftsbild erschaffen, eine Art „Canyon Minimundus“, wie es das Wanderbüchlein nennt. Es ist atemberaubend. Das Hochplateau erinnert an die mystischen Weiten Irlands. Da wir aufgrund des Wetters nie stehen bleiben, kommt es, dass wir nach einer Stunde und 40 Minuten das Panorama „Dürrenstein bei Nebel“ fotografieren. Es ist so grau in grau, dass wir fast am Gipfelkreuz auf 1 878 Meter vorbeigehen.

Hier oben bzw. im gesamten Wildnisgebiet ist die Nacht so schwarz wie in den entlegensten Gebieten in den Anden. Über 7 000 Sterne seien hier, heißt es, bei klarem Nachthimmel sichtbar, etwas, wovon wir heute träumen können. Auch den Blick ins Wildnisgebiet, das Gesäuse und den Ötscher müssen wir uns gedanklich vorstellen.

Der Nebel lichtet sich und zaubert eine herrliche Stimmung im Abstieg. Dieser führt über die weitläufige Herrenalm ins Seetal, welches das Wildnisgebiet Dürrenstein mit Lunz am See verbindet. Ein kurzer Gegenanstieg will vorab noch gemeistert werden, dann geht es nur noch runter. Nachdem wir den Obersee und den Mittersee passiert haben und die letzten Meter absteigen, streichelt uns der erste Sonnenstrahl. Und als wir am Lunzer See vorbeigehen, schimmert dieser fast einladend zum Baden. Doch dafür ist es einige Grade zu kalt. In Ehrfurcht vor der Schönheit der Natur, aber auch ein bisschen vor unserer Leistung, legen wir die letzten Meter zum Hotel zurück, das schon am Ortsanfang auf uns wartet. Ein Blick meiner Freundin: Das ist nicht das Ende des Luchstrails! Daran hatte ich in diesem Moment gar nicht gedacht. Etwa ein Extra-Kilometer trennt uns vom offiziellen Etappenziel, das sich direkt beim Haus der Wildnis im Ortszentrum befindet. Ein mental forderndes letztes Stück, aber natürlich hat meine Freundin recht. Wir sind nicht so weit gegangen, um hier aufzugeben. Nach insgesamt 33 Kilometern und 1 500 Höhenmetern in zehn Stunden posieren wir freudig-stolz vor dem letzten Luchstrail-Etappen-Pfeiler. Als mir meine Freundin eine selbstgebastelte Luchstrail-Medaille als Dankeschön für die Planung überreicht, bin ich den Tränen nahe.

Und dann stellt sich dieses Gefühl ein, wenn man ein großes Wanderprojekt abgeschlossen hat: „Was jetzt?“ Für diesen Tag ist die Entscheidung klar: Wir gehen zurück ins Hotel und tauschen unsere komplett nass-schmutzige Wanderkleidung gegen etwas Sauberes. Groß ist die Überraschung, als wir vor Ort auf eine Mitarbeiterin vom Tourismus treffen. Als Entschuldigung für den Mendlingtal-Eintritt bekommen wir persönlich von ihr eine Luchstrail-Urkunde und Tassen überreicht. Wir stoßen an – noch etwas ungläubig, dass unser Projekt, das uns von Ende Mai bis Ende September durch das Wanderjahr begleitet hat, nun wirklich zu Ende ist.

Glück durchströmt uns und Stolz kommt auf, wie wir diese wirklich abenteuerlichen, äußerst eindrucksvollen und körperlich manchmal ganz schön fordernden Etappen gemeistert haben. Sehr viel durften wir lernen: über das Weitwandern und auch uns selbst. Wir sind gewachsen – zusammen als Team und über uns hinaus. Im Nachhinein war wohl genau das jener Moment, an dem sich die Liebe zum Weitwandern für immer in meinem Herz verankert hat.

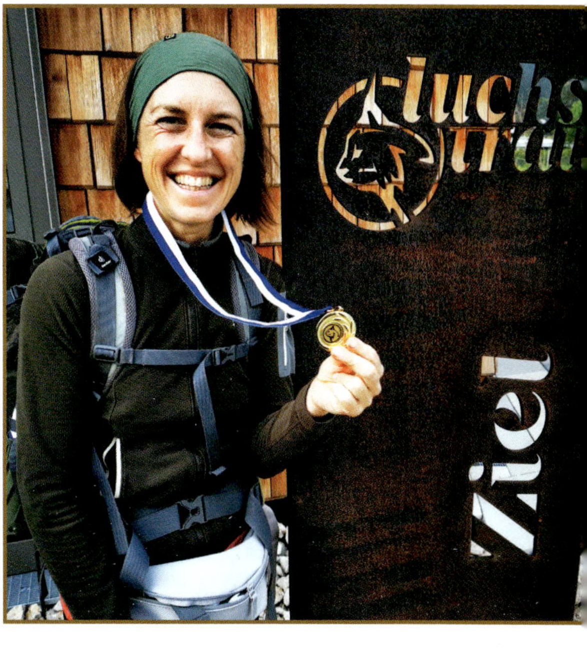

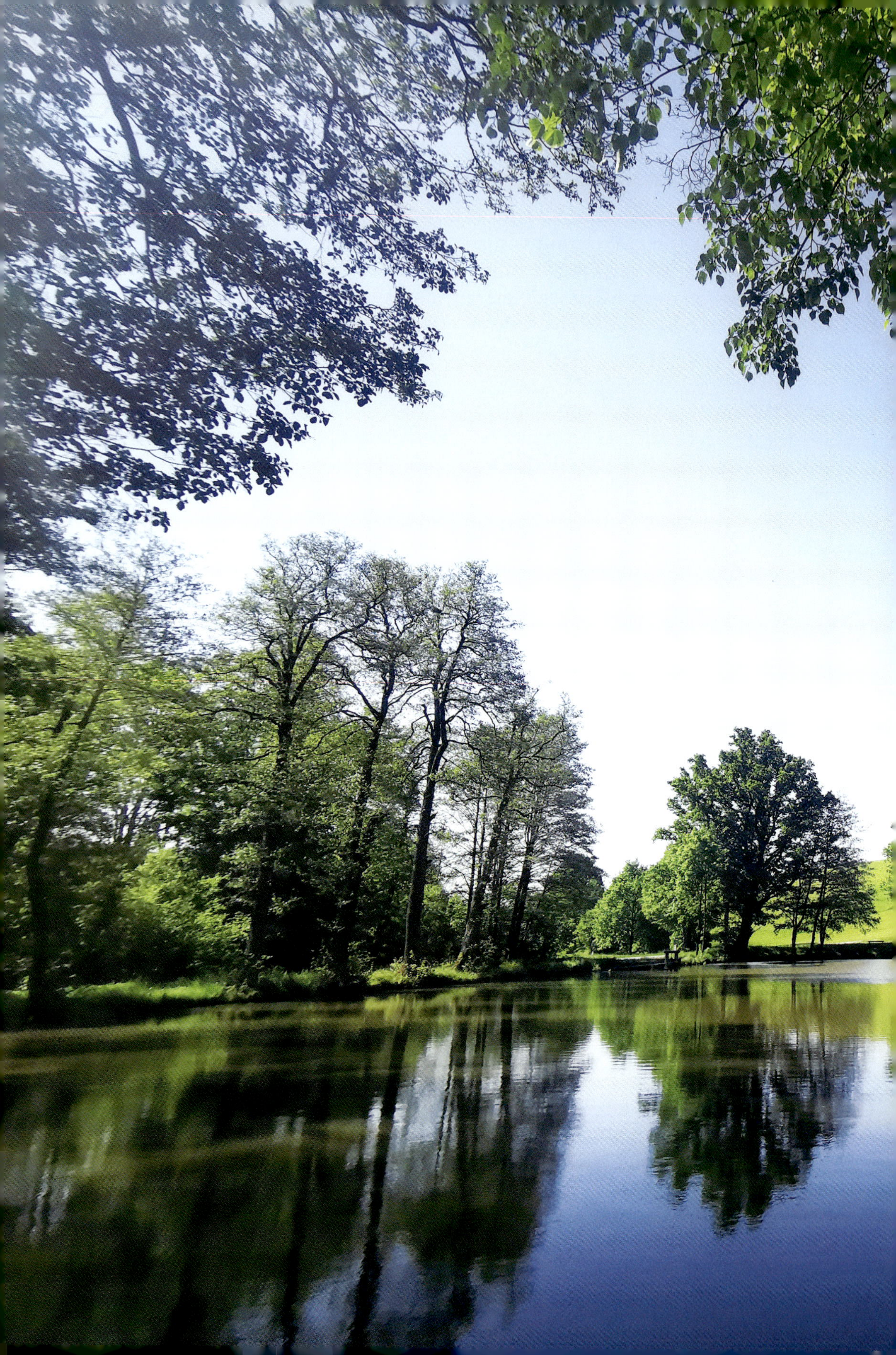

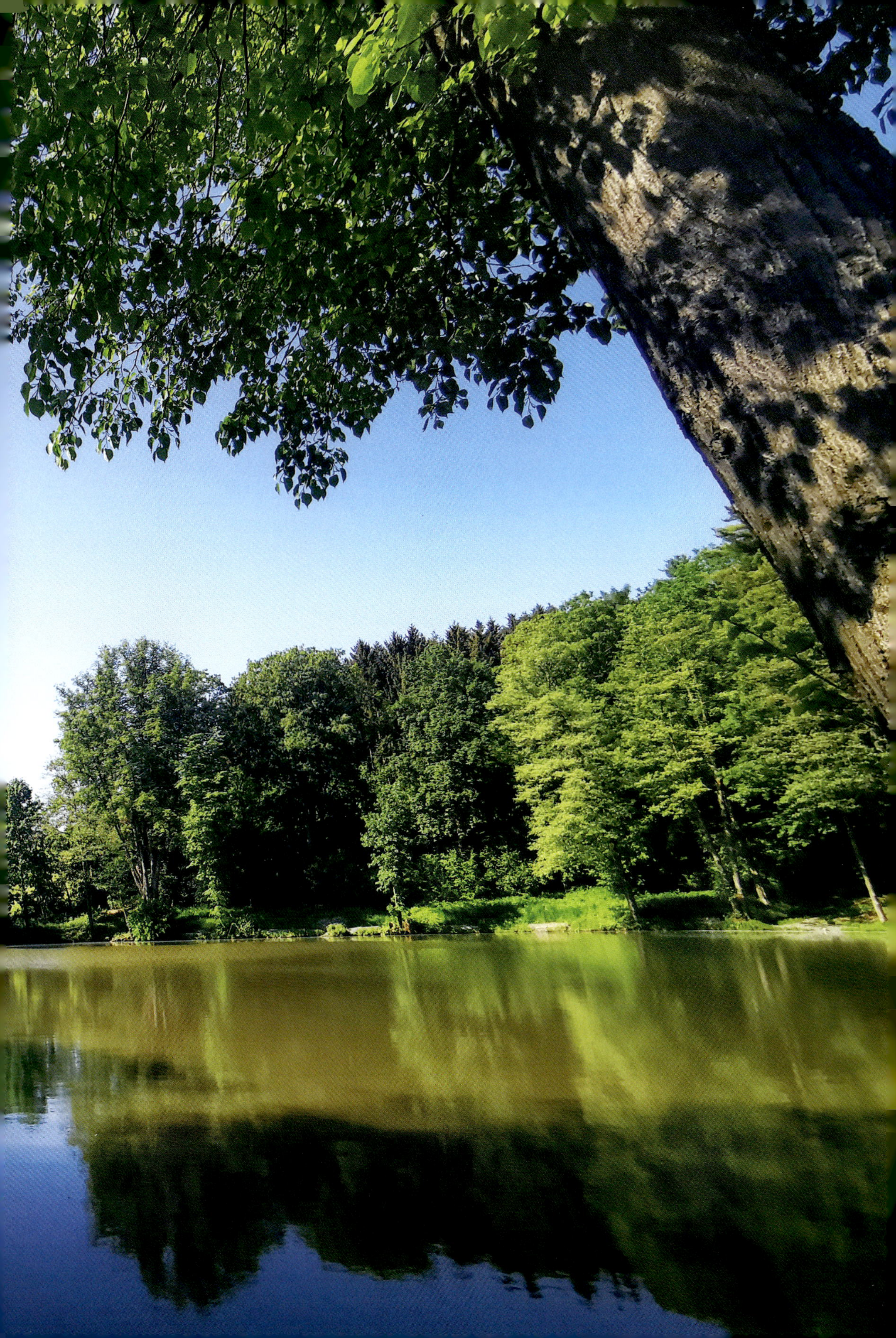

LEBENSWEG

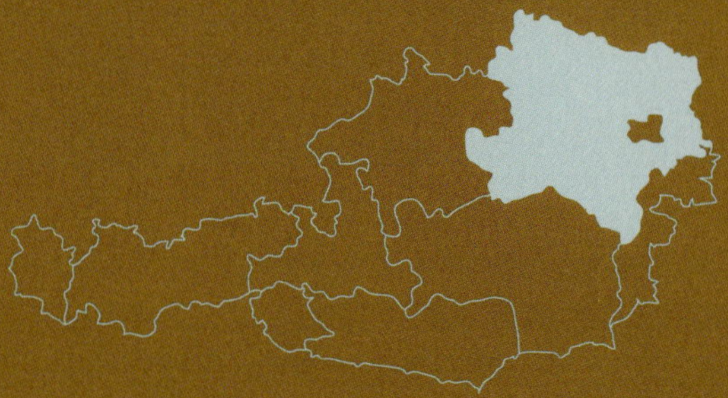

→ 270 km
(davon ca. 10 km auf der Jauerling-Runde)

↕ über 6 400 hm (mit etwa 200 hm für die Jauerling-Runde)

× 13 Tagesetappen (mit Jauerling-Runde 14); Achterschleife bzw. „dreiblättriges Kleeblatt"

REGION Niederösterreich, südliches Waldviertel

GIBT ES SEIT 2018 (aufbauend auf dem bestehenden Ysper-Weitentalweg Nr. 22 und dem Kremstalweg Nr. 625), erweitert 2022 um Gemeinde Maria Laach

WEGBESCHAFFENHEIT viele Wald-Wanderwege – nur ein einziger „Asphalttag"

WEGFÜHRUNG
- sehr abwechslungsreiches Naturschauspiel: vom mächtigen, schützenden Wald über mystische Klammen und Felsformationen, grandiose Panoramen und ruhige Kraftplätze
- dazwischen kleine Ortschaften und dünn besiedelte Gebiete

GEEIGNET FÜR
- Genusswanderinnen und -wanderer, die in der Natur Kraft tanken, die im Hier und Jetzt ankommen und das Leben bewusst wahrnehmen und reflektieren wollen
- Weitwanderinnen und -wanderer, die ursprüngliche Gastfreundschaft schätzen

BESTE JAHRESZEITEN am besten aufteilen, z. B. Start im Mai, zweiter Teil zur Mohnblüte im Juli, Abschlussetappen im (Spät-)Herbst

ICH BIN GEWANDERT Etappe 1: im August 2022 | Etappen 2–5: im Mai 2022 | Etappen 6–9: Anfang Juli 2022 | Etappen 10–13: Ende Oktober/Allerheiligen 2022

BESONDERHEITEN	× jede Etappe = ein Lebensabschnitt (Alter) × wunderschöner „nostalgischer" Stempelpass – und Wandernadeln
ANSTRENGENDSTE ETAPPE	Etappe 1 (etwa 26 km und 1 100 hm)
HERAUSFORDERUNGEN	× viele Restaurants und Unterkünfte von Montag bis Mittwoch geschlossen × Wegfindung bei den Kreuzungen der Etappen 5 und 9 bzw. 5 und 10 × Flussdurchquerung an Tag 7 – durch eine Umleitung umgehbar × manchmal freilaufende Hunde auf den Höfen × Webseite hinsichtlich etwaiger Wegsperren nicht immer tagesaktuell
EMPFEHLUNGEN	× vorbeugend immer eine Jause einpacken (Lunchpaket von den Unterkünften sind teilweise extrem reichhaltig, „Food Waste" vermeiden) × genügend zum Trinken mitnehmen × vom Tourismusverband bei der Planung unterstützen lassen × Lebensweg TourenTAGEbuch mitnehmen und am Vorabend die Infos zur Etappe und die Fragen zum Nachdenken lesen × Zeit einplanen für Badetage an den Seen, Teilnahme an Mohnfestivitäten, Schlossbesichtigungen (z. B. Pöggstall und Artstetten)
DAS BESTE AM TRAIL	× noch wenig begangen, daher ruhig und erholsam × sehr abwechslungsreiche Landschaft: idyllische Klammen, beeindruckender Weinsberger Forst, atemberaubende Mohnblüte (im Juli) × herzliche Gastgeberinnen und Gastgeber sowie Einheimische × bunter Mix aus Unterkünften
MEINE DREI HIGHLIGHTS	× rot-rosa-weiße Mohnpracht – ein Fest für Augen und Gaumen × Weinsberger Forst – Waldbaden pur × golden schimmernde Ysperklamm
GEHEIMTIPP	Trail über das Jahr verteilt gehen, um die herrliche Landschaft in allen Farben und Stimmungen zu erleben
ORGANISATION	via Waldviertel Tourismus noch nicht durchgehend als Package buchbar (Stand 2022)
INFO	× www.lebensweg.info × Verein zur Errichtung und Ausbau des Lebenswegs, Unterer Markt 10, 3631 Ottenschlag, +43 7415 6767-25, office@lebensweg.info

PERSÖNLICHER AUSBLICK

DAS EIGENE LEBEN BEGEHEN

In 13 Etappen durchs Leben: von der Mühlviertler Grenze im Westen bis Albrechtsberg im Osten. Von Bad Traunstein im Norden bis Leiben im Süden. Drei Flüsse, die uns begleiten: die Krems sowie die Große und Kleine Ysper.
Der 2018 „geborene“ und 2022 erweiterte Lebensweg hat mich von allen meinen Weitwandererfahrungen emotional am meisten berührt. Er führt auf etwa 270 Kilometern Entschleunigung durch vergangene und zukünftige Lebensabschnitte und lädt ein, das eigene Sein bewusst wahrzunehmen und zu reflektieren.
Es sind nicht die großen Wow-Erlebnisse (obwohl diese mit der Ysperklamm und der beeindruckenden Mohnblüte definitiv vorhanden sind), sondern die kleinen, stillen Momente, die die Magie des Lebensweges für mich ausmachen: die Begegnungen, die Gastfreundschaft, das Einfache und manchmal Unperfekte. So wie das Leben. Vielleicht auch als Sinnbild und Lektion, dass es darum geht, aus dem, was ist, das Beste zu machen.
Der Lebensweg ist auch nicht der spektakulärste in Bezug auf Berge, aber er fasziniert durch seine abwechslungsreiche Natur, die stellenweise an Motive der impressionistischen Landschaftsmalerei erinnert.

Sehr empfehlen möchte ich, die Etappen aufzuteilen, um die Besonderheiten des südlichen Waldviertels im Jahreskreislauf zu entdecken: beginnend im erwachenden Frühjahr über die mittleren Etappen rund um die Mohn-Hochblüte im Juli und den farbenfrohen Herbst – und passend zum reifenden Lebensalter, mit der Magie von Allerheiligen zum Ausklang.
Aber eigentlich muss man nicht bei Etappe 1 beginnen – was ich mit meiner Wanderbegleitung, meiner Mama, übrigens auch nicht gemacht habe. Laut Waldviertel Tourismus und auch Wegerfinder Dieter Juster ist der optimale Start des Lebensweges einfach dort, „wo es einen hinzieht“: sei es das Lebensjahrzehnt, in dem man sich selbst gerade befindet, oder jenes, von dem man etwas verarbeiten und hinter sich lassen möchte. Wir haben mit Etappe 2 begonnen, da die erste mit Abschnitt die längste und jene mit den meisten Höhenmetern darstellt. Und dafür wollten wir uns erst einwandern,

wodurch wir im „Hotel des Glücks“ in St. Oswald gelandet sind – und das Glück selbst hat uns durch das ganze Weitwanderabenteuer begleitet.
Mich erinnert die Form des Weges in diesem Zusammenhang nicht so sehr an eine Achterschleife (wie überall beschrieben), sondern an ein dreiblättriges Kleeblatt. Jede Schlaufe mit eigenem Zauber: die ersten Tage voller Natur und Abenteuer, der Mittelteil geprägt von Genuss und Kultur, das Ende von Mystik und Pilgerflair.
Mein Tipp – vom Waldviertel Tourismus bei der Planung unterstützen lassen. Als ich mich 2022 auf den Weg gemacht habe, waren nur die ersten fünf Etappen mit Gepäcktransport durchorganisiert; viele Unterkunftsbesitzer der späteren Etappen haben diesen persönlich übernommen. Und manchmal auch die Verköstigung, da es an einigen Orten von Montag bis teilweise Mittwoch kein offenes Gasthaus gab. Bei der Terminplanung wussten wir nicht, wie ursprünglich und ruhig es hier ist – und sind daher bevorzugt unter der Woche gegangen, was die Organisation aus oben genannten Gründen manchmal zur Herausforderung gemacht hat.

In den kommenden Jahren wird es sicherlich noch gut möglich sein, den Lebensweg am Wochenende zu gehen, sodass man alle Annehmlichkeiten genießen und trotzdem in der Idylle und ohne Massen wandern kann. Wir waren bis auf einen einzelnen Tag komplett alleine unterwegs.

Resümierend ist das Schöne beim Weitwandern am Lebensweg die Stille, die das Finden des eigenen Rhythmus ermöglicht und die Augen und Ohren für die großen und kleinen Naturschauspiele öffnet. Im begleitenden Lebensweg TourenTAGEbuch finden sich thematische und literarische Impulse zum jeweiligen Etappenabschnitt für alle, die sich intensiv mit dem eigenen Lebensweg beschäftigen wollen. Sei es alleine oder auch im Austausch mit vertrauen Menschen, mit denen man dieses Weitwandererlebnis teilt.
Mit im Durchschnitt 17 bis 22 Kilometern pro Tag ist der Lebensweg für Hobbywanderinnen und -wanderer gut zu bewältigen und lässt Raum für Pausen und kulturelle Erkundungen. Ob Schlossbesichtigung oder Mohn-Aktivitäten – jede Region hat sogenannte Herzpunkte definiert, die die Einheimischen besonders lieben, und die sie den Wandersleuten empfehlen. Eine Auflistung dieser findet man im genannten TourenTAGEBuch und online.
Die Tage im südlichen Waldviertel haben meine eigene Lebensgeschichte weitergeschrieben und intensiv geprägt. Ich war mit meiner Mama am Weg und wir haben täglich über unsere Kindheit, Jugend und Erwachsenenleben gesprochen, Erinnerungen an unser gemeinsames Leben und auch Erfahrungen im gleichen Lebensalter in unterschiedlichen Jahrzehnten geteilt. Ein Erlebnis, das uns sehr stark verbunden hat. Ich wünsche allen Leserinnen und Lesern ein bereicherndes „Nachgehen“ des eigenen Lebensweges, ob kontemplativ alleine oder mit der Familie oder Freunden.

ETAPPE 1

LEBENSABSCHNITT:
VOR DER GEBURT, „LIEBE DER ELTERN“

VON 0 AUF 1000

MOTTO:
ZEUGUNG

LAIMBACH
↓
NÖCHLING

ICH BIN DIESE ETAPPE IM AUGUST GEGANGEN

→ 26,6 km ↑ 1 112 m ↓ 1 105 m

ca. 8 ½ Stunden

Gasthof „Rote Säge“ in St. Oswald nach 20 km, vorher kaum Sitzgelegenheiten; falls geschlossen – Selbstbedienungslabestelle (Kühlschrank) mit Getränken und Snacks vorhanden

TIPP genügend zum Trinken mitnehmen, langsam losgehen

HIGHLIGHTS Großer Peilstein (1 061 m) – höchster Punkt des Lebensweges, optimale Wegführung

RESÜMEE perfekt angelegter Weg – knackiger Anstieg zu Beginn; sanfter, langgezogener Abstieg auf großteils weichem Waldboden

BEWERTUNG Weg ●●●●● Landschaft ●●●●● Erlebnis ●●●●○

Die offiziell erste, aber nicht unsere erste Etappe des Lebensweges. Warum startet ein Weitwanderweg mit der längsten und forderndsten Tagestour, was die Höhenmeter anbelangt? Dabei ist diese thematisch nicht einmal die „Geburt“, bei der das sinnbildlich noch nachvollziehbar wäre … Um vorwegzugreifen: Wir haben – aufgrund einer schweren Knieverletzung meiner Wanderbegleitung – diesen Abschnitt erst nach zweimaligen Aufenthalten im Waldviertel (Etappen 2 bis 9) nachgeholt. Zu diesem Zeitpunkt waren wir gut eingewandert und konnten Etappe 1 mit Zuversicht, dass wir sie meistern werden, genießen. Im Rückblick betrachtet hatten wir sicher zu viel Respekt vor diesem ersten Tag. Die Strecke könnte schöner nicht angelegt sein und ermüdet trotz der langen Distanz von knapp 26 Kilometern weniger, als man erwarten würde.

Wanderstart ist in Laimbach. Schon nach wenigen Gehminuten auf der Straße taucht man in einen schönen Waldweg ein. Dieser fordert zu Beginn die Waden und führt in weniger als sechs Kilometern von knapp über 500 Meter Seehöhe auf den ersten „Tausender" der Weitwanderung: den Peilstein. Eingebettet in den Höhenzug des Ostrongs besteht die höchste Erhebung des südlichen Waldviertels genau genommen aus einem kleinen (1 024 m) und großen (1 061 m) „Gipfel".

Wenn man diese Etappe im Sommer geht, wird man den schattigen Aufstiegsweg schätzen. Zusätzlich empfiehlt es sich aufgrund der Länge früh zu starten. So steht man vor der möglichen Mittagshitze am Gipfel des Kleinen Peilsteins. Ein übermächtiges Gipfelkreuz

Motiviert am Weg zum Peilstein

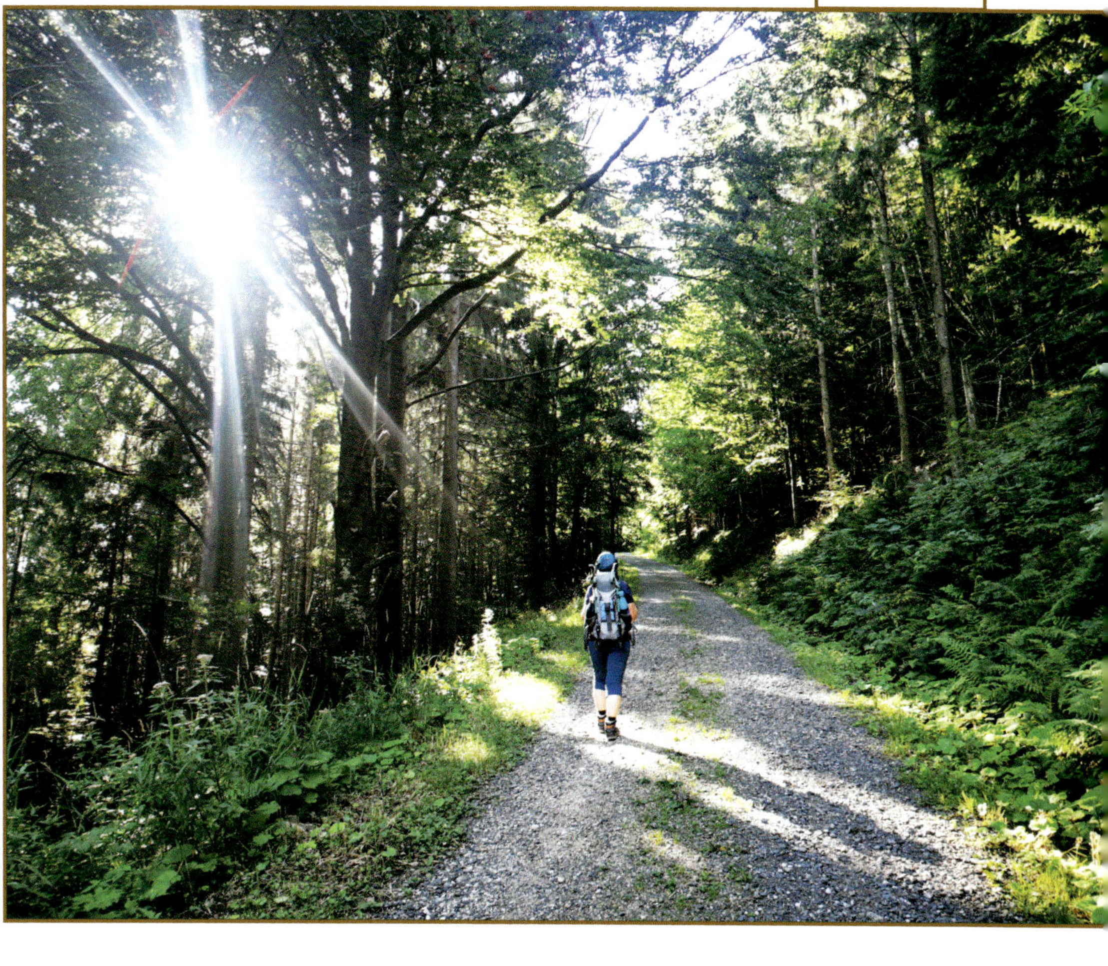

empfängt uns und buhlt mit dem Traumpanorama um die Aufmerksamkeit. Was mag uns erst am Großen Peilstein erwarten?

Zum Weitergehen ist als Backup der vom Waldviertel Tourismus angelegte GPS-Track empfehlenswert, da vom Kleinen Peilstein und der dortigen Naturfreunde-Schutzhütte zahlreiche kleine Wege wegführen. Folgt man dem richtigen, erreicht man nach wenigen Gehminuten das Gipfelplateau des Großen Peilsteins. Nach einem Kreuz hält man vergeblich Ausschau. Es ist jedoch ein schöner Platz für eine erste Jausenpause, wenn es nicht zu windig ist.

Die Belohnung für die morgendliche Leistung ist einer der schönsten Abstiege, die man sich beim Weitwandern wünschen kann: sanft abfallend, auf weichem Waldboden schreitend, ideal zum Plaudern, sodass die Meter auf dem mit Nummer 22 markierten Ysper-Weitental-Rundwanderweg verfliegen.

Einziges Manko der Etappe 1: Es findet sich sehr lange keine Rastbank. Als wir schon mehr als die Hälfte der Tagesstrecke bewältigt haben, erwählen wir Baumstümpfe zu unseren Hockern und picknicken ein paar Meter abseits des Weges. Eine weise Entscheidung, denn es folgt keine bessere Alternative bis zum Gasthof „Rote Säge" – zwanzig Kilometer nach dem Start. Sollte, wie es bei uns war, aufgrund eines Sperrtages nicht geöffnet sein, punktet der einladende Gastgarten mit einem prall gefüllten Kühlschrank, erfrischenden Getränken sowie Kuchen und Snacks; die Bezahlung erfolgt auf Vertrauensbasis. Eine kurze Pause auf den gemütlichen Bänken ist empfehlenswert.

Wie bei vielen Etappen am Lebensweg führt der letzte Teilabschnitt bergauf. Mit dem Adrenalinkick des Peilstein-Erfolges meistert man auch dieses im Sommer etwas urwaldartige, verwilderte Waldstück. Die letzten Kilometer können dazu genutzt werden, um sich über das heutige Thema Gedanken zu machen: Was weißt du über das Leben und die Beziehung deiner Eltern vor deiner Geburt?

Nach etwa acht Gehstunden kommt man an: am Tagesziel Nummer eins in Nöchling – aber auch im Moment, bei sich selbst, am Lebensweg. Und darum ist diese erste lange Etappe vielleicht doch eine gute Wahl als Starttag.

LEBENSABSCHNITT:
GEBURT, „DER ERSTE ÜBERGANG“

MOTTO:
SCHWANGERSCHAFT UND GEBURT

ETAPPE 2

TAG DER NATURSCHAUSPIELE

NÖCHLING
↓
YSPER

ICH BIN DIESE ETAPPE IM MAI GEGANGEN

→ 18,7 km ↑ 669 m ↓ 701 m

ca. 6 Stunden

in St. Oswald oder Ysper; Jause einpacken und z. B. im Nasch- und Naturgarten kurz vor St. Oswald eine Rast einlegen

TIPP Zeit für Fotos und Pausen an schönen Orten einplanen, Nächtigung in Yspertal, z. B. im Landhotel

HIGHLIGHTS vielseitiges Panorama, unbekannte kleine Losenegger Klamm, Herzstein

RESÜMEE abwechslungsreich(st)er Tag mit Wald, Klamm, Naturgarten, Wackel- und Schlüpfstein, Niedermoor und mehreren Ortschaften

BEWERTUNG Weg ●●●●● Landschaft ●●●●○ Erlebnis ●●●●●

Etappe 2 ist für mich Sinnbild für den Lebensweg – jenen, der als Route vor uns liegt, aber vor allem auch unseren eigenen: geprägt durch die fürs südliche Waldviertel typischen Aufs und Abs, mit einer Vielzahl an Landschaftsformen repräsentativ für die unterschiedlichen Lebensabschnitte. Dieser Tag steht unter dem Motto „Geburt“. Welche Geschichten kennst du über deinen Eintritt ins Leben?
Vielleicht sind die Beine etwas müde, wenn man mit Etappe 1 gestartet hat. Die gute Nachricht: Diese zweite Tagesstrecke lenkt durch die vielfältigen Naturspektakel davon ab. Gleich zu Beginn wartet der „Ötscherblick“, der an Tagen mit klarem Himmel hält, was er

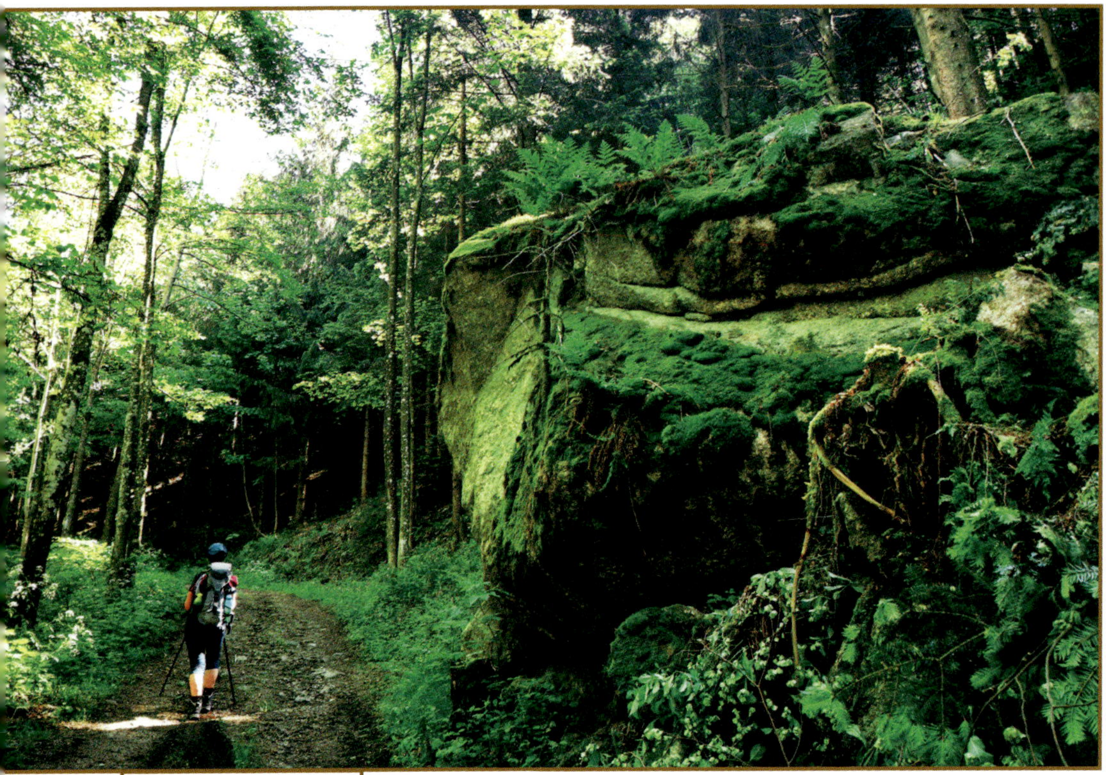

Der Lebensweg überrascht mit seiner Vielseitigkeit.

verspricht. Vom Blick in die Ferne richten wir unsere Aufmerksamkeit auf den direkten Weg vor uns. Bist du mit deinen Gedanken schon im Jetzt angekommen? Eine gute Möglichkeit dafür bietet der nächste Abschnitt, der die Sicht auf die unmittelbare Umgebung beschränkt – und dafür mit vielen Details aufwartet, die Wanderinnen und Wanderern begegnen, die ihren Fokus auf das Kleine schärfen: märchenhaft verschlungene Farne, gut getarnte Tiere, zarte Waldblumen, geometrische Muster in Rinden und gigantische Baumkronen, wenn man den Blick in den Himmel richtet.

Dann wird das Tageslicht heller und der Wald verabschiedet sich. Vor uns eröffnet sich eine unendliche Weite mit einer Landschaft, die Van Gogh nicht schöner hätte malen können: pralle Äcker mit im Wind tanzenden Ähren, Wiesen- und Feldblumen in kräftigen Farben, dazwischen mächtige Vierkanter. Die Wolken zeichnen ihre schönsten Schäfchen, die unsere Gedanken weit wegtragen.

Und das nächste Naturwunder folgt – die unbekannte, aber zauberhafte Losenegger Klamm. Schon der Weg dorthin ist mystisch und ein herrlicher Schattenspender. Das Element Wasser begeistert mit neuen Fotomotiven: vergnügte kleine Wasserfälle, die über sanft ruhende Steine springen. Wir gönnen uns hier eine kurze Pause und erste Stärkung.

Nach einem kurzen Asphaltstück (das – wie manchmal am Lebensweg – an einer unübersichtlichen Kurve einen parallelen sicheren Fußweg bereithält) ist das nächste Ziel der Kräuter- und Naschgarten in St. Oswald: ein liebevoll angelegtes Paradies mit heimischen Blumen und regionalen Kräutern, Obst und Gemüse. Hier kann man je nach Saison Reifes verköstigen und bei Veranstaltungen Wissenswertes zur eigenen Gartenpflege lernen – ein optimaler Ort für die Mittagsrast!

Vielfältig geht der Wandertag auch zu Ende, denn das eigentliche Glanzstück folgt erst: der Herzstein. Am Weg dorthin ermöglichen ein paar zusätzliche Höhenmeter die Besichtigung des Totenkopf- und Drachensteins, zwei imposante Repräsentanten der für hier typischen Wackelsteine – wer noch Energie dafür hat, auf geht's!

Der Herzsteinweg führt anschließend zum entsprechenden Monument, einem auf dem Kopf stehenden, an ein menschliches Herz erinnernden Stein – es handelt sich um einen sogenannten Schlüpfstein. Wer Lust und Mut hat und zart gebaut ist, kann hier durchkriechen und so den Akt des ersten eigenen Übergangs durch den Geburtskanal „nachempfinden". Alternativ steht das Umrunden des Herzsteins als Reinigungsritual am Programm – beides schöne Gesten, die das Ankommen am Lebensweg vertiefen.

Bei unserer Ankunft in Ysper, dem heutigen Tagesziel, wartet Stempel Nr. 2 in der Box bei der Kirche. Und wer hier gebucht hat, kann direkt daneben, im Landhotel Yspertal, den Tag bei biologischem Essen und herzlicher Gastfreundschaft ausklingen lassen.

„Wer die Geschenke der Natur
zu schätzen weiß,
ist dem Glück auf der Spur."

(Hinweistafel, Hauptmann-Mayr-Ruhe in St. Oswald)

Endlose Weite voraus,
der Alltag weit hinter uns

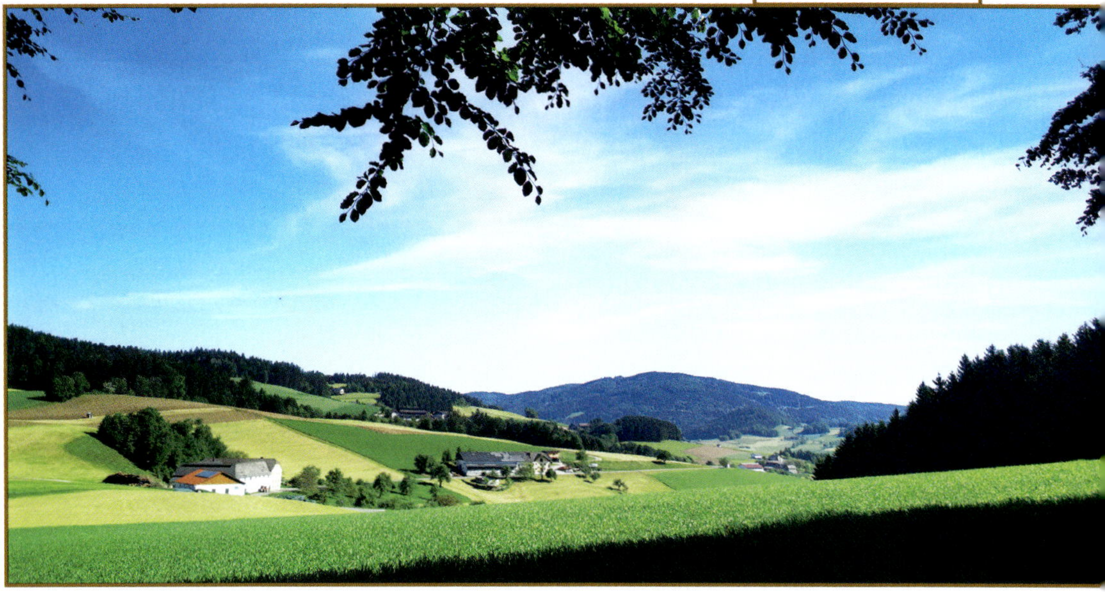

ETAPPE 3

LEBENSABSCHNITT:
0–6 JAHRE

EIN GOLDENER EMPFANG

MOTTO:
DIE ERSTEN JAHRE

YSPER
↓
DORFSTETTEN
[+ TRANSFER NACH BÄRNKOPF]

ICH BIN DIESE ETAPPE IM MAI GEGANGEN

→ 18,8 km ↑ 644 m ↓ 414 m

ca. 6 Stunden

erst am Endpunkt in Dorfstetten – Automat mit Snacks beim Eingang in die Ysperklamm; Lunchpaket empfohlen – schöne Picknickplätze in der Klamm

TIPP genug Zeit zum Staunen und Fotografieren in der Ysperklamm mitbringen; früh starten an heißen Tagen, da es am Asphaltstück sehr heiß werden kann

HIGHLIGHTS golden glänzende Ysperklamm, angenehm-kühles Waldstück danach

RESÜMEE Staunen, fotografieren und genießen – inmitten des Naturphänomens Ysperklamm!

BEWERTUNG Weg ●●●●○ Landschaft ●●●○○ Erlebnis ●●●●●

Gleich nach dem Verlassen des Dorfzentrums gilt es die Augen offen zu halten – der Wanderweg führt fast unbemerkt geradeaus weiter, während die Straße eine markante Linkskurve macht. Als Belohnung für die achtsame Wegfindung folgt überraschend eine Marschmusik, die aus einem Lautsprecher oberhalb einer Rastbank dröhnt. Flotten Schrittes geht es im Takt weiter. Für ein kurzes Stück folgt der Lebensweg dem Mühlenweg entlang der Großen Ysper. Wasser ist bei dieser Etappe vielfach präsent: Es folgt der idyllische Waldteich, kurz darauf der einladende Puschacher Teich. Schön wäre es, wie die ersten Badegäste hier ins Wasser zu springen und in der Sonne zu liegen. Aber der heutige Tag ist mit über 18 Kilometern lang und die Vorfreude auf die Klamm groß. Von dieser trennt uns noch ein – zugegebenermaßen nicht sehr einladendes, der Sonne ausgesetztes – Asphaltstück, das schon mal eineinhalb bis zwei Stunden Gehzeit einfordert.

Dafür: Ein Empfang in Gold und Silber beim Betreten der Ysperklamm, die Sonne lässt das lebhafte Wasser funkeln

Im Sommer bieten Klammen eine herrliche Kühle beim Wandern.

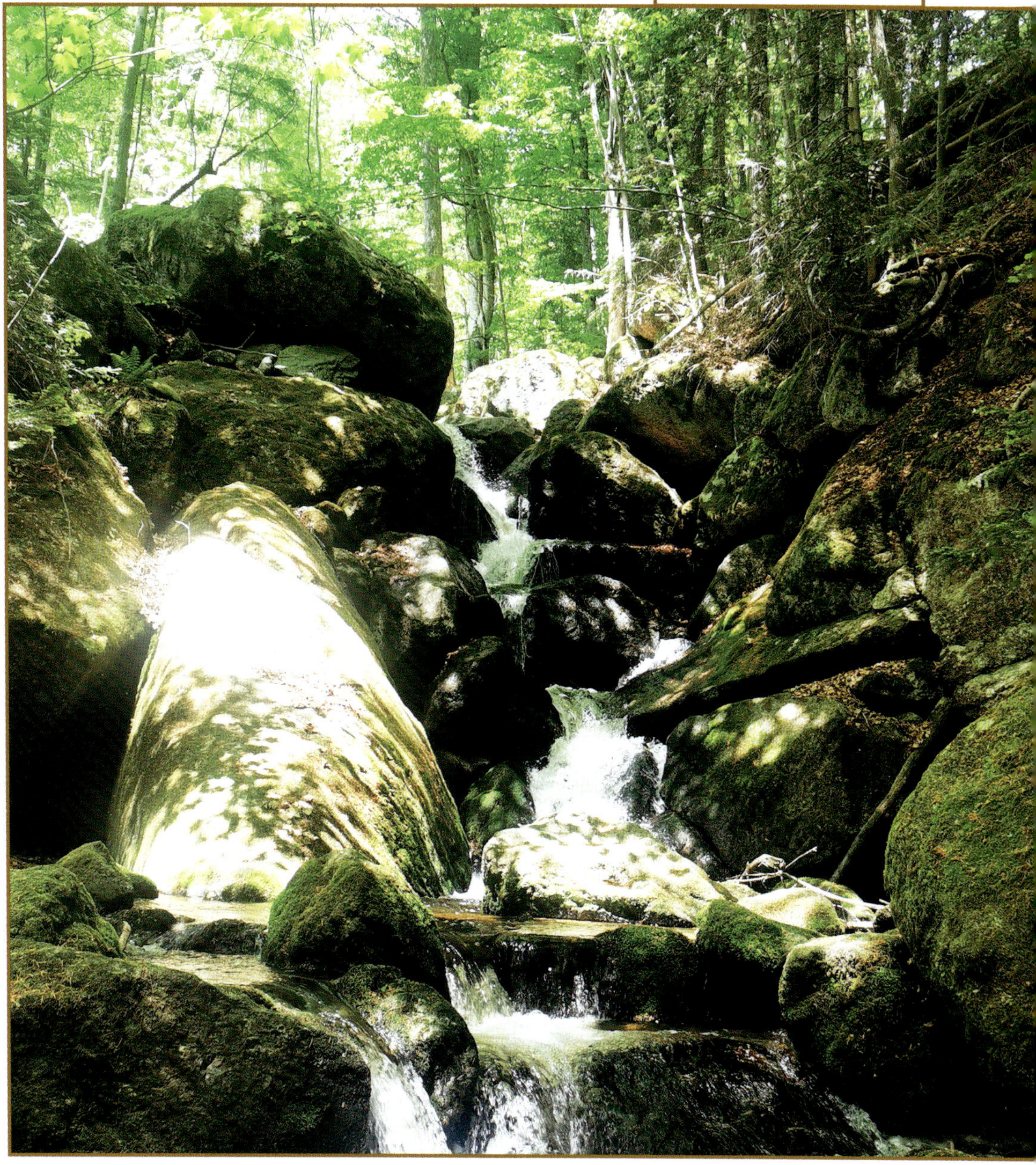

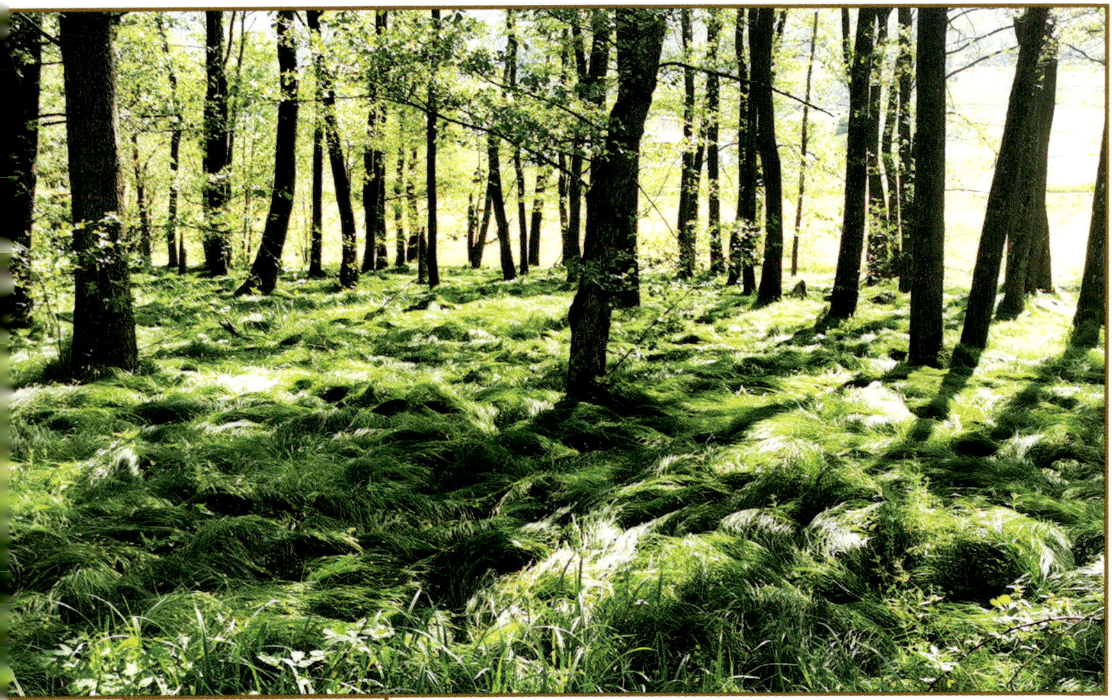

Das Gras tanzt im Wind, die Gedanken fliegen gen Himmel.

und glänzen. 1952 wurde diese Idylle als Naturdenkmal ausgezeichnet. Die Große Ysper, die im Weinsberger Wald entspringt, durchfließt die Klamm auf einer Länge von etwa zwei Kilometern und überwindet dabei 300 Meter Höhenunterschied in eindrucksvollen Kaskaden. Statt einer Stunde angegebener Gehzeit verbringen wir über zwei im Reich der Felsen, Wurzeln und Wasserspiele. Ich kann nur empfehlen das Mittags-Picknick in der Klamm einzunehmen – eine schönere Kulisse findet man an diesem Tag definitiv nicht. Es gibt einen Bereich mit Bänken und auch zahlreiche Möglichkeiten, direkt auf den Steinen am Wasser Platz zu nehmen.

Die heutige Etappe steht unter dem Thema „Alles geschieht zum ersten Mal", Neugierde, Staunen und Lernen. Gestaunt haben wir reichlich in der zauberhaften Klamm, das Lernen folgt: Wir betreten den größten zusammenhängenden Forst Österreichs, den Weinsberger Wald. Eine Tatsache, über die ich mir bis zu diesem Tag nicht bewusst war. Die eigentliche Dimension wird uns erst in den kommenden zwei Tagen so richtig klar.

In angenehmer Kühle geht nach dem Verlassen der Klamm ein Waldweg gemütlich bergab – fast bis nach Dorfstetten. Nur das letzte Stück führt entlang der Straße, allerdings nicht für uns. Wir werden von unserem Shuttle abgeholt und bis nach Bärnkopf gebracht – aber dazu mehr in der Wegbeschreibung von Etappe 4.

LEBENSABSCHNITT:
6–14 JAHRE

MOTTO:
LERNEN

ETAPPE 4

IM GRÖSSTEN FORST ÖSTERREICHS

BÄRNKOPF
↓
GUTENBRUNN

ICH BIN DIESE ETAPPE IM MAI GEGANGEN

→ 15 km ↑ 595 m ↓ 461 m

ca. 5 Stunden

erst am Endpunkt in Gutenbrunn

TIPP Lunchpaket mitnehmen

HIGHLIGHT Weinsberger Forst – 1 000 Schattierungen von Grün

RESÜMEE Daher hat das Waldviertel seinen Namen!

BEWERTUNG Weg ●●●●● Landschaft ●●●●○ Erlebnis ●●●●○

Etappe 4 führt offiziell von Dorfstetten weiter bis nach Gutenbrunn. Mit 24 Kilometern eine der längeren Tageswanderungen, die wir in dieser Form nicht erlebt haben. Hintergrund: Zum Zeitpunkt unserer Weitwanderung im Mai 2022 existierte noch kein „13-Tage-Lebensweg-Pauschalarrangement“ und unsere Komplettour mit Gepäcktransport wurde „händisch“ von den Mitarbeiterinnen und Mitarbeitern des Waldviertel Tourismus organisiert. Was es gab, war ein Mehrtages-Wanderpackage, das in Bärnkopf seinen Anfang nahm und einen Teil des Lebensweges organisiert buchbar machte. Und das ist der Grund für unsere Abkürzung.

Wir haben im Luftkurort Bärnkopf, der höchstgelegenen Gemeinde des Waldviertels, in einer Privatpension genächtigt. Unsere Gastgeberin hatte uns am Vortag vom Etappenziel des dritten

LEBENSWEG

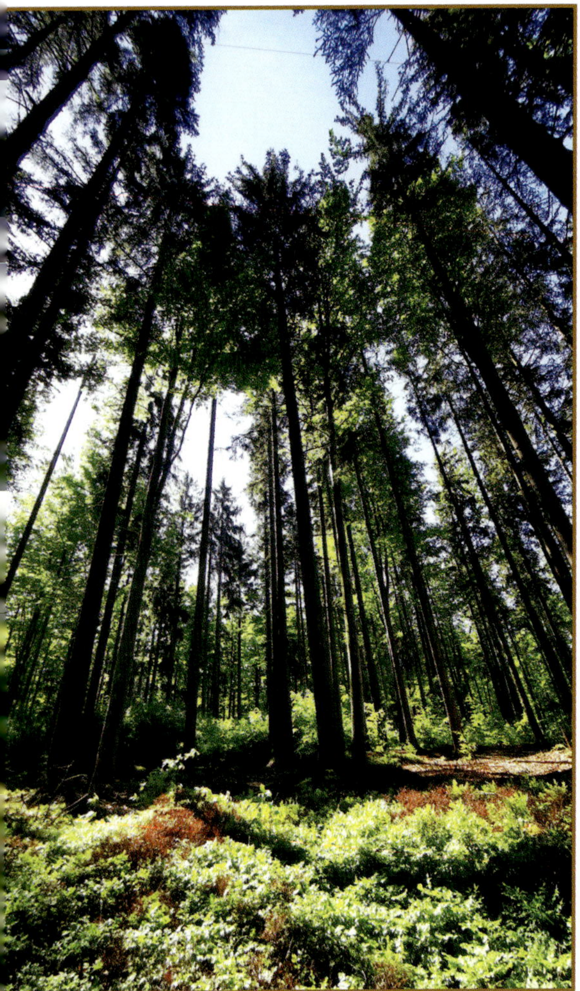

Imposant und mächtig erscheint der Weinsberger Forst.

Tages in Gutenbrunn abgeholt und ist mit uns netterweise nicht auf der direkten Schnellstraße gefahren, sondern parallel auf jenem rumpeligen Weg, den wir andernfalls als Morgenmarsch zurückgelegt hätten – vom Panorama her mäßig attraktiv. Umso schöner jedoch das Gewässer, das dabei passiert wird: der Schlesingerteich. Ursprünglich zur Holzschwemme angelegt, ist dieses kühle Nass aufgrund der ausgezeichneten Wasserqualität heutzutage nicht nur bei den Fischern, sondern auch bei Badegästen sehr beliebt. Diese genießen hier, am angeschlossenen Zeltplatz, oft längere Aufenthalte. Bärnkopf liegt 500 Meter weiter, mitten im Weinsberger Wald. Ziel des heutigen Vormittags: der zweite „Tausender" auf der Lebensweg-Strecke. Wir verlassen den – durch die wenigen Zäune sehr einladenden – Ortskern und betreten Neuland. An dieser Stelle möchte ich aus meinem Wandertagebuch zitieren: „Der Wind bläst eine Fanfare, als wir den Weinsberger Forst, das größte geschlossene Waldgebiet von Österreich, betreten." Wohl zu Ehren seines adeligen Besitzers, des Habsburg-Lothringen'schen Gutes Persenbeug. Schritt für Schritt treten wir ein in einen Zauberwald aus gefühlten 50 Shades of green, die im Lichtspiel der einfallenden Sonne in allen Nuancen schimmern. Auffallend ist hier die dreidimensionale Mehrstufigkeit des Waldes: Dem kaleidoskopartigen Bild aus Baumkronen himmelwärts folgen mehrere Ebenen junger Nadelbäume, darunter Buschwerk, einzelne von Moos überwachsene Steine, vereinzelte Ameisenhügel und rings um den Wanderweg saftiges Gras und in der Blüte stehende Blumen. Schöner hätte es ein Maler nicht komponieren können. Nur wenige Straßenmeter durchbrechen den Wohlfühlwald, der gleichzeitig auch ein großzügiges Langlaufnetz bietet.

Wir wollen jedoch hoch hinauf, auf den 1 041 Meter hohen Weinsberg. Der Weg dorthin ist abwechslungsreich, eine Mischung aus Farnen, Bäumen und Steinen. Vor langer Zeit stand hier

die höchste Festung von Niederösterreich, an die noch vereinzelte bauliche Überreste erinnern. Das Panorama vom Weinsberg reicht bis zum Ötscher und lädt zu einer kurzen Rast.
Spätestens an diesem Tag mit schlechtem Handyempfang kommt man an. Am Lebensweg, im Moment, bei sich selbst. Der vierte Tag ist einer der Entschleunigung: Nichts, das ablenkt. Statt World Wide Web – das „www" des Waldes: Wasser, Wind und Waldvögel. Unspektakulär, aber gerade deshalb so besonders.
Beim Abstieg passieren wir die Hinweistafel „Sie sind auf 1 000 Meter". Der Weg führt südwärts, dann östlich, bis wir Gutenbrunn erreichen. Ehe wir jedoch ins Zentrum kommen, vergeht eine halbe Stunde, denn ein wohltuender Barfußparcours mit Kneippwasser und eine herrliche Schaukelliege empfangen uns am Ortseingang. Wanderherz, was willst du mehr?

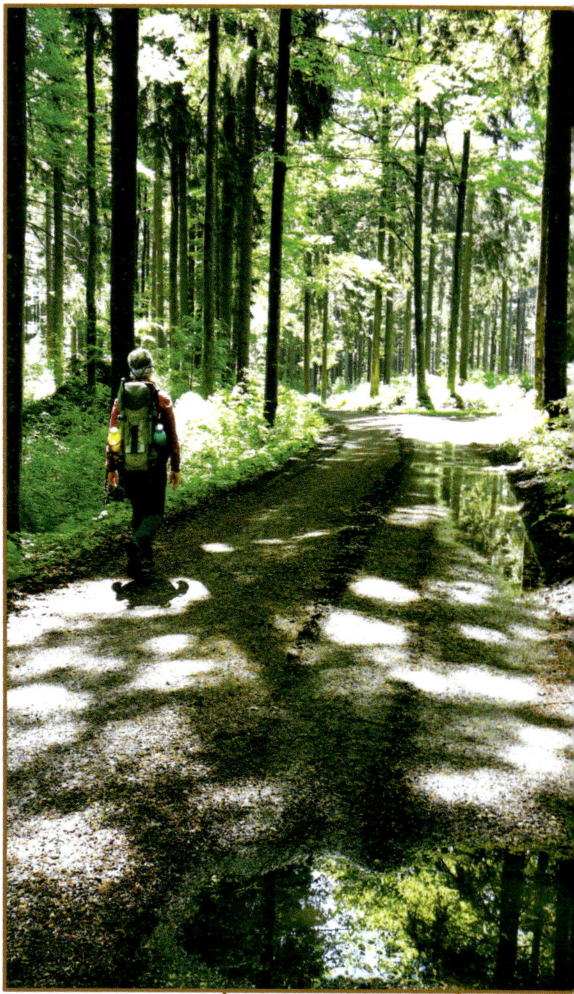

Eine herrliche Waldetappe im Weinsberger Forst

DAS HABSBURG-LOTHRINGEN'SCHE GUT UND DER WALD

In Österreich gibt es etwa 65 verschiedene Baumarten, die sich auf 79 % Nadelhölzer und 21 % Laubhölzer aufteilen. Fast die Hälfte des Landes – rund vier Millionen Hektar – ist bewaldet. An die 82 % der Waldfläche sind in privater Hand. Bei den restlichen 18 % handelt es sich um den sogenannten öffentlichen Wald – 15 % zählen zum Eigentum der Bundesforste, 3 % gehören den Ländern und Gemeinden.
Das Habsburg-Lothringen'sche Gut besitzt ca. 13–14 Tausend Hektar und rangiert damit unter den Top 10 der größten Waldbesitzer Österreichs. Es betreibt Forstwirtschaft nach dem Grundsatz der Nachhaltigkeit, was heißt, dass mehr Holz nachwächst, als genutzt wird.

ETAPPE 5

LEBENSABSCHNITT:
PUBERTÄT BIS 20 JAHRE

VERBINDUNGS- UND WEGWECHSEL-TAG

MOTTO:
DIE WILDEN JAHRE

GUTENBRUNN
↓
KIRCHSCHLAG

ICH BIN DIESE ETAPPE IM MAI GEGANGEN

→ 24,4 km ↑ 320 m ↓ 364 m

ca. 5 ½ Stunden

einzige Sitzpausen-Möglichkeit im Café der Whisky-Erlebniswelt in Roggenreith

TIPP Lunchpaket mitnehmen

HIGHLIGHTS Tag für Gespräche und Gedanken – und um die bisherigen Eindrücke Revue passieren zu lassen; optional Besuch der Whisky-Erlebniswelt

RESÜMEE „Asphalttag"

BEWERTUNG Weg ●●○○○ Landschaft ●●○○○ Erlebnis ●●○○○

Fast jede Weitwanderung umfasst Abschnitte, die touristische Highlights miteinander verbinden und in Bezug auf den Weg dazwischen wenig attraktiv sind. Das gilt vor allem dann, wenn sie großteils auf Asphalt verlaufen. Letzteres trifft auf Etappe 5 zu, die gefühlt zu 90 % auf der Straße verläuft. Betrachtet man die Fotos, relativiert sich das Gefühl auf vielleicht „nur" drei Viertel der Strecke in der Realität. Zwischen Gutenbrunn, Martinsberg und dem „Damischen Graben" verbindet sich die dritte Lebensweg-Schlaufe (für mich sieht der Wegverlauf wie ein dreiblättriges Kleeblatt aus) und die Tagesetappen 5, 9 und 10 kreuzen sich. An diesem Tag gilt es daher, auf dem richtigen Pfad zu bleiben.

Eigentlich beginnt der fünfte Tag ganz einladend mit dem pittoresken Edlesberger Teich, der verlockend zum Baden einlädt. Da es sehr früh am Morgen ist, passen wir – wohl wissend, dass Etappe 9 eine zweite Chance bietet.

Die Kilometer vergehen ohne große Höhenmeter und touristische Highlights, was Zeit schenkt, die letzten intensiven, eindrucksvollen Bilder und Informationen der ersten Wandertage Revue passieren zu lassen. Auch aus diesem Grund sind solche Verbindungstage wertvoll. Der Geist und auch die Augen können ein bisschen zur Ruhe kommen.

Nur ab und zu heißt es aufpassen, denn auf dieser Strecke verlassen wir kurz nach dem Edlesberger Teich den bisherigen, südlicheren Ysper-Weitental-Weg Nr. 22 und folgen stattdessen dem zweiten „Lebensweg“ Nr. 625, dem nordöstlich-führenden Kremstalweg bis nach Kirchschlag. In Martinsberg gilt es die Augen offenzuhalten, denn hier zweigt der Kremstalweg östlich und der Ysper-Weitentalweg südlich ab.

Wenn wir uns den richtigen Pfad wählen (gut mit „Etappe 5“ beschildert), kommen wir zur ersten Whisky-Destillerie Niederösterreichs. Meine Empfehlung: Hier unbedingt eine Kaffee- und Rast-Pause einlegen, da in absehbarer Zeit keine weitere gemütliche Möglichkeit folgt! Erst ganz kurz vor Ende der Tagesetappe bietet die Hubertuskapelle einen wunderschönen Rastplatz.

Kurz davor gibt es noch die Möglichkeit, einen Abstecher zum Ursprung der Kleinen Krems zu machen. Apropos Ursprung: Der Ortsname Kirchschlag (wie auch Armschlag oder Ottenschlag) rührt daher, dass einst Wald „geschlägert“ werden musste, damit sich die Bevölkerung hier ansiedeln konnte.

Unser erster Aufenthalt am Lebensweg (Etappe 2 bis 5) endet hier in Kirchschlag und wir shutteln retour zu unserem Auto, das in St. Oswald parkt. Weiter geht's im Juli, wenn dann in den nächsten Etappen blühende Mohnfelder auf uns warten!

Der Edlesberger Teich lädt zu einer Rast ein.

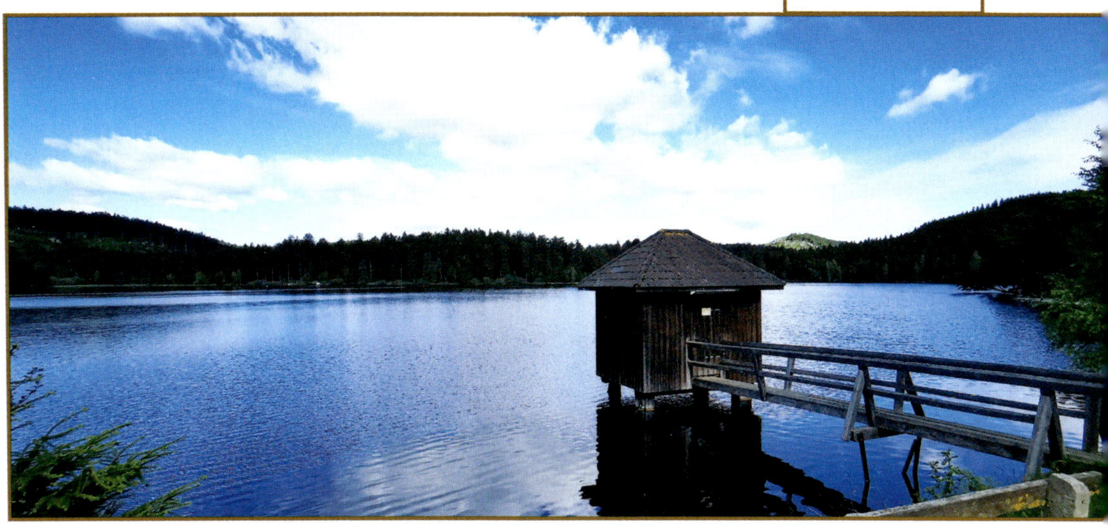

ETAPPE 6 [1 ½ TAGE]

LEBENSABSCHNITT:
20–30 JAHRE

EIN PERSÖNLICHER GEHEIMTIPP

MOTTO:
LEBENSAUFBAU

KIRCHSCHLAG
↓
KOTTES [ÜBERNACHTUNG]
↓
ELS

ICH BIN DIESE ETAPPE IM JULI GEGANGEN

→ 16,5 km ↑ 320 m ↓ 490 m

ca. 5 Stunden

bis Kottes keine; bei Durchwanderung in Els, d. h. auch erst am Ende

TIPP Aufenthalt in Kottes einlegen bzw. das Lebensweg-Package des Kirchenwirtes nutzen und mehrere Tage hier verbleiben (Etappen 5–9)

HIGHLIGHTS erste Mohnfelder, Kottes mit den eindrucksvollen Schnitzereien und den schönen Zimmern des Kirchenwirtes

RESÜMEE Es wäre schade, Kottes links liegen zu lassen!

BEWERTUNG Weg ●●●○○ Landschaft ●●●○○ Erlebnis ●●●○○

Wir beginnen die zweite „Lebensweg-Schlaufe" – jene, die gegen den Uhrzeigersinn im Osten bis nach Albrechtsberg, retour über das Mohnmekka Armschlag bis Bad Traunstein und von dort zurück nach Gutenbrunn führt. Ich nenne sie „die Mohnschlaufe". Dies ist auch der Grund, warum ich diese Etappen sehr für den Monat Juli empfehlen kann, wenn die Felder in rot-pinker und auch weißer Blüte stehen. Durch solch eine Kulisse zu wandern, war für mich das landschaftlich-saisonale Highlight des Lebensweges.

Die Originaletappe führt in gemütlichen 16,5 Kilometern von Kirchschlag vorbei

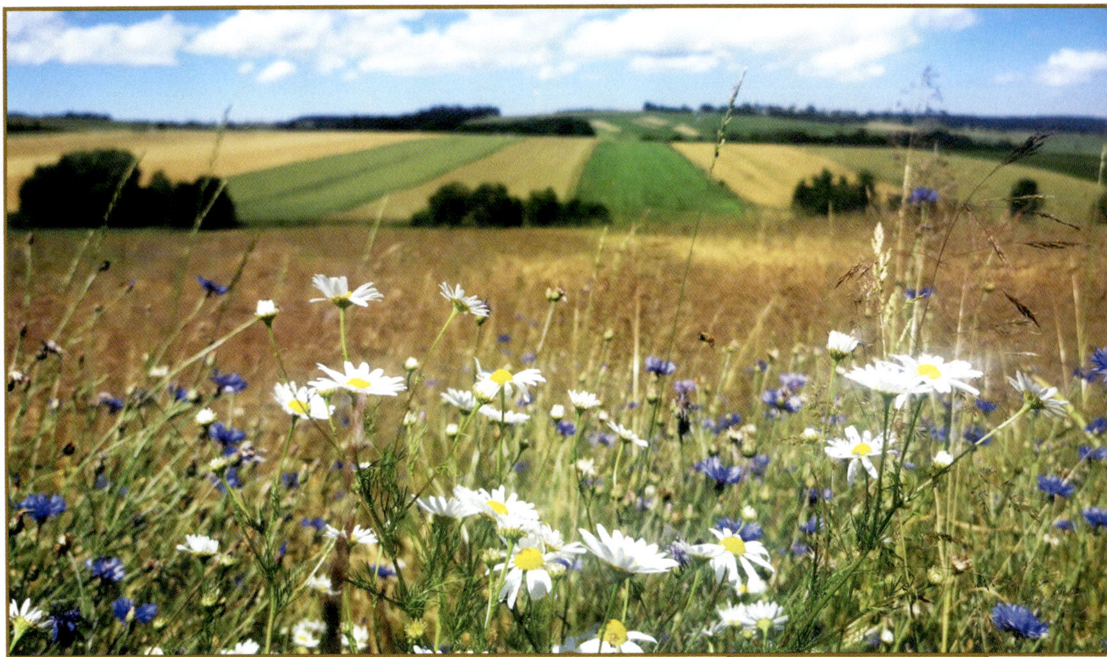

Kornblumen sorgen für blaue Farbtupfer auf den Feldern.

an Kottes nach Els. Da wir an diesem sechsten Tag wieder einsteigen und respektive erneut anreisen, habe ich einen anderen Plan. Vor allem auch, weil ich nicht an der Mohnregion vorbeiwandern, sondern sie erleben will. Ich beschreibe diese Schlaufe hier in jener Variante, die ich mit meiner Mama gegangen bin. Der Originalvorschlag ist im Lebensweg TourenTAGEbuch bzw. in den verfügbaren GPS-Tracks zu finden.

Wir haben aus der ersten Lebensweg-Erfahrung gelernt. Damals sind wir am Anreisetag früh aufgestanden und haben eine ganze Tagesetappe bewältigt. Dies wollten wir bei unserem zweiten Aufenthalt vermeiden. Daher umfasst unsere Tagesetappe 6 nur neun Kilometer und endet in Kottes.

Offizieller Start ist in Kirchschlag beim Gemeindeamt. Uns empfängt eine große Infotafel; ein gelber Wegweiser mit grünem Lebensweg-Sticker informiert darüber, dass der heutige Abschnitt dem Thema „Lebensaufbau" gewidmet ist. Im Lebensweg TourenTAGEbuch steht über diese Phase: „Wir dürfen und müssen Verantwortung übernehmen und Entscheidungen treffen." Wie zu jeder Etappe finden sich auch bei Etappe 6 Fragen zum Nachdenken über diesen Lebensabschnitt: „Was waren im Alter von 20–30 Jahren deine Träume und Pläne? In Bezug auf Beruf, Wohnsituation, Partnerschaft?"

Das liebgewonnene Ritual meiner Mama und mir ist, dass ich ihr beim Frühstück diese Inspirationen aus dem Buch vorlese – gemeinsam mit den spannenden Hintergrund-Informationen zu den Orten und Sehenswürdigkeiten, die zum jeweiligen Tag am Weg liegen. Je nach Beschaffenheit der Wanderstrecke nutzen wir jene Abschnitte, wo wir hintereinander gehen oder die wir in Stille genießen wollen für unsere eigenen Gedanken. Und weniger attraktive Stücke (z. B. Asphalt) oder breite Wanderwege zum angeregten Austausch. Diese vertrauten Gespräche sind für mich das Besondere am Lebensweg. Wann nimmt man sich im Alltag die Zeit, so intensiv über sein eigenes Sein nachzudenken – und diese Gedanken mit seinen Lieblingsmenschen zu teilen?

Die acht Kilometer der heutigen „Halbstrecke“ vergehen schnell. Kurz nach dem Start erfreuen tiefblaue Kornblumen und bald darauf der Anblick des ersten kleinen Mohnfeldes unsere Augen und Herzen. Der Weg verläuft gemütlich und lädt zum Plaudern ein. Dabei übersehen wir fast ein etwas zugewachsenes Schild, sodass wir Glück haben, uns nicht zu verlaufen. An einigen wenigen Abschnitten wurde der Originalweg seit Initiierung des Lebensweges umgelenkt – meist, um eine genussvollere oder verkehrssicherere Option zum Wandern zu bieten. Der Lebensweg „lebt“.

Was leider auch lebt – und das ist mir schon bei vielen neuen Weitwanderungen „im Flachen“ aufgefallen: Hunde. Vielfach sind Wege entstanden, wo sich davor kaum ein Mensch hinverirrt hat. Wenn nun plötzlich zig Menschen vorbeimarschieren, bekommen Hunde, die ihren Job der Bewachung gut machen wollen, Stress. Auch mir ist schon bei der einen oder anderen Begegnung mit einem Hund nicht wohl gewesen.

Wir nähern uns dem Tagesziel Kottes. Über eine kleine pittoreske Holzbrücke überqueren wir die Kleine Krems. Ein wunderschöner Marktplatz empfängt uns mit einer etwa drei Meter hohen Holzschnitzerei. In den Stamm in höchster Virtuosität geschnitzt sind die ehemals stolze Linde, die Dorfkirche und das Ortswappen. Von unserem Unterkunftsgeber erfahren wir, dass der gleiche Künstler neben der Kirche eine übermannsgroße Jesus-Statue aus Birnenholz geschnitzt hat, die im frei zugänglichen, gepflegten Kirchenpark steht.

Die dritte Überraschung wartet in unserem Themenzimmer im Kirchenwirt, das – seinem Namen gerecht werdend – liebevolle Details aus Wachauer Marmor beinhaltet.

Es war eine zufällige, aber glückliche Fügung, diese Etappe wegen der Anreise aufgeteilt zu haben. Für alle, die den Lebensweg auch in „drei Schlaufen“ gehen wollen, kann ich diese Option sehr empfehlen.

Reststück von Kottes nach Els

Es geht für uns erst am Folgetag über die kleine Holzbrücke retour und im rechten Winkel links haltend am Flussufer der Kleinen Krems entlang. Das Ziel ist Els. Darüber kann ich leider nichts berichten, da wir einem Tipp und damit weiter der Kleinen Krems auf schönen Waldwegen gefolgt sind – anstatt auf asphaltierten Straßen nach Els. Ich werde hierher zurückkommen – auch weil mir dieser Stempel fehlt. Aber das wird erst nach Erscheinen dieses Buches sein.

LEBENSABSCHNITT:
30–40 JAHRE

MOTTO:
INTEGRATION; SESSHAFTWERDUNG

[1 ½ TAGE] **ETAPPE 7**

DSCHUNGELCAMP MIT MÜCKEN UND MUTPROBEN

ELS
↓
ALBRECHTSBERG [ÜBERNACHTUNG]
↓
SALLINGBERG

ICH BIN DIESE ETAPPE IM JULI GEGANGEN

→ 28,2 km ↑ 877 m ↓ 788 m

ca. 5 Stunden

gemütliche Bank bei der Gudenushöhle; in Albrechtsberg; besser aber Proviant mitnehmen

TIPP Mutig sein und sich auf Abenteuer einlassen!

HIGHLIGHT Burg Hartenstein-Panorama, Gudenushöhle, abenteuerliche Umleitung, Nächtigung in „Die alte Post" in Albrechtsberg und am Bauernhof in Sallingberg, Abendessen beim Mohnwirt in Armschlag

RESÜMEE Abenteuertag mit Höhle und Flussquerung

BEWERTUNG Weg ●●●●○ Landschaft ●●●●● Erlebnis ●●●●●

Etappe 7 ist eine der abwechslungsreichsten und wartet mit Höhepunkten unterschiedlichster Art auf: landschaftlich-atemberaubende, aber auch emotional-berührende. Gleich zu Beginn, nach weniger als vier Kilometern, bietet die Burg Hartenstein eine majestätische Kulisse, auf die wir zuwandern. Der Weg folgt der Kurve der Kleinen Krems, die Burg nah zu unserer Rechten. Eines der schönsten Pausenbankerl mit Rückenlehne und Blick zur Burg lädt zur frühen Rast und richtet den Ausblick zur Gudenushöhle. Wir hatten 2022 das Glück, diese betreten zu können. Dazu müssen die Kleine Krems (am

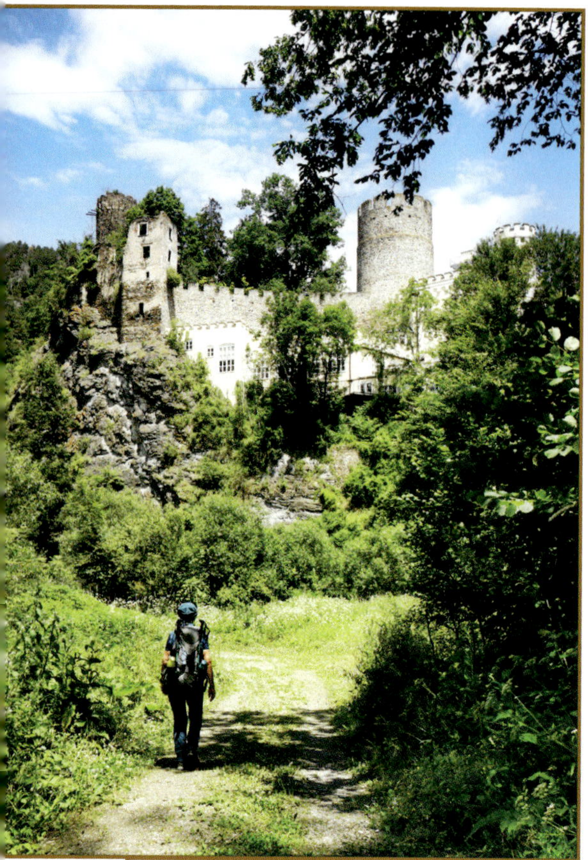

Imposant thront die Burg Hartenstein vor uns.

besten barfuß) durchwatet und ein paar Höhenmeter überwunden werden. Die kleine, zu beiden Seiten offene Höhle fasziniert durch das unterschiedlich einfallende Licht mit einem Farbkasten von lila bis grün. Wenn die Höhle begehbar ist, unbedingt ein bisschen Zeit hier einplanen – zum Erkunden, Fotografieren und Genießen einer der raren schönen Pausenbänke. Und auf den Sonderstempel nicht vergessen, der sich hier versteckt!

Wer Lust auf ein paar Extrahöhenmeter hat, kann von hier aus über einen Steig einen Abstecher zu weiteren geologischen Highlights einplanen: den Formationen der Eichmayerhöhle, Schusterlucke und Teufelskirche. Dieser Weg mündet im Abstieg wieder in die Route des Lebensweges. Wer dem Originalweg folgt, erlebt statt der Höhlen das Flusstal: „Am Zwickl" fließen die Kleine und Große Krems zusammen.

Apropos Fluss: Gut, wenn man das Wasserqueren bei der Gudenushöhle schon geübt hat, denn zum Zeitpunkt der Recherchewanderung war auch der Rosstümpelsteg gesperrt. Hinweise darauf waren gut sichtbar vor Ort und auch online kommuniziert. Zwei alternative Möglichkeiten wurden angeboten: eine längere Umwanderung, die eine Ortschaft statt der faszinierenden Landschaft anvisiert, oder die Abenteuer-Route „Durch die Furt". Die Entscheidung fiel nicht schwer.

Womit wir nicht gerechnet hatten, war, für diese Variante etwa drei Meter weit durch das kniehohe Wasser zu waten. Aber Stehenbleiben war keine Option. Zahlreiche Mücken warteten darauf, sich auf uns niederzulassen. Daher Schuhe aus, ab ins Nass, vom Schlamm trockenreiben und weiter in einen dschungelartig wuchernden Waldabschnitt.

Im fleckigen Abenteurerlook kamen wir etwas beschämt in unserer edlen Unterkunft, dem liebevoll renovierten und geführten Gästehaus „Die alte Post" in Albrechtsberg an. Dafür schlüpften wir an diesem Abend nach ausgiebigem Duschen in schöne Kleidung und genossen das von der Gastgeberin persönlich zubereitete Abendessen. Wir hatten einen Montag erwischt und beide Orts-Restaurants ihren Sperrtag.

ZWEITER TEIL DER ETAPPE, TAG 8

Alle, die weitwandern wollen, können und sollen davon ausgehen, früher oder später auf einen Regentag zu stoßen. Ich betrachte diese Erfahrung als wichtig. Denn auch im Leben scheint nicht immer die Sonne.

Vom Hotel führt der Weg nach etwa zwanzig Minuten in einen Wald, der seine Schutzfunktion auch in Bezug auf das Wetter erfüllt: sei es gleißende Hitze oder, wie bei uns an diesem Tag, den Regen zu mildern. Zusammen mit unserer Regenbekleidung bleiben wir daher von außen trocken. Gut isoliert bedeutet aber oft: Nässe von innen. Das wiederum gefällt den Bremsen, die uns auf Schritt und Tritt verfolgen und als blinde Passagiere auf der stichfesten Kleidung mitreisen.

Wir queren eine Brücke über die Große Krems. Danach folgt ein Meer – aus pinken, roten und weißen Blüten, die vor einem toskanisch anmutenden Horizont im Wind tanzen. Beschwingt von diesen und dem Wolkenspiel erreichen wir das Ziel der Etappe 7: Sallingberg.

Unser heutiger Gastgeber gehört der Vereinigung „Urlaub am Bauernhof" an. Und genau das liebe ich am Lebensweg, diese Mischung aus Unterkünften: Gasthöfe, mal urig, mal regional modern, Bio-Seminar-Hotels, liebevoll renovierte historische Gebäude bis hin zu Privatunterkünften und dem heutigen Bauernhof. So unterschiedlich die Zimmer, eint alle Gastgeber ihre Herzlichkeit und Kontaktfreude. Es sind die Begegnungen mit Menschen, die das Leben lebenswert machen, kommt mir in den Sinn. Und gerade, weil man tagsüber am Lebensweg noch die große Stille erleben kann, machen diese Gespräche beim Ankommen in der jeweiligen Unterkunft das Tüpfelchen auf dem I aus.

Der kulinarische Höhepunkt des Tages findet sich auf dem vorreservierten Tisch beim Mohnwirt im wenige Autominuten entfernten Mohndorf Armschlag. Wir nehmen das Angebot unseres Unterkunftgebers – frisch geduscht hierher gefahren zu werden – gern an. Danach sei allen Mohnliebhaberinnen und -liebhabern, deren Essen etwas üppiger ausfällt, der Rückweg zu Fuß empfohlen: ein optimaler Verdauungsspaziergang von etwa 30 Minuten durch Mohnfelder im Licht der untergehenden Sonne.

Mohnfelder – so weit das Auge reicht

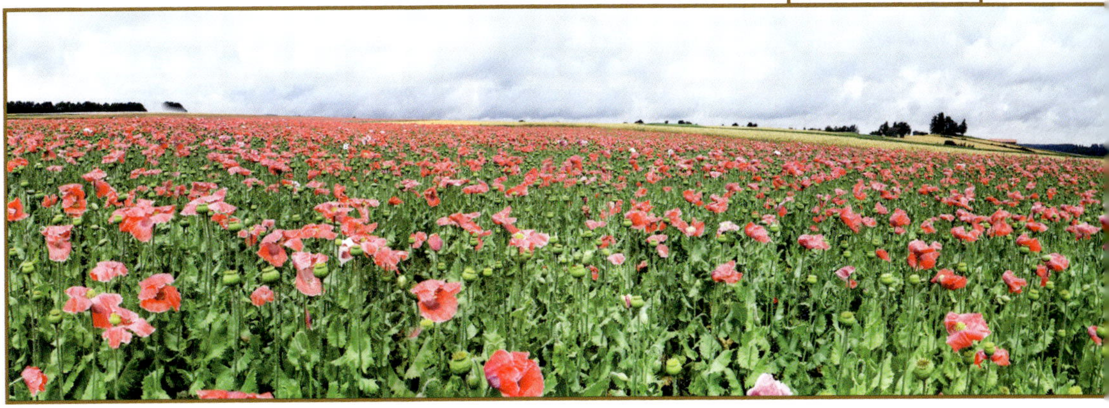

ETAPPE 8

LEBENSABSCHNITT:
40–50 JAHRE

MOHN AMOUR

MOTTO:
BEWUSSTWERDUNG, ZWEIFEL

SALLINGBERG
↓
BAD TRAUNSTEIN

ICH BIN DIESE ETAPPE IM JULI GEGANGEN

→ 17 km ↑ 353 m ↓ 192 m

ca. 5 Stunden

Mohnerwachen mit „Mohnnudel-Brunch" beim Mohnwirt in Armschlag

TIPP Zeit für das Mohndorf Armschlag einplanen – Mohnerwachen mit Traktorfahrt und Mohnnudeln, Besuch der Mohnschule, Mohnbild, Mohnziergarten, Mohn-Laden, ...

HIGHLIGHTS spannende Mohnführung, Mohnnudel-Brunch

RESÜMEE Lieblingstag (wenn man Mohn mag)

BEWERTUNG Weg ●●●●● Landschaft ●●●●● Erlebnis ●●●●●

Wir „erwachen" mit dem Mohn, das heißt, wir werden mit dem Traktor beim Dorfladen in Armschlag abgeholt, der uns in wenigen Minuten zum „Selfie-Mohnfeld" tuckert. Wer schon immer in einem Meer aus Mohn stehen und sich fotografieren lassen wollte, möge das nicht verpassen. Danach folgt eine wirklich spannende Führung mit Wissenswertem über die unterschiedlichen Mohnsorten, Ernte und Weiterverwendung des „grauen Goldes" aus dem Waldviertel. Wer noch mehr wissen möchte, kann sich ergänzend noch einen Film in der Mohnschule anschauen. Ein sehr „rumiger" Mohnnudel-Teller – an diesem Tag eher nichts frühstücken, sonst hat man definitiv nicht genug Hunger – motiviert wieder die müden Beine. Durch den Mohnziergarten und

vorbei am längsten Mohnbild verlässt man Armschlag, vielleicht mit einer Mohnzelten als Stärkung im Gepäck. Mein Tipp: Unbedingt eine mit weißem Mohn probieren – vor allem jene Leute, die Mohn nicht so gern mögen; die weiße Füllung schmeckt wie Nuss!
Der Lebensweg verläuft im Wald, erstes Etappenziel ist Ottenschlag. Ein „Spitzkehrenschlenker“ leitet durch den Ort, vorbei am Schloss mit den drei Türmen, durch das kleine Stadtzentrum und zum Teich. Wer müde Beine hat, könnte sich diesen Asphalt-Abstecher sparen und abkürzen. Grundsätzlich gäbe es im Ort ein nettes Café, das allerdings in unserem Fall auch wieder Sperrtag hatte. Daher auch besser ein Jausensackerl oder den erwähnten Mohnzelten einpacken.
Es geht zurück in den Wald. In der Nähe des Weyerteiches bringt uns das 1905/06 erbaute Viadukt zum Staunen. Mit einer Länge von 100 und einer Höhe von 12 Metern ist dieses architektonische Kunstwerk ein tolles Fotomotiv. Bis 2012 gab es hier sogar noch Schienenverkehr!
Auch bei dieser Etappe geht es zum Zielort bergauf – nach Bad Traunstein. Der Wachstein lädt ein, ein paar Extrameter zu machen, um einen schönen Überblick über den Ortskern und in die Ferne bis ins Mühlviertel zu haben.

WISSENSWERTES ZUM MOHN

In Österreich werden Graumohn, Weißmohn und Blaumohn kultiviert. Graumohn, mit dem typischen hellgrauen Samen, wird auch als Waldviertler Mohn bezeichnet. Er wird nur regional im Waldviertel und in einigen Teilen des Mühlviertels angebaut. Weltweit wird der Blaumohn am häufigsten kultiviert, seinen Namen verdankt er dem bläulichen Samen. Der Weißmohn ist hingegen eine Rarität, weil er nur selten angebaut wird. Er ist nach seiner weißen, manchmal auch hellgelben oder beigen Farbe benannt und schmeckt sehr nussig.
Im Juli sieht man die schnell verblühenden Mohnblüten in Rot, Weiß, Rosa und Violett auf den Feldern. Jede Mohnblüte blüht nur einen Tag – zeitig in der Früh fällt das Käppchen ab, wenn sich die Blüte handtellergroß öffnet. Am nächsten Morgen fallen die Blütenblätter ab, die kleine grüne Kapsel im Inneren beginnt ihre Kronenzacken aufzurichten und zu wachsen. Ende August bzw. Anfang September, sobald die Kapseln trocken sind, werden sie geerntet. Die Kapsel ist in den letzten vier Wochen braun und reif geworden. Die kleinen Löcher unter den Zacken der Krone zeigen an, dass sich die Mohnsamen im Inneren der Kapsel von den Scheidewänden lösen und so aus der Kapsel rieseln können. Die Ernte kann beginnen. Der blinde Mohn, der seine Augen nicht öffnen kann, signalisiert durch das Geräusch der rieselnden Mohnsamen seinen Reifezustand.

ETAPPE 9 + ETAPPE 10 [1. TEIL]

LEBENSABSCHNITT:
50–60 JAHRE

MOTTO:
DIE NEUE FREIHEIT, ERNTE

KULTURGENUSS

BAD TRAUNSTEIN
↓
GUTENBRUNN
↓
MARTINSBERG
↓
PÖGGSTALL

ICH BIN DIESE ETAPPE IM JULI GEGANGEN

1. Teil
→ 13,5 km ↑ 85 m ↓ 130 m

2. Teil
→ 10,1 km ↑ 90 m ↓ 430 m

ca. 4 Stunden (1. Teil) + ca. 2 Stunden (2. Teil)

am besten ein Picknick am Edelsberger Teich

TIPP Josef-Etter-Ausstellung in Bad Traunstein, Zeit fürs Schwimmen einplanen

HIGHLIGHTS Ausstellung, Teich

RESÜMEE Etappe, die weg- und zeitmäßig Gestaltungsspielraum bietet

BEWERTUNG Weg ●●●●○ Landschaft ●●●●○ Erlebnis ●●●●○

Die hinsichtlich der Wegzeit kurze Etappe 9 bietet zwei Möglichkeiten: kulturell regionales Vergnügen – oder ins Wasser des Edlesberger Teiches einzutauchen, der ein zweites Mal „angewandert“ wird. Wer Interesse an Kultur und Skulpturen hat, sollte die Josef-Etter-Ausstellung in Bad Traunstein besuchen. Wir haben das Glück, dass sich Regina Sprinzl, Leiterin des Bildungshauses, spontan Zeit für uns nimmt, gerade als wir aufbrechen wollen. Mit ihrem fundierten Wissen bringt sie uns die Virtuosität und den Menschen Josef Etter näher, der nicht nur langjähriger Pfarrer des Ortes, sondern vor allem begnadeter Künstler war und sich auf die Materialien Holz und Stein spezialisierte.

Am Wachstein erfreut uns das Morgenpanorama und motiviert, die herrliche Landschaft weiter zu entdecken. Der Lebensweg führt nach einem kurzen Asphaltstück auf einem schönen, breiten Waldpfad gemächlich dahin und lädt ein, die Eindrücke der letzten farbenfrohen Mohntage Revue passieren zu lassen. Oder auch nicht. Denn zum ersten Mal am Lebensweg begegnen wir einem Mitwanderer – Martin aus der Nähe von St. Pölten. Wir schließen uns zusammen. Für ein kurzes Stück mag der Abschnitt bekannt vorkommen, hier verlaufen der Weg Nr. 22 (Etappe 5) und Nr. 625 (Etappe 9) gemeinsam. Dann heißt es eben auf dem Kremstalweg Nr. 625 zu bleiben und über eine kleine Schlaufe vorbei am Wildgehege nach Martinsberg zu gehen – auch hier ist man das letzte Stück wieder auf einem gemeinsamen Wegstück der beiden Weitwanderwege unterwegs. Ein Check am GPS-Tracker bzw. ein Studieren der Karte zur Sicherheit schadet nicht.

Unsere Route: Wir beenden nach dem neunten Tag unseren zweiten Lebensweg-Aufenthalt. Erst am Vorabend habe ich begonnen, den dritten Teil vorzuplanen und dabei entdeckt, dass Etappe 10 mit 26 Kilometern kein optimaler Einstieg an einem „Anfahrtstag" ist. Daher ein spontaner Plan B: Ich begleite meine Mama nach Gutenbrunn, wo unser Auto parkt und wo wir zufällig auf Dieter Juster, den Hauptinitiator des Lebensweges – einen Menschen mit großen Visionen – treffen. Mit dem Auto fahre ich mit nach Martinsberg, von wo aus ich zu Fuß mit Mitwanderer Martin nach Pöggstall wandere, wo wir uns etwas später mit meiner Mama beim Schloss treffen und unser zweites Lebensweg-Erlebnis kulinarisch im dortigen Restaurant ausklingen lassen. Diese zusätzlichen zehn Kilometer verkürzen die nachfolgende Etappe 10 auf angenehme 16.

Blick vom Wachstein

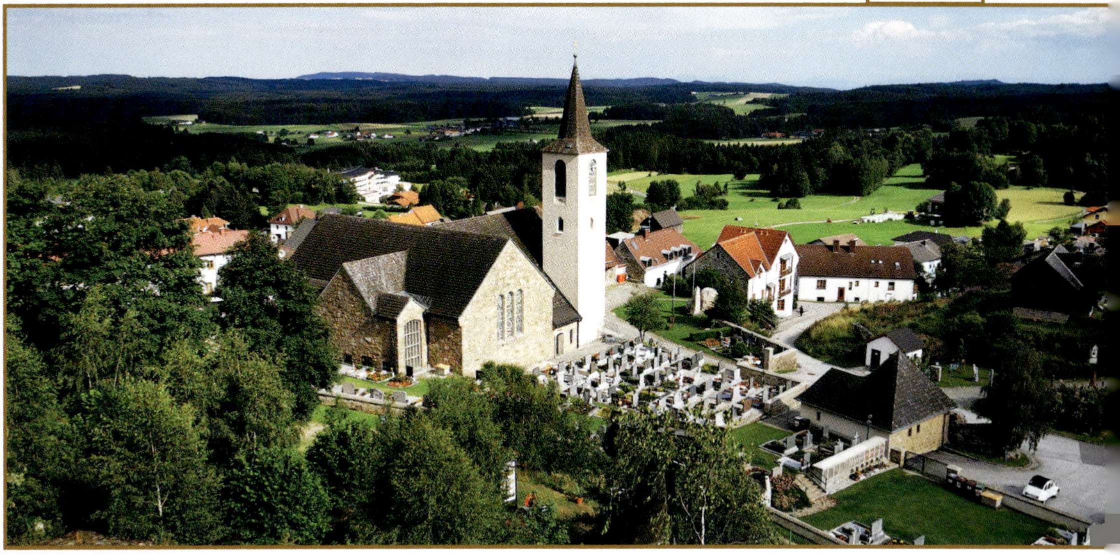

ETAPPE 10 [2. TEIL]

LEBENSABSCHNITT:
60–75 JAHRE

WASSERSCHLOSS, WALD UND WIESE

MOTTO:
GESUNDHEIT, KÖRPERLICHKEIT, RUHE-STAND

PÖGGSTALL
↓
RAXENDORF

ICH BIN DIESE ETAPPE ENDE OKTOBER GEGANGEN

→ 17 km ↑ 490 m ↓ 440 m

ca. 5 Stunden

Schloss Pöggstall

TIPP Landschaft im Herbst erwandern

HIGHLIGHT Schloss Pöggstall (Zeit für eine Besichtigung nehmen)

RESÜMEE unspektakuläre Etappe, bei der das Wandern im Vordergrund steht

BEWERTUNG Weg ●●●●○ Landschaft ●●●○○ Erlebnis ●●●○○

Die Etappe 10 umfasst insgesamt 26 Kilometer und ist mit ihren etwa 1 000 Metern bergab die zweitforderndste Strecke. Da wir mit dieser unseren letzten „Wanderblock" beginnen und zwei Stunden anreisen, haben wir das Stück Martinsberg-Pöggstall an die kürzere Etappe 9 angehängt. Eine Entscheidung, die ich genau so wieder treffen würde.

Das Herz von Pöggstall ist die ehemalige Wasserburg, die 2017 im Zuge der Landesausstellung behutsam renoviert wurde. Jetzt beinhaltet sie ein Museum und Gastronomie. Wer Zeit und Interesse hat, sollte eine Besichtigung einplanen.

Die Burg im Rücken führt der Lebensweg nach wenigen Metern, den großzügigen Stadtplatz verlassend, eine schmale Gasse hinauf. Der Herbst begrüßt uns mit seinem farbenfrohen Kleid. Dazu kurz eine Anmerkung: Es ist einerseits eine erfüllende Erfahrung, einen Weitwanderweg am Stück durchzugehen. Andererseits ist es auch eindrucksvoll eine Gegend und deren Landschaft quer durch die Jahreszeiten und mit saisonaler Flora zu erleben. Wir tauchen in die rot-goldene Farbwelt des Herbstes ein und folgen einem Waldweg, der zuerst sanft, danach etwas knackiger bergauf führt. Die gefallenen Blätter knirschen unter den Füßen, als würden sie applaudieren.

Erstes Ziel, das perfekt in die Mittagszeit fällt, ist der barrierefreie Aussichtsturm von Braunegg. In wenigen Kurven und unter fünf Minuten vom Parkplatz erreichen auch Menschen mit Geheinschränkungen und auch jene im Rollstuhl ein Ausblicks-Rondeau mit einem herrlichen Panorama auf Schneeberg, Ötscher, Jauerling und sogar bis zum Traunstein. Am benachbarten Spielplatz lädt eine Bank mit Tisch zum Jausnen ein.

Der Lebensweg führt weiter durch Braunegg. Schöne Wald- und Wiesenwege regen dazu an, sich mit dem Tagesthema Gesundheit und „(Un-)Ruhe-Stand“ des Lebensabschnittes 60 bis 75 Jahre zu befassen. Nach einem kurzen Asphaltstück mit Kehren führt der Weg durch den Wald sanft bergab nach Raxenburg.

Insgesamt handelt es sich um eine Etappe ohne große Highlights, dafür mit angenehmen Wanderwegen – und im Herbst in farbenfroher Kulisse, die abschnittsweise den Vergleich mit dem Indian Summer in den USA und Kanada nicht scheuen muss.

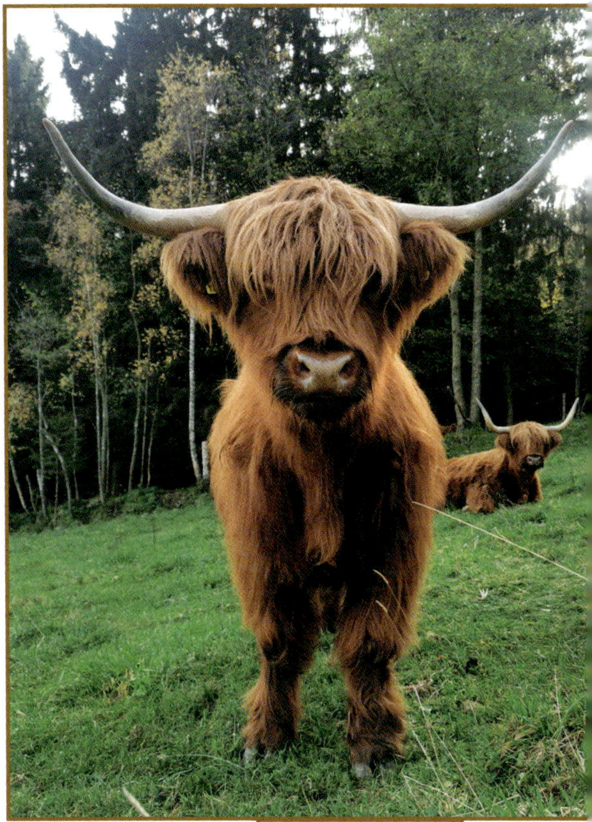

Herbstfarben und -fell

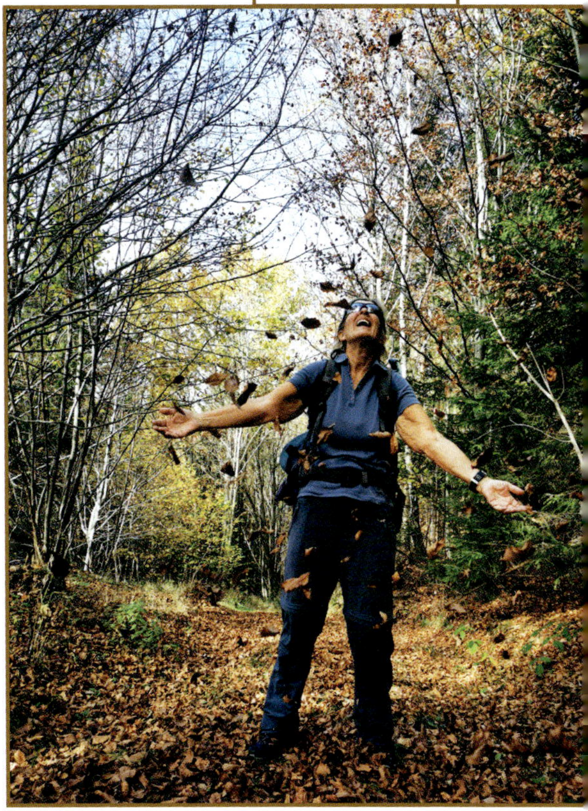

ETAPPE 11 [1. TEIL SOWIE JAUERLING-ZUSATZSCHLAUFE]

LEBENSABSCHNITT:
75–99 JAHRE

AUF DEN JAUERLING

MOTTO:
WEISHEIT, FRIEDEN

RAXENDORF
↓
WEITEN

ICH BIN DIESE ETAPPE ENDE OKTOBER GEGANGEN

→ 25,6 km ↑ 790 m ↓ 990 m

ca. 8 Stunden

Naturparkhaus Jauerling; Picknickbank kurz vor Maria Laach

TIPP Jauerling-Aufstieg vorab planen – Kartenmaterial studieren, GPS-Track selbst anlegen; diese Etappe am besten unter der Woche gehen, da der Jauerling ein beliebtes Ausflugsziel für Familien ist und mit dem Auto erreicht werden kann

HIGHLIGHT höchster Punkt am Jauerling mit dem „schwebenden Kranz"

RESÜMEE langer Tag, gute Orientierung nötig

BEWERTUNG Weg ●●●●● Landschaft ●●●○○ Erlebnis ●●●○○

Der Lebensweg wurde 2018 mit 13 Etappen eröffnet. 2021 kam eine neue Gemeinde dazu: Maria Laach. Diese liegt idyllisch umrahmt im Natura 2000-Schutzgebiet Jauerling, das in einer 18 Kilometer lange Zusatzschleife zwischen Zeining und Nonnersdorf einlädt, entdeckt zu werden. (Das sind etwa acht Kilometer mehr als am Originalweg der Etappe 11.)

Einen GPS-Track der Zusatzschleife gab es leider zum Zeitpunkt unserer Begehung (Oktober 2022) noch nicht, die Strecke ist aktuell nur grob in der Neuauflage der Lebensweg-Wanderkarte eingezeichnet. Hier habe ich selbst einen Track angelegt, der mir noch von großer Unterstützung sein würde. Unser Plan: Zwei Drittel der Etappe 11 (mit

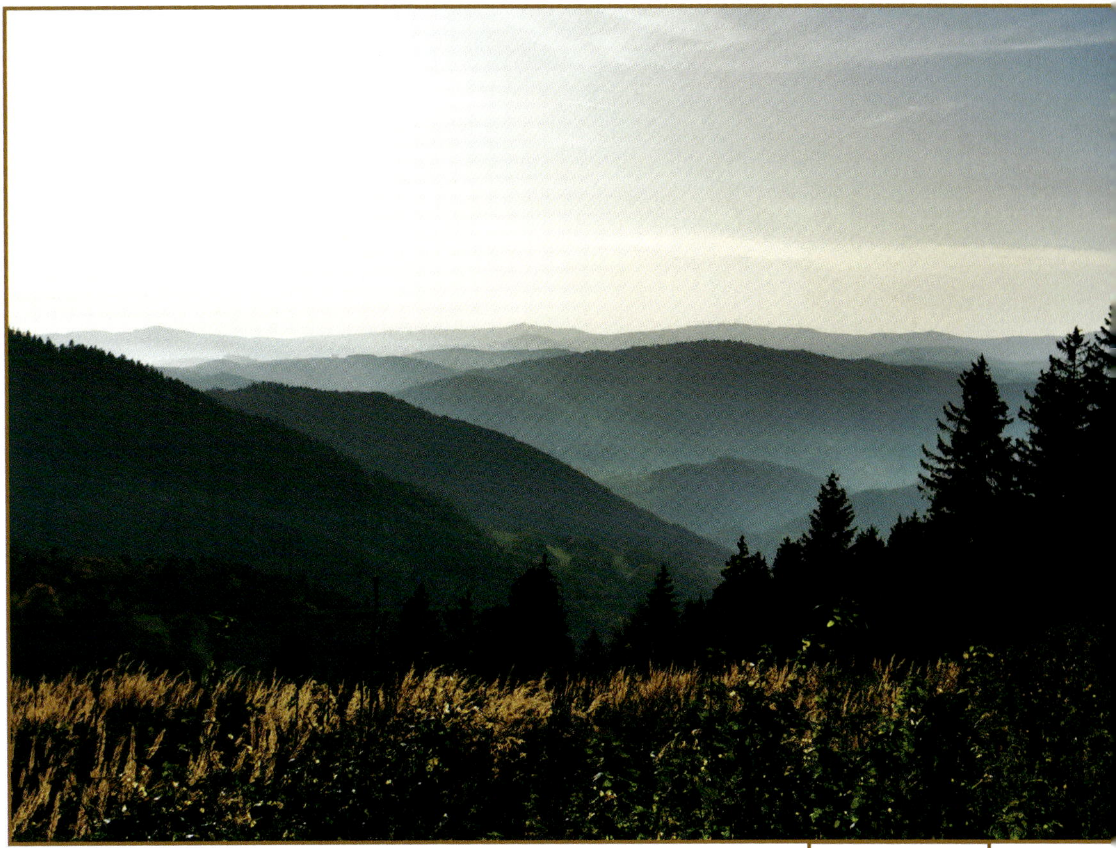

Blick vom Naturparkhaus Jauerling

Leiben als Ziel – anstatt des Original-Endpunkts Weiten) in Kombination mit der „Jauerling-Runde“: Gesamtlänge 25,6 Kilometer, damit der zweitlängste Tag für uns.

Früh aufstehen, heißt die Devise, wenn man diese Strecke an den kurzen Herbsttagen gehen möchte. Das Durchwandern von Raxendorf erfreut mit liebevollen Dekorationen an den Häusern, der Weg mit einer leichten Bergab-Eingehstrecke. Die ersten Christbäume begrüßen uns und die Wiesenblumen funkeln im Tau des Herbstmorgens.

Erstes Ziel: Zeining. Hier zweigt der Weg zur Jauerling-Runde ab, wenn man diese gehen möchte. Ende 2022 war dieses Zusatzstück noch nicht ausgeschildert, zumindest nicht bis zum Jauerling. Daher sollte man sich auf diesen Wegabschnitt vorbereiten und mit Karte oder noch besser GPS gehen. Für alle, die sich für die Originalroute entscheiden, führt der Weg südlich nach Nonnersdorf, wo etwa eineinhalb Kilometer davor unsere Zusatzschleife wieder einmündet.

Folgend die Wegbeschreibung zur Zusatzschlaufe: Der Einstieg des Aufstiegs

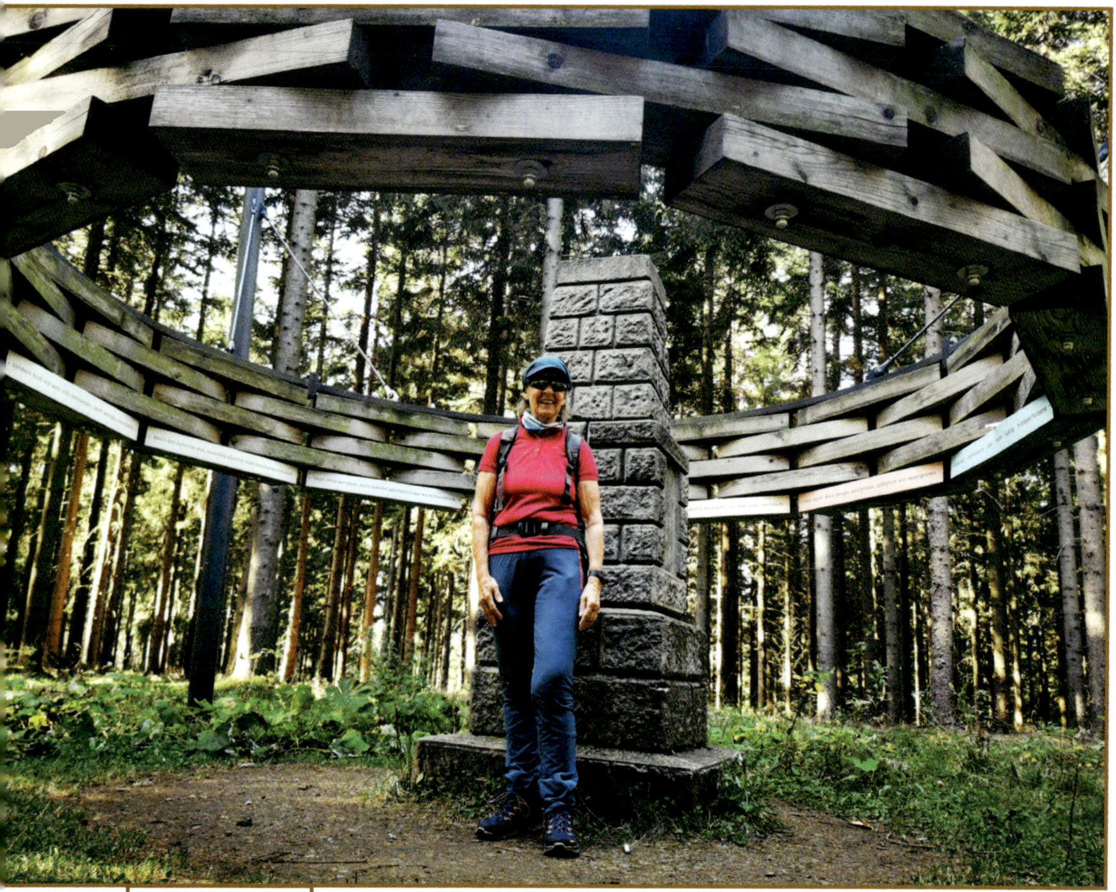

Am höchsten Punkt des Jauerling

zum Jauerling ist eine 90-Grad-Abzweigung nach rechts – etwa zwei Minuten, nachdem man das Ortsschild Zeining passiert hat. Ein Wegweiser mit der Bezeichnung „Jauerling“ deutet den Weg von der Asphaltstraße auf einen schmalen Pfad, der bergan führt.
Der Jauerling ist mit seinen 960 Metern die höchste Erhebung der Wachau – und die will erklommen werden. Auf angenehm-weichem Waldboden folgt man dem Jauerling-Wachau-Weg Nr. 73. Die kürzeste Option nennt sich „schwieriger Steig“ und spart zwei Kilometer gegenüber einer weniger steilen Variante ein. Mit Stecken ist der Direktweg gut zu meistern.
Wenn man eine große Antenne sieht, ist man richtig. Hier, am Jauerling-Plateau, wie ich es nenne, bieten sich zahlreiche Möglichkeiten. Natürlich wollen wir den Gipfel sehen, von dem es, wie wir kurz darauf herausfinden, zwei gibt. Eine beschilderte Runde führt im Uhrzeigersinn zuerst zum richtigen höchsten Punkt, der mitten im Wald liegt. Ein eindrucksvoller schwebender Kranz weist mit einem Gedicht auf die „schüchterne Zurückhaltung“ des Jauerlings hin.

Der Rundweg führt weiter über das Naturparkhaus, das ganzjährig geöffnet hat und neben einem Traumpanorama mit einer saisonal-regionalen Speisekarte lockt. Unser Tagesplan ist straff, daher marschieren wir ohne Einkehr weiter.

Die Runde endet auf der weitläufigen Jauerling-Höhe, die an warmen Herbsttagen zahlreiche Picknicker und Sonnenanbeter anzieht. Da man mit dem Auto bis hierher fahren kann, ist dieser Platz eine beliebte Ausflugsattraktion für Familien. Daher mein Tipp: Diese Etappe am besten für unter der Woche einplanen, wer etwas Ruhe genießen will.

Ab hier ist die Navigation auf dem Lebensweg wieder einfacher, denn die Strecke nach Maria Laach liegt auf dem Welterbesteig und ist gut ausgeschildert. Maria Laach bezeichnet sich auch als Christbaum-Gemeinde und das Motto ist an diesem Tag sehr präsent. Zahlreiche Kolonnen von Weihnachtsbaum-Kulturen schmücken den Wanderweg.

Nach einer Jausenpause auf einer schönen Bank, kurz vor Maria Laach, beginnt die zweite Weghälfte mit einem Blick auf Ötscher und Rax. Die Strecke folgt nun dem 3-Kirchen-Weg und führt weg von der Straße, die in nur drei Kilometern nach Nonnersdorf führen würde. Dies wissend, ist der bergauf führende „Umweg“ eine kleine mentale Herausforderung.

Ab Nonnersdorf wird es bei uns merklich kühler. Die untergehende Sonne malt einen pastellenen Fotohintergrund, dann dämmert es. Wir malen uns schon die Gemütlichkeit in unserer Unterkunft in Weiten aus. Ein Fehler – eine Wanderin sollte im Moment sein.

Ein breiter Weg führt im Wald bergab, bis er plötzlich endet. Dazu ein Funkloch, sodass ich unseren Standpunkt auch auf der Offline-Karte nicht korrekt orten kann. Die einzig richtige Entscheidung: zurück zum letzten bekannten Ort. Es wird schon dunkel und ich bitte den Fahrer uns hier (kurz vor Eibetsberg) und nicht in Weiten abzuholen.

Während wir warten, suchen wir aus Interesse nochmals den Einstieg in den Abstieg, der ziemlich direkt steil abfallend verläuft. Allerdings so schmal, dass er gegen die breite Kurve des Hauptweges, wo wir den Wald betreten haben, kaum auffällt. Ein Wegweiser wäre hier hilfreich. Was uns aber erspart bleibt: ein sehr steiler, fast 300-Meter-Abstieg nach Weiten, bei dem gutes Tageslicht oder alternativ eine Stirnlampe absolut empfehlenswert sind.

Fazit: Diese Zusatzrunde eignet sich für alle mit guter Orientierung (beim Aufstieg zum Jauerling). Im Herbst ist der Weg von Raxendorf über den Jauerling bis nach Weiten lang, daher frühzeitig aufbrechen! Für den Abstieg nach Weiten, der auf der Originaletappe liegt – und daher alle Lebensweg-Wanderinnen und -Wanderer betrifft, gilt: Stecken benutzen.

ETAPPE 11 [2. TEIL] + ETAPPE 12

LEBENSABSCHNITT:
TOD UND DANACH

HOCH OB DER DONAU

MOTTO:
DER ZWEITE ÜBERGANG, GRENZÜBERSCHREITUNG

WEITEN
↓
MARIA TAFERL

ICH BIN DIESE ETAPPE AM 1. NOVEMBER (ALLERHEILIGEN) GEGANGEN

→ 22,7 km ↑ 390 m ↓ 535 m

ca. 4 Stunden

keine – Jause einpacken

TIPP gerade im Herbst gut sichtbar kleiden für längere Straßenetappen (z. B. Reflektorjacke); Nächtigung im Gasthof zum Goldenen Löwen oder im Hotel Schachner

HIGHLIGHTS kurzweilige Wegstrecke, Blick auf die Donau von oben, Maria Taferl

RESÜMEE sehr abwechslungsreicher Tag, Wald, „Donau-von-oben-Promenade", Burg, Schloss und Basilika

BEWERTUNG Weg ●●●●● Landschaft ●●●●● Erlebnis ●●●●○

Etappe 12 beginnt gemäß der offiziellen Empfehlung in Weiten. Wir müssen noch die etwa acht Kilometer von Leiben dorthin zurücklegen. Ein steinernes Tor im Zentrum von Leiben wird unser Portal in eine magische Welt aus efeuumrankten Bäumen, herbstgefärbten Blättern und einem plätschernden Bach. Ein herrlicher Tagesbeginn.

Während man sich meist über die Sonne als Begleiterin beim Wandern freut, habe ich mir an diesem Tag Nebel gewünscht. Es ist Allerheiligen, die Tagesetappe dem „2. Übergang, dem Tod" gewidmet. Als wir den Waldweg verlassen, betreten wir eine Straße, die scheinbar ins Nichts führt, die Bäume rechts und links sind nur schemenhaft in unterschiedlichen

Nuancen von Grau erkennbar. Auch das Spielerkreuz, bei dem der Sage nach der Teufel zwei Bauern geholt hat, wirkt mystisch. Mein Wunsch ist in Erfüllung gegangen.

Nach etwa einer Stunde verlässt man den Asphalt, um erneut in einen farbenprächtigen Herbstwald einzutauchen. Es geht bergauf, die Europaburg in Weiten will erobert werden. Diese ist jedoch geschlossen, der Ort wirkt ausgestorben und das erste Mal am Lebensweg fehlt auch der Stempel in der Box.

Dafür ist das folgende Stück eines der schönsten der letzten Etappen: Der Lebensweg folgt der Donau, auf die man einen herrlichen Blick von oben hat; im Rücken das imposante Stift Melk. Vorbei an Feldern und Höfen folgt man erneut in den Wald der Strecke, die bald ident mit dem Jakobsweg verläuft – was man spätestens in Artstetten merkt, wo zahlreiche Pilgermuscheln die Gärten und Sprüche die Wände zieren.

Kurz vor Artstetten wartet eine Herzerlbank auf die späte Mittagsrast. Tipp: Das Schloss Artstetten ist einen eigenen Ausflug wert, der dazugehörige Park wurde unter Bundesdenkmalschutz als historische Garten- und Parkanlage gestellt.

Ein schön wanderbarer Weg führt die letzten vier Kilometer nach Maria Taferl, zum bedeutendsten Wallfahrtsort Niederösterreichs. Die prunkvolle Basilika empfängt uns ebenso wie eine der beiden sehr unterschiedlichen Unterkünfte: urig im Gasthof zum Goldenen Löwen bzw. luxuriös im neu renovierten Wellnesstempel Hotel Schachner.

Besonders stimmungsvoll ist diese Etappe rund um Allerheiligen.

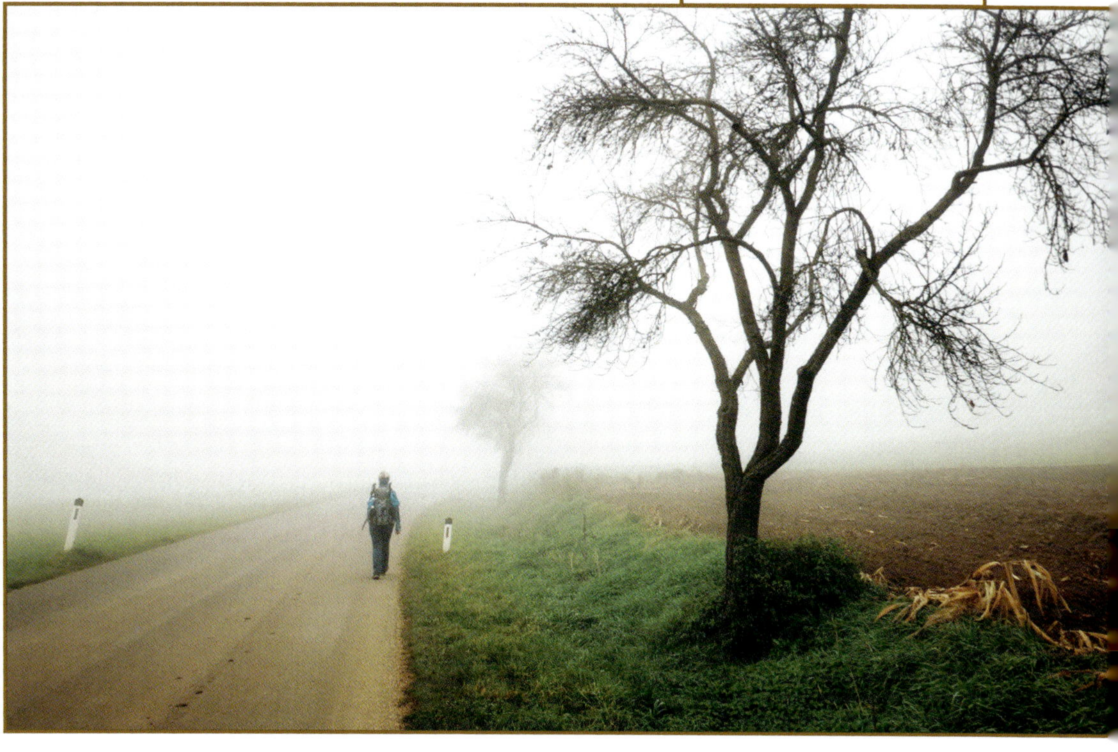

ETAPPE 13

LEBENSABSCHNITT:
URSPRUNG

DER LEBENSKREIS SCHLIESST SICH

MOTTO:
GROSSELTERN, AHNEN

MARIA TAFERL
↓
LAIMBACH

ICH BIN DIESE ETAPPE ANFANG NOVEMBER GEGANGEN

→ 16,6 km ↑ 445 m ↓ 370 m

ca. 5 Stunden

Picknick z. B. auf der Bank beim Aussichtsturm Kollnitzberg

TIPP je nach Lust, Energie und Fernsicht rauf auf den Aussichtsturm Kollnitzberg (ca. 30–40 Minuten extra)

HIGHLIGHT Ankommen – bei sich selbst!

RESÜMEE schöne Abschlussetappe mit Wald- und Wiesenwegen – und den letzten Christbaumkulturen; Wiedersehen mit dem Peilstein

BEWERTUNG Weg ●●●●● Landschaft ●●●○○ Erlebnis ●●●○○

Nördlich der Basilika führt der Lebensweg raus aus Maria Taferl, auf einen angenehm zu gehenden Wiesenweg. Es folgt eine 90-Grad-Kurve nach links Richtung Wald und später hinein. Die Basilika thront bereits erhaben im Rücken. Ein kurzes Asphaltstück trennt uns vom nächsten Waldweg, der nun die ersten Höhenmeter fordert.

Beim Weitwandern lernt man den Wald lieben, denn er mildert alle Extreme: Sonne, aber auch Regen und Wind. Den Unterschied merken wir heute beim nächsten Wegabschnitt, der entlang von Christbaumkulturen auf offener Fläche führt: Der Wind pfeift uns um die Ohren. Das Gute: Er hat die Wolken vertrieben, was uns zu einer

Entscheidung zwingt – am Weg der letzten Weitwander-Etappe liegt mit wenigen Zusatzmetern die Aussichtswarte Kollnitzberg. Geschätzte 30–40 Minuten benötigt man für diesen „Abstecher“. Unerwartet motiviert ein Schild „Lebensweg über Aussichtsturm“ und kurz später der Blick von fast 17 Metern Höhe zurück zu den Anfängen mit dem Peilstein, dem Weinsberger Forst – zwölf Etappen, viele Erinnerungen. Der Aussichtsturm ist nicht spektakulär, aber symbolträchtig. Am besten nach Zeit, Fernsicht und Kondition entscheiden. Der Abstieg danach ist gut beschildert und führt als Rundweg zurück zur Originaletappe in Münichreith. Es folgen die letzten Christbaumkulturen, der Weg lädt ein letztes Mal zum Plaudern ein.

Der Höhenzug des Ostrongs begleitet uns im letzten Wegviertel, fast als wolle er uns sicher „heimbringen“. Zurück nach Laimbach, wo vor knapp 270 Kilometern alles begonnen hat. Apropos Laimbach: Woher der Name des Startortes kommt, merken wir schnell – von einem Lehm tragenden Bach. Der Boden ist auf den letzten Kilometern sehr feucht und kommt als matschige Erinnerung an den Wanderschuhen mit nach Hause.

Unser vor vier Tagen geparktes Auto empfängt uns. Es fühlt sich ungewohnt an, in zwanzigfacher Geschwindigkeit den Heimweg fortzusetzen. Zu schnell, zu wenig achtsam. Ein indigenes Sprichwort kommt mir in den Sinn: Es wird ein paar Tage dauern, bis unsere Seele uns eingeholt hat.

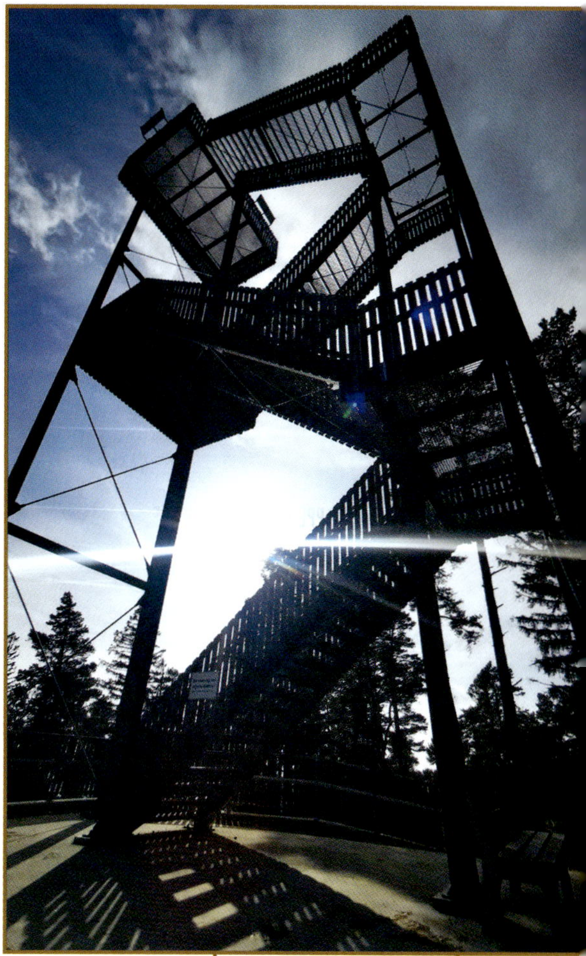

Zusatzoption:
Aussichtsturm Kollnitzberg

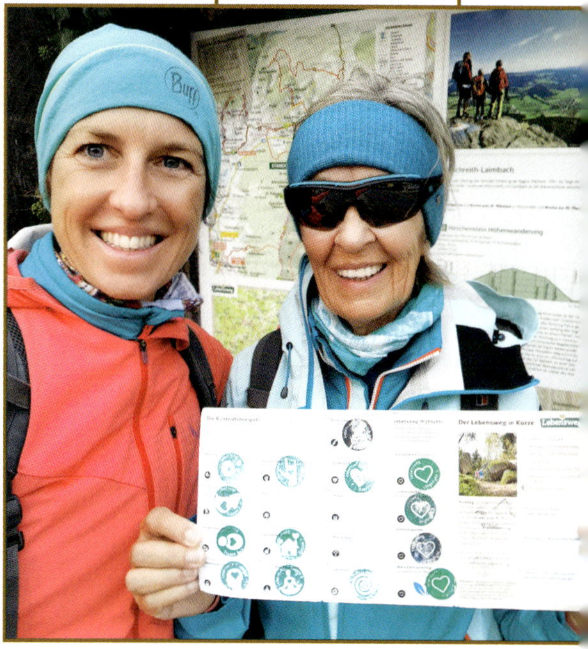

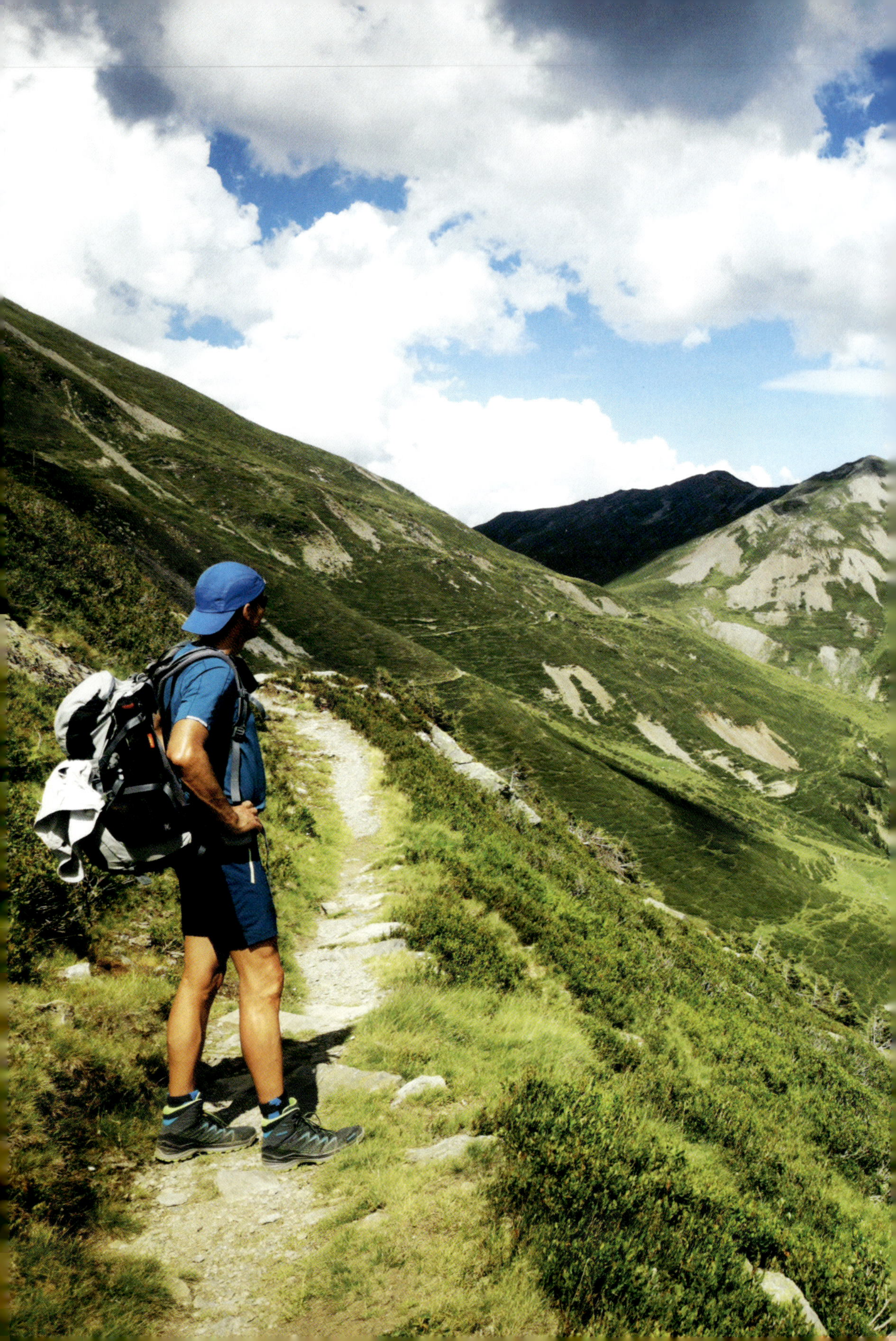

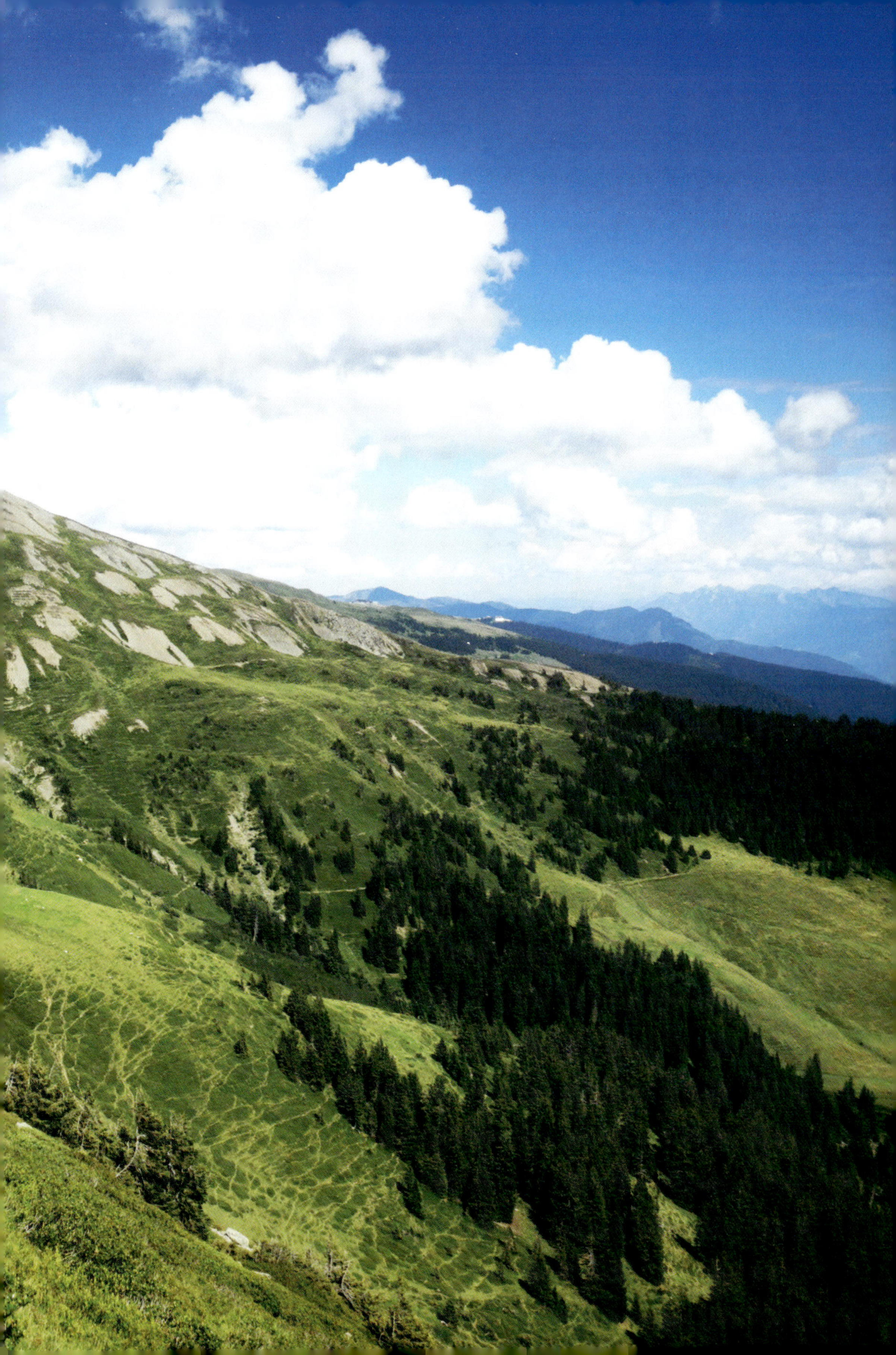

HOHE TAUERN PANORAMA TRAIL

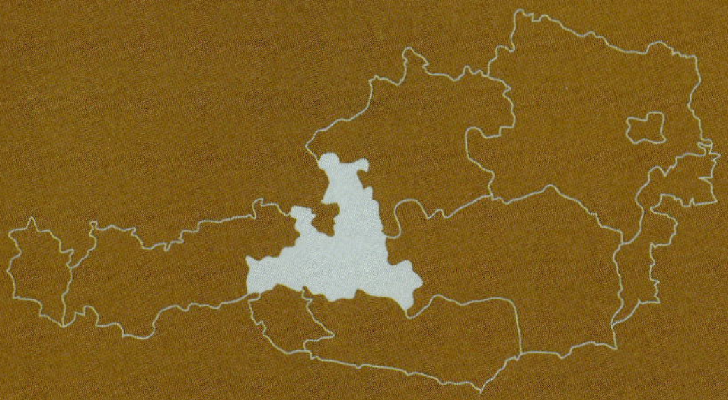

→ 275 km

↕ 14 000 hm

× 17 Tagesetappen

REGION Ferienregion Nationalpark Hohe Tauern (Pinzgau und Pongau)

GIBT ES SEIT 2021 mit 10 Etappen eröffnet (Krimml bis Zell am See), 2022 auf 17 Etappen erweitert (Zell am See bis Hüttschlag)

WEGBESCHAFFENHEIT

- sehr abwechslungsreich – von Nationalparkorten mit Straßen, großteils schönen Waldwegen hin zu urigen Almen und Berghütten
- ein herrlicher Panorama-Höhenweg sowie ein kleines alpines Stück am Kröndlhorn inklusive
- auch Durchquerung von Skigebieten

WEGFÜHRUNG Wanderwege großteils auf einer Seehöhe zwischen 1 000 und 2 400 m (Ausnahmen: Etappen 11 und 13)

GEEIGNET FÜR

- Personen, die im Sommer weitwandern wollen (aufgrund der Höhenlage sind die Temperaturen „gemäßigter")
- Menschen, die beim Weitwandern ein „alpines Panorama" suchen
- Genusswanderinnen und -wanderer – dank der Nutzung von Bergbahnen weist kaum eine Etappe mehr als 1 000 hm bzw. über 20 km auf.

BESTE JAHRESZEITEN Juni, Juli, August, September; falls es noch Restschneefelder gibt, bieten sieben Etappen tiefer gelegene Alternativrouten an (2, 3, 4 und 5 sowie 12, 14 und 16). Ich bin gewandert: Etappen 1–10: im Juli 2022 | Etappen 11–17: im August 2023

BESONDERHEITEN

- atemberaubender Einstieg bei und mit den Krimmler Wasserfällen
- Wald, Höhenterrassen, Ausblick auf die höchsten Berge Österreichs (wie Großglockner und Großvenediger)
- schöne Mischung aus Nächtigung am Berg (in Berghütten, wenn man das möchte) und im Tal und aus Gepäckshuttle vs. „Selber-Tragen"

ANSTRENGENDSTE ETAPPE

Etappe 12 (26,5 km; 1 437 hm im Auf- und 767 hm im Abstieg) sowie Etappe 16, wenn man die Seilbahn nicht nutzt (dann sind es knapp 1700 hm im Abstieg, mit Seilbahn „nur" etwa 500 hm)

HERAUSFORDERUNG

Hüttenöffnungszeiten beachten – genügend Proviant mitnehmen

EMPFEHLUNGEN

- von den „Trail Angels" bei der Planung unterstützen lassen
- genügend Zeit für die Sehenswürdigkeiten einplanen (z. B. Krimmler Wasserfälle, Nationalparkwelten Hohe Tauern etc.)

DAS BESTE AM TRAIL

Wie es der Name verspricht: abwechslungsreiche Panoramen von Gipfeln und den schönen, genussvollen Höhenwegen – so habe ich mir Weitwandern immer vorgestellt; dazu die (im Vergleich zum Tal) angenehmen Temperaturen im Hochsommer.

MEINE DREI HIGHLIGHTS

- Krimmler Wasserfälle
- Pinzgauer Spaziergang – Wanderung auf Höhenterrasse mit grandiosem Panorama über die Kette der Hohen Tauern
- Atemberaubende landschaftliche Vielfalt der Etappen 14 und 16 (Wald, Wiese, Gipfel, Wasser) sowie optimale, genussvolle Wegführung

GEHEIMTIPP

Einkehr in der Trisslalm und Nächtigung auf der Uttendorfer Hochsonnbergalm

SHUTTLE

perfekt organisiert; kein Gepäckservice aus Umweltschutzgründen zur Panoramaalm, Bürglhütte, Pinzgauer Hütte und zum Naturfreundehaus Kolm Saigurn

ORGANISATION

Trail Angels (offizieller Buchungspartner): www.bookyourtrail.com

INFO

- www.hohetauerntrail.at
- Ferienregion Nationalpark Hohe Tauern GmbH, Gerlosstraße 18, 5730 Mittersill, +43 6562 40939, ferienregion@nationalpark.at

PERSÖNLICHER AUSBLICK

DER PERFEKTE HOCHSOMMER-WEITWANDERWEG

Im Rahmen einer Alpenvereinsfortbildung zum Thema „Heilkraft der Alpen" habe ich vom damals gerade neu initiierten Hohe Tauern Panorama Trail erfahren. Unser Referent Arnulf Hartl, Universitätsdozent und Leiter des Institutes für Ökomedizin an der Paracelsus Medizinische Privatuniversität in Salzburg, hatte bei Studien u. a. die gesundheitsfördernde Wirkung der Krimmler Wasserfälle bei Allergien nachgewiesen. Und mich daran erinnert, dass ich jene schon seit Jahren besuchen wollte. Damit war der neue Weitwanderweg, der an diesem magischen Ort beginnt, auf meiner Wunschliste ganz nach oben gerückt.

2022, im Jahr der Erweiterung auf 17 Etappen und deren Fertigstellung, habe ich die zehn Gründungsetappen von 2021 beschritten. Hatte ich alle Weitwanderungen davor in kleineren Paketen von zwei bis vier Tagen erlebt, wollte ich diesmal tiefer in das Erlebnis eintauchen und in den Weitwanderflow kommen. Der Gepäcktransport der ersten sieben Etappen ermöglichte es mir, danach noch relativ gut erholt, zwei Tage selber zu schultern, da aus Nachhaltigkeitsaspekten zwischen den Hütten nicht „geshuttelt" wird. Diese Mischung aus „Komfort-Wandern" und „Hütten-Trekking" empfinde ich als perfekte Kombination.

Anders als beim Lebensweg taucht man beim Hohe Tauern Panorama Trail eher tief in die Landschaft und weniger in die Kultur und Ortsgemeinschaft ein. Es ist ein alpines Wandern mit herrlichen Panoramen. Und mit dem großen Vorteil, in heißen Sommern von der erdrückenden Hitzewelle im Tal relativ verschont zu bleiben. Die Jahre davor waren für mich im Sommer eine „tote" Wanderzeit, die die herrlichen Bergtage des blühenden, farbenfrohen Frühlings und Frühsommers vom blätterrauschenden und -leuchtenden Herbst trennt. Ich absolvierte maximal kurze schattige Touren in Kombination mit „See-Belohnung" oder Klammen. Im Höhen-Weitwandern fand ich nun die ideale Lösung für jene Jahreszeit, in der ich berufsbedingt über am meisten Freizeit verfüge.

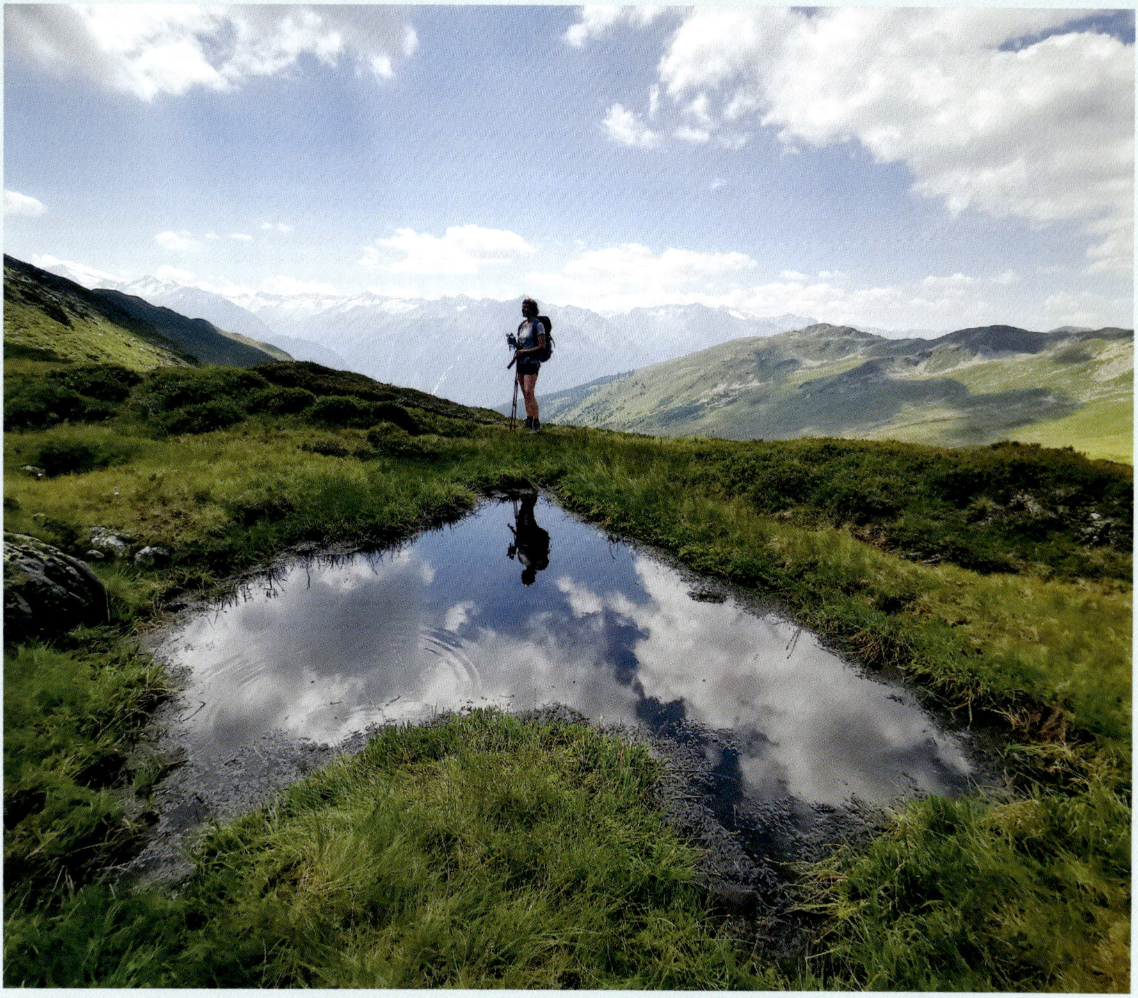

Vorteil zwei vom Marschieren in den Bergen: Es laufen keine Hunde hinterher. Etwas, das so manchem meiner Weitwandertage im Tal einen etwas fahlen Beigeschmack verliehen hat. Aber logisch, wenn an Orten, an denen bisher kaum ein Mensch „vorbeigegangen" ist, plötzlich ein Weitwanderweg errichtet und stark frequentiert wird, Hunde nun verwirrt und gefordert sind. Sie versuchen ihre Aufgabe zu erfüllen, Haus und Hof zu bewachen. Wenn einer jedoch knurrend und zähnefletschend auf dich zuläuft und kein Mensch in Sicht ist, nimmt das dann doch die Entspannung, die ich beim Weitwandern suche – zumindest für einen kurzen Moment. Und ich kenne ein paar Wanderer, die schon von Hunden gebissen wurden. Daher: ein großes Plus für das entspannte Höhenwandern.

Vom Erlebnis her beginnt der Hohe Tauern Panorama Trail spektakulär – mit den Krimmler Wasserfällen. Und durch die „Besteigung" ihres östlichen Ufers (fernab

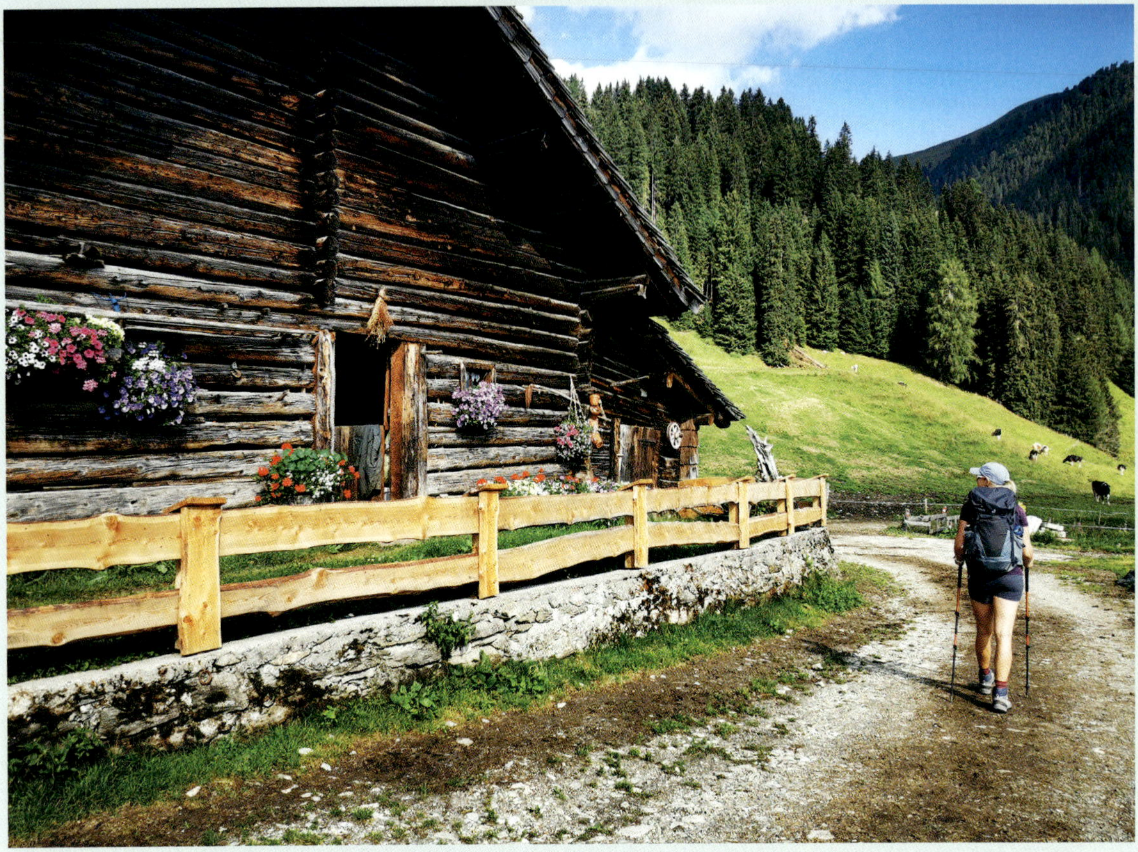

der Massen, die am Touristenweg gegenüber heraufkeuchen) besonders idyllisch. Mein persönliches „Geh-Highlight“ war der Leitenkammersteig und die gleichnamige Klamm.

Weniger reizvoll war und ist für mich immer das sommerliche Bewandern von Skipisten: eine stete Erinnerung daran, mit welcher Selbstverständlichkeit wir Menschen in die Landschaft eingreifen. Durch die Idylle an anderen Tagen ist das Verhältnis beim Hohe Tauern Panorama Trail in Summe noch stimmig.
Wunderschön sind jene Abschnitte, die im Zeichen des Pinzgauer Höhenweges stehen. So hatte ich mir ein Weitwandern in den Bergen erträumt: ein sanftes Auf und Ab auf relativ gleicher Seehöhe, herrliche Silhouetten namhafter Gebirgszüge und Gipfelziele als Kulisse. Dazwischen immer wieder ein Eintauchen „in das Leben“, den gastfreundlichen Ort Mittersill mit den beeindruckenden Nationalparkwelten und das „sommerfrischelnde“ Zell am See – Endpunkt meines ersten Aufenthalts – mit einem Sprung ins kühle Nass als Krönung.

Die 2022 neu ergänzten Etappen 11–17 begeistern mit den zwei „Bilderbuch-Tagen" 14 und 16 – mit einer landschaftlichen Vielfalt par excellence, atemberaubenden Gipfelpanoramen und einer angenehm-wanderfreundlichen Wegführung.

Die vorgegebene Tourenplanung der offiziellen Broschüre ist gut durchdacht und lässt Spielraum für Zusatzaktivitäten wie z. B. einen Besuch der Krimmler WasserWelten oder der Nationalparkwelten in Mittersill, das Besteigen zusätzlicher Gipfel (wie z. B. des Wildkogels bei Sonnenuntergang, wenn man am Berg nächtigt – z. B. am Wildkogelhaus, was ich sehr empfehlen möchte –, oder des Rettensteins, wenn es Wetter, Kondition und Bergerfahrung zulassen).

Sehr empfehlen möchte ich eine Nächtigung im Wildkogelhaus, die erste mögliche Bergunterkunft während der ersten sieben Etappen. Achtung: Für die Übernachtung in der Bürglhütte und der Pinzgauer Hütte sowie im Naturfreundehaus Kolm Saigurn ist die Verwendung eines Hüttenschlafsacks vorgeschrieben. Ich empfehle in diesen Fällen zudem die Mitnahme eines eigenen Handtuches.

Die Etappen 11 und 13 sind mit je drei Stunden Gehzeit sehr kurz und können als Badetage in Zell am See und Rasttag nach einer langen Etappe 12 genutzt werden. Oder, man macht aus diesen drei Etappen zwei und nächtigt am Berg, am Statzerhaus, direkt am Gipfelplateau des Hundsteins. Das haben wir gemacht.

Angenehm ist, dass man großteils ohne Shuttle und daher dem eigenen Schlaf- und Biorhythmus entsprechend in der Früh aufbrechen kann. Nur bei gebuchtem Gepäcktransport muss der Koffer bis 9 Uhr an der Rezeption bereitstehen.

Resümierend ist das Besondere am Hohe Tauern Panorama Trail die abwechslungsreiche Mischung aus Naturschauspielen, urigen Hütten, „Höhenspaziergängen", Selber-Tragen und Gepäcktransport (wenn man diesen in Anspruch nimmt) – und einem alpinen, landschaftlich vielfältigen Panorama, in dem man sich bewegt.

Mit im Durchschnitt 17 bis 22 Kilometern pro Tag ist der Hohe Tauern Panorama Trail für Hobbywanderinnen und -wanderer gut machbar, ausgeklügelte Alternativrouten bei sieben Etappen bieten sichere Varianten bei Schlechtwetter oder dem Wunsch nach (meist) kürzeren und leichteren Tagesrouten. Bei Etappe 15 kann die Weglänge um etwa zehn Kilometer abgekürzt werden, bei Etappe 16 der Abstieg um 1 200 Höhenmeter. Aufgrund der auch danach noch sehr fordernden Tagespensen sind das ernsthaft anzudenkende Optionen, die auch meine Begleitung und ich dankbar angenommen haben (Extra-Kosten in Höhe von € 4,10 für den Bus und € 22,– für die Seilbahnabfahrt, Stand Sommer 2023).

ETAPPE 1

TAG DER REGENBÖGEN

KRIMML [BAHNHOF ODER ORTSZENTRUM]

↓

OBERKRIMML

ICH BIN DIESE ETAPPE ENDE JULI GEGANGEN

→ 11,4 km ↑ 1 029 m ↓ 443 m

ca. 4 ½ Stunden

Krimml Zentrum, Nächtigung in Oberkrimml im Gasthof Filzstein

TIPP genügend Zeit zum Fotografieren einplanen, d. h. besser vor Mittag starten

HIGHLIGHT Krimmler Wasserfälle

RESÜMEE Schöner kann ein Weitwanderweg nicht beginnen!

BEWERTUNG Weg ●●●●○ Landschaft ●●●●○ Erlebnis ●●●●●

Vom Bahnhof Mittersill fährt ein Bus nach Krimml, der seit dem Hochwasser 2021 als Schienenersatzverkehr im Einsatz ist. Das bringt aber gleich einen großen Vorteil: Man kann im Ortszentrum aussteigen und spart sich den Weg vom Bahnhof dorthin.

Wir folgen der Flaniermeile bis zum Parkplatz der Wasserfälle. Kann ein Weitwander-Einstieg schöner beginnen als mit einem der größten Naturschauspiele des Salzburger Landes? Nein – und ja. Es wird noch besser. Wenn man die richtige Abzweigung wählt und dem Weg des Nationalparks Hohe Tauern folgt, der gut sichtbar und regelmäßig gekennzeichnet vom Touristenweg „Krimmler Wasserfälle“ abzweigt. Ersterer (d. h. unserer) leitet auf den alten Tauernweg: eine ehemalige Handelsroute, die auf der orographisch rechten, also beim Blick auf den Wasserfall links wahrgenommenen

Seite auf einem märchenhaft-schönen Waldweg bergauf leitet. Holztreppen führen vorbei an kleinen Engelsfiguren, die den Weg säumen und dem moosigen Wald noch mehr Mystik verleihen. Innerhalb kürzester Zeit verfliegt der Alltag und man kommt in den Rhythmus des Jetzt. Die Melodie der Wasserfälle ist unser Begleiter.

Auf knapp unter 1 500 Höhenmetern überquert man die türkis schimmernde Krimmler Ache und taucht in eine andere Welt ein: jene der internationalen Touristinnen und Touristen, die den in steilen Kehren angelegten Wasserfallweg hinaufschwitzen. Noch ein Pluspunkt unseres Aufstieges, der großteils im Schatten liegt. Entspannt können wir nun im Abstieg die zahlreichen Aussichtskanzeln genießen und die tosenden Wasserfälle aus der Nähe betrachten und fotografieren. Die Sonne zaubert zahlreiche Regenbögen, die wie fliegende Fische aus den Wassermassen springen.

Während mehr und mehr Menschen den Schotterweg hinaufkeuchen, genießen wir einen flotten Abstieg zurück in den Ort. Man passiert die WasserWelten, die bei ausreichend Zeit einen informativen Stopp bieten, bevor man die Gerlospassstraße unterquert und den Freiheitsweg betritt. Nach wenigen Minuten macht der Weg eine 90-Grad-Kurve – hier unterscheidet sich die „Live-Markierung“ vom GPS-Track, der eine Straße parallel verläuft. Mit offenen Augen ist die grüne Panorama-Trail-Beschilderung gut sichtbar – ich empfehle dennoch, den Track für komplexere Abzweigungen (wie auch beim Beginn) als Back-up zur Hand zu haben.

Das letzte Stück der Tagesetappe ist zwar knackig und beinhaltet die zweite Hälfte der Höhenmeter, die perfekte Führung auf Wiesen- und Waldwegen macht sie aber zum Wandervergnügen. Erneut wird die Passstraße unterschritten, bevor man die idyllisch gelegene Unterkunft des ersten Tages erreicht.

Im Abstieg kommt man den Wasserfällen ganz nah.

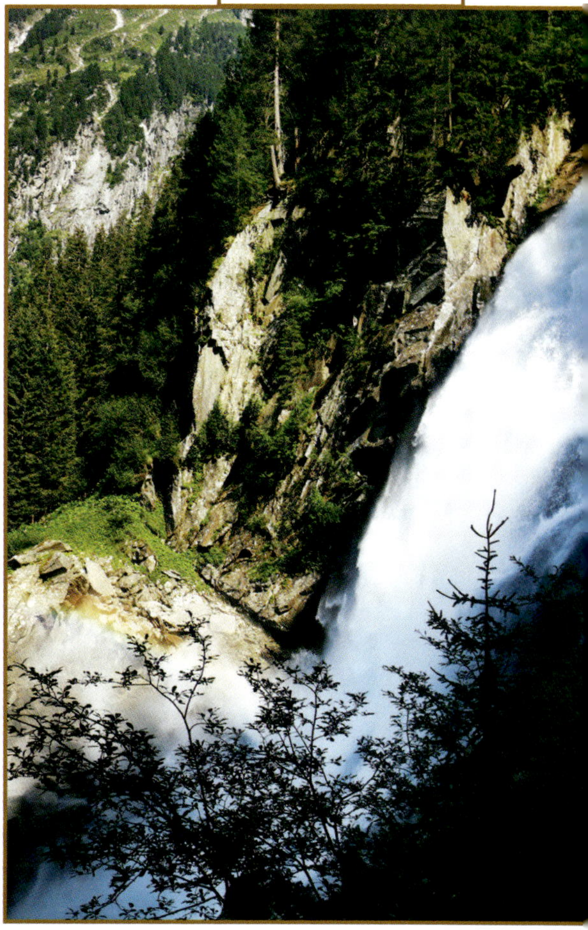

ETAPPE 2

VOM LUXUS INS URIGE

OBERKRIMML
↓
KÖNIGSLEITEN

ICH BIN DIESE ETAPPE ENDE JULI GEGANGEN

→ 19,5 km ↑ 668 m ↓ 730 m

ca. 6 ½ Stunden

Trisslalm, Biohof Castello im Almdorf Königsleiten (hier auch Nächtigung möglich)

TIPP bei Regen am Geh- bzw. auch am Vortag besser die Alternativroute wählen, da der Klammabstieg sehr steil und rutschig ist bei Nässe

HIGHLIGHT Leitenkammerklamm (und -steig), urige Trisslalm, Speichersee bei schönem Wetter

RESÜMEE sehr abwechslungsreicher Wandertag

BEWERTUNG Weg ●●●●○ Landschaft ●●●●● Erlebnis ●●●●●

ALTERNATIVE → 9,8 km ↑ 529 m ↓ 600 m ca. 3 ½ Stunden

Während die Originalroute das Westufer des Speichersees Durlassboden entlangführt, verläuft die nur halb so lange Alternative östlich des Sees (und auch nicht an dessen Ufer) und führt direkt über die Breitscharte zum Etappenziel Königsleiten. Für alle eine Option, die z. B. an einem Regentag ihre Gehzeit verkürzen wollen!

Morgensport ist angesagt: Fast zwei Drittel der Tageshöhenmeter erwarten uns gleich zu Beginn, beim Aufstieg über eine Skipiste. Die Belohnung für die Anstrengung und die landschaftlich bis dahin etwas weniger attraktive Szenerie ist ein herrliches Panorama vom Plattenkogel, der nach etwa einer Stunde erklommen ist. Ein kleines Plateau und Sitzmöglichkeiten laden zu einer kurzen Pause, ein imposantes Kreuz bietet ein schönes Fotomotiv.

Das folgende Wegstück erweckt dann unsere Wanderherzen: ein Genuss aus sanften Kuppen und angenehmen Wanderwegen. Danach beginnt ein Terrain

Viel überschaubarer, aber ebenso wunderschön ist das Wasserspiel der Leitenkammerklamm.

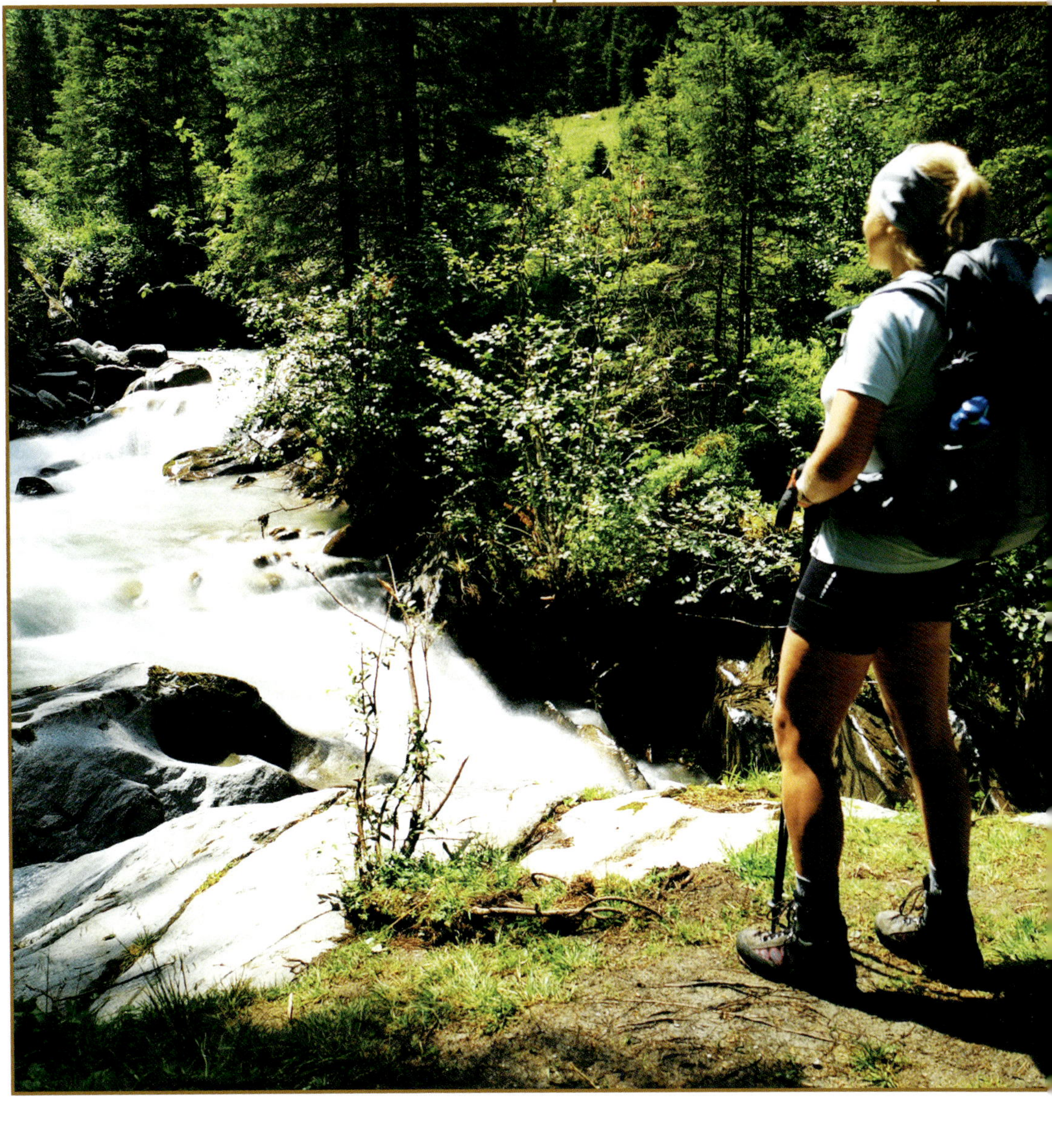

aus Blockfelsen, das etwas Konzentration fordert.
Die heutige Strecke wird technisch als eine der schwierigsten des gesamten Trails beschrieben, was primär am sehr steil-abfallenden Wegstück des Leitenkammerklamm-Steiges liegt. Mit Stecken und Achtsamkeit meistern wir diesen Abstieg auch bei nicht ganz optimalen Bedingungen, indem wir konzentriert rutschige Wurzeln und Steine meiden. Je nach genereller Trittsicherheit und Wetterbedingungen – etwa wenn es regnet – empfehle ich die Alternativroute. Wer fit ist und Wetterglück hat, kann sich auf die Originalstrecke freuen: Die Landschaft ist urwaldähnlich, Farne zaubern eine märchenhaft-verwunschene Kulisse.
In idyllischer Lage empfängt uns zur idealen Zeit die urige Trisslalm. Die Beine sind müde, der Hunger klopft an und wir werden gastfreundlich empfangen. Große Portionen hausgemachter Köstlichkeiten und freundliche Wortwechsel machen diese Hütte zu einem der kulinarischen Highlights des Trails.
Um wieder in Schwung zu kommen, motiviert danach die kleine aber feine Leitenkammerklamm, die nicht ganz so pompös wie die Krimmler Ache ins Tal donnert, aber dennoch mit pittoresken Wasserspielen erfreut und schöne Fotomotive bietet.
Im Anschluss passieren wir den Wildgerlossee, der mit Fliegenfischern umringt von unzähligen Kühen auf Sommerfrische ein bizarr-lustiges Bild bietet.
Nächstes Ziel: der Durlassboden-Speichersee. Leider nicht nur für uns, sondern auch für zahlreiche (E-)Biker, sodass der Weiterweg etwas weniger entspannt zu wandern ist. Zudem macht uns auch das Wetter einen Strich durch die Rechnung, sodass wir keine der Buchten für eine Badepause nutzen können. (Die Erfrischung erhalten wir kurz drauf von oben.)
Wir marschieren aufgrund der Regenvorhersage durch bis nach Königsleiten und meistern das letzte Drittel der Höhenmeter. Im Biohof Castello, dem heutigen Etappenziel, tauschen wir unsere nasse Kleidung gegen eine köstliche Enzian-Limonade.

ETAPPE 3

DOPPELGIPFEL MIT KAPELLE

KÖNIGSLEITEN
↓
NEUKIRCHEN

ICH BIN DIESE ETAPPE ENDE JULI GEGANGEN

→ 19,5 km ↑ 943 m ↓ 1 300 m

ca. 6 ½ Stunden

keine – Picknick einpacken; Alpengasthof Rechtegg (am Ende der Etappe; in unserem Fall Shuttle zum Hotel Gassner in Neukirchen)

TIPP Eisladen in Neukirchen

HIGHLIGHT Kröndlhorn-Gipfel mit kleiner Kapelle

RESÜMEE klassisch-schöner Wandertag in herrlicher Natur und mit tollem Gipfelerlebnis

BEWERTUNG Weg ●●●●● Landschaft ●●●●● Erlebnis ●●●●○

ALTERNATIVE → 15,8 km ↑ 649 m ↓ 974 m ca. 5 ½ Stunden

Während die Originalroute auf über 2 400 Meter Seehöhe (Gipfel des Kröndlhorns) führt, bleibt man bei der Alternative stets unter 1 600 Meter und steigt von Königsleiten wieder ab – zuerst retour nach Unterkrimml und dann wieder aufwärts zum gemeinsamen Endpunkt beider Routen, dem Gasthof Rechtegg. Bei Gewittertendenz ist diese Variante vorzuziehen!

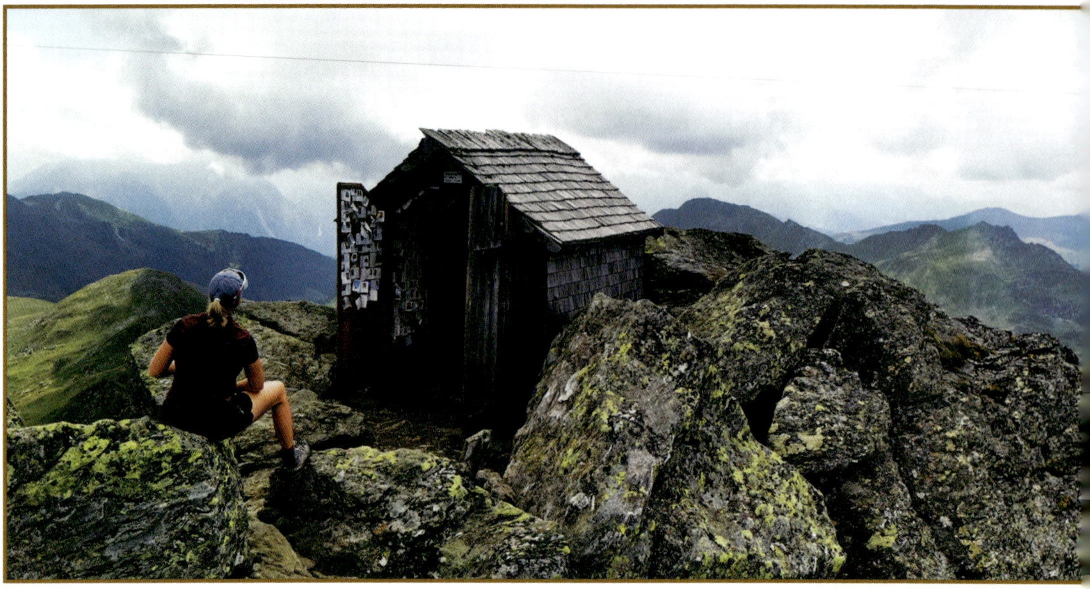

Heute geht's hoch hinauf – auf 2444 Meter. Das Höhenprofil des vor uns liegenden Tages zeigt ein klassisches „A" – konstant bergauf zum Gipfel, im gleichen Modus hinunter. Das wäre an sich perfekt. Der dritte Tag ist für mich stets – das fällt mir bei meiner dritten Weitwanderung nun auf – die größte körperliche Herausforderung. Mein Körper ist müde, die Beine sind schwer. So auch an diesem Tag. Da hilft nur eines: Gehen!

Nachdem man das im Sommer wie eine ausgestorbene Wild-West Stadt wirkende, verwaiste Skizirkus-Disneyland Königsleiten verlässt, passiert man eine urige Holzhütte und tauscht die von Menschenhand geschaffene Architektur wieder gegen ursprüngliche Landschaft. Das saftige Grün gepaart mit schroffen Felsblöcken erinnert in Abschnitten an Irland. Zahlreiche Wildpferde von edlem Blond über feuriges Goldbraun bis zu anmutigem Schwarz ergänzen die Szenerie. Ein Wandertag wie aus dem Bilderbuch.

Später folgt einer der schönsten Gipfel, den man sich gegen Ende für ein paar Meter erkraxeln muss. Es sind auch fitte Kinder und ältere Menschen oben anzutreffen, dieser optionale Aufstieg (Zusatzdauer etwa drei Minuten) ist für trittsichere schwindelfreie Bergwanderinnen und -wanderer also gut machbar. Die Belohnung: eine Gedenkkapelle am höchsten Punkt des Kröndlhorns, innen flächig dekoriert mit zahlreichen Paten. Dennoch wirkt das Häuschen sehr einladend. Und rundherum ein 360-Grad-Panorama mit Blick auf über 70 (!) 3000er, wie es in den Unterlagen, die ich vom Tourismusverband erhalten habe, heißt.

Das einzige Manko des Tages: Es gibt bis zum Ende der Etappe keine Einkehr, wenn man auf dem Originalweg bleiben will. Die sogenannte Trattenbachalm besteht aus einem Getränkeautomaten

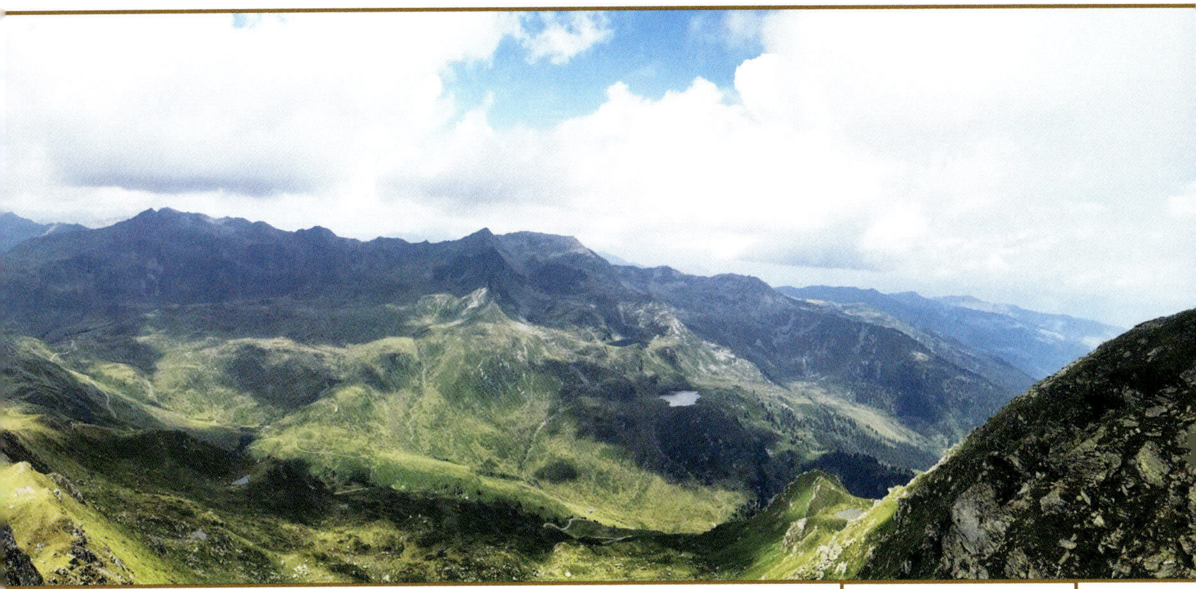

Atemberaubend ist der Ausblick vom Kröndlhorn.

(Selbstbedienung), auf Essen wartet man vergebens. Mit etwa 45 Minuten Umweg gäbe es noch die Sonnenalm. Nach sechs Stunden Gehzeit motivieren uns Extrakilometer aber weniger und wir wählen den direkten, sehr schön angelegten Wald- und Wiesenweg zum Abstieg. Dieser mündet rasch in einen Forstweg, der sich die letzte Stunde in die Länge zieht. Endpunkt und Ziel ist der Gasthof Rechtegg, welcher geöffnet hat. Allerdings wollen wir nun lieber gleich im Hotel Gassner in Neukirchen essen, wohin uns ein Shuttle bringt – das ist so vorgesehen im Plan und keine Abkürzung.

Als könnte der Fahrer meine (hungrigen) Gedanken lesen, empfiehlt er einen Eisladen im Ort, eine perfekt kühlende Gute-Laune-Vorspeise.

Kurzer Exkurs zu den Unterkünften

Beim Weitwandern hat man entlang des Hohe Tauern Panorama Trails die Option zwischen zwei Arten von Unterkünften: Basic und Comfort. Meine Freundin Anne und ich haben uns – nach der kompletten Selbstorganisation („alles im Rucksack") und Hüttennächtigung am Luchstrail diesmal für Comfort entschieden. Am Anfang war ich skeptisch, ob man beim Weitwandern wirklich den Luxus von großteils 4-Sterne-Unterkünften benötigt. Das Resümee des heutigen Tages: Ja – denn in der wunderschönen Anlage in Neukirchen belebt ein Schwimmbiotop meine mehr als müden Beine. Meist gibt es in den Hotels der Komfort-Variante auch Saunalandschaften, die nach langen oder verregneten Etappen ebenso die Regeneration fördern. Die Abendessen sind meist drei- bis fünfgängig, etwas, das mir meist zu viel ist, da ich ein Mittagesser bin. Aber man könnte ja den einen oder anderen Gang auslassen.

ETAPPE 4

NÄCHTIGUNG AM BERG MIT OPTION AUF ZUSATZGIPFEL

NEUKIRCHEN BZW. GASTHOF RECHTEGG
↓
WILDKOGELHAUS

ICH BIN DIESE ETAPPE ENDE JULI GEGANGEN

→ 14,1 km ↑ 1 230 m ↓ 487 m

ca. 5 ½ Stunden

keine, Picknick beim Frühmesser-Gipfelkreuz, ansonsten durchgehen bis zum Wildkogelhaus am Wildkogel

TIPP bei ausreichender Kraft unbedingt noch ein Abstecher auf den Wildkogel (am besten zum Sonnenuntergang)

HIGHLIGHT Abendessen auf der Terrasse des Wildkogelhauses

RESÜMEE gegen Ende der Tagesetappe wieder „Skipisten-Weg", dafür Hüttennächtigung, Krönung mit „Wildkogel-Zusatz"

BEWERTUNG Weg ●●●○○ Landschaft ●●●●○ Erlebnis ●●●●○

ALTERNATIVE → 11,6 km ↑ 355 m ↓ 791 m ca. 4 ¼ Stunden

Diese talnahe Variante verläuft auf der gesamten Route stets unter 1 300 Meter Seehöhe und unterscheidet sich vor allem in den geforderten Höhenmetern. Verzichtet wird auf den Wildkogel und die Nächtigung am Berg. Diese Option ist für alle, die sich die vierstelligen Höhenmeter nicht zutrauen – oder, wenn es wegen Gewitterneigung nicht ratsam ist, aufzusteigen. Für alle, die die Originalroute gehen und mehr Komfort bei der Nächtigung wünschen, ist eine Abfahrt mit der Bahn nach Bramberg vorgesehen.

Viele Höhenmeter, dafür weniger Kilometer stehen heute am Tagesprogramm. Zu Beginn geht es mit dem Shuttle erstmals zurück zum Gasthof Rechtegg. Wenige Meter entfernt beginnt schon der schöne Waldweg – hier gilt es, die noch schläfrigen Augen offen zu halten, damit man die Abzweigung nicht verpasst.

Erstes Ziel ist der Gipfel des Frühmessers auf 2 233 Metern. Am Weg dorthin bleiben wir mehrmals stehen – nicht aus Müdigkeit, sondern um immer wieder einmal einen Blick zurück auf den Großvenediger zu werfen.

Das Panorama entschädigt für das erneute Wandern in einem sommerlichen Skigebiet – auch hier am Wildkogel mit Speicherseen und Windkollektoren. Unser Gipfel befindet sich mittendrin. Ein von weitem sichtbares Kreuz motiviert und ich freue mich auf einen schönen Picknickplatz, perfekt zur Mittagszeit.

Leider wird uns bzw. vor allem meiner Freundin dieser verwehrt, da sie von unzähligen Mücken attackiert wird, die sie viel attraktiver finden als mich. Solidarisch packe ich zusammen, unser Tagesziel ist in unmittelbarer Nähe und wir verlegen die Pause dorthin.

Sehr freue ich mich, heute zwar einfacher, aber dafür am Berg zu nächtigen: im Wildkogelhaus. Mächtig thront dieses unterhalb der Bergstation der gleichnamigen Seilbahn, die auch unser Gepäck hinaufbefördert – allerdings mit Zustellung nach Betriebsende, sodass wir zwei Stunden darauf warten müssen. Zwei geschenkte Stunden. Da die Sonne an diesem Tag lacht, kein Problem. Die großzügige Terrasse des Wildkogelhauses

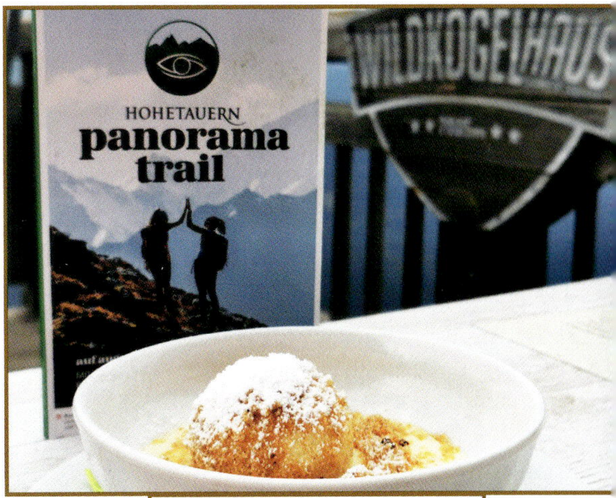

Doppelter Genuss mit österreichischer Mehlspeise und Bergkulisse

erfreut mit gemütlichen Loungeplätzen und sogar Schwebeliegen. So müde ich am dritten Tag war, so sehr ist meine Energie nach dem kurzen Rasten wieder zurück. Ein Blick zu meiner Freundin: Wollen wir gemeinsam noch auf den Wildkogel? Sie verneint und motiviert mich, alleine zu gehen. Davor genießen wir ein Gröstl und Topfenknödel. So hochwertig die Gastronomie in den 4-Sterne-Hotels auch ist: Unter freiem Himmel zu essen, ist für mich der wahre Luxus.

Ohne großen Rucksack, nur mit einer Jacke und Trinkflasche als Proviant, nehme ich meinen Verdauungsspaziergang von etwa 240 zusätzlichen Höhenmetern in Angriff. Zuerst retour über die Forststraße, dann den Bergrücken hinauf. Das 360-Grad-Panorama mit der markanten Silhouette des Rettensteins überwältigt mich und ich verweile, um das Farbenspiel des beginnenden Sonnenuntergangs zu genießen. Hinunter zum Wildkogelhaus geht es beschwingt in sanftem Trab. Insgesamt sollte man für diese Extratour etwa 60–70 Minuten Gehzeit einplanen.

ETAPPE 5 + ETAPPE 6

FEHLER NUMMER EINS – ZU LANGE DOPPELETAPPE

WILDKOGELHAUS
↓
PANORAMAALM UND RESTERHÖHE
↓
MITTERSILL

ICH BIN DIESE ETAPPE ENDE JULI GEGANGEN

→ 19,2 km **(ET. 5)** + 12,7 km **(ET. 6)** ↑ 523 m **(ET. 5)** + 90 m **(ET. 6)** ↓ 630 m **(ET. 5)** + 1190 m **(ET. 6)**

ca. 6 ½ Stunden **(ET. 5)** + ca. 4 ½ Stunden **(ET. 6)**

keine bzw. erst am Ende von Etappe 5 (Bergrestaurant Pinzgablick auf der Resterhöhe)

TIPP Nie – und besonders hier nicht – ohne Jause unterwegs sein!

HIGHLIGHT angenehme Höhenweg-Panorama-Wanderung (Etappe 5), Dauerausstellung des Nationalparkzentrums in Mittersill (Etappe 6)

RESÜMEE besser nur eine der beiden Etappen pro Tag gehen

BEWERTUNG Weg ●●●●● Landschaft ●●●●● Erlebnis ●●●○○

ALTERNATIVE ETAPPE 5 → 10,3 km ↑ 1190 m ↓ 120 m ca. 4 ¼ Stunden

Wer an Tag 4 an Höhenmetern gespart hat, muss diese heute nachholen. Ziel ist die Resterhöhe. Während die Originalroute an Tag 5 mit knapp 500 Höhenmetern eher gemütlich verläuft, heißt es bei der Alternative 1190 Meter aufzusteigen.

Aufgrund begrenzter Zeitressourcen meiner Wanderbegleitung müssen wir uns für eine Doppel-Etappe noch während der ersten sechs Tage entscheiden. Als optimaler Abreiseort mit Öffis bot sich Mittersill an, das war die Vorgabe unserer Detailplanung. Lange haben wir überlegt, ob wir die Etappen 4 und 5 kombinieren sollten – oder 5 und 6. Nachdem ich die Strecken nun kenne, würde ich keine der Optionen empfehlen, da beide eine extrem starke Tagesleistung fordern. Und, keine der Kombinationen gibt den zeitlichen Freiraum für die optionale Besteigung des Großen Rettensteins: ein imposanter Berg, dessen Silhouette uns schon am Vortag und vom Gipfel des Wildkogels in den Bann gezogen hat.

Beim Verlassen des Wildkogelhauses haben wir unsere Etappen-5-und-6-Kombi-Variante schon bereut. Erstens, weil das Wetter am Vortag besser – trocken – war. Und zweitens, weil wir zu Beginn fast zweieinhalb Kilometer zurückstapfen mussten. Erst dann folgte die Abzweigung zum unbekannten Teil der fünften Tagesetappe.

Wer unten im Tal (in Neustift oder Bramberg) nächtigt – was ich aber eher nicht empfehle, da es einmalig ist, die Abend- und Morgenstimmung am Berg zu erleben –, muss darüber hinaus zuerst zur Bergstation der Wildkogelbahn hinauffahren. Wichtig: Immer die Fahrzeiten der Bahnen checken – viele starten erst um 9 Uhr, können aber teilweise für eine frühere Fahrt vorreserviert werden. Alternativ kann man sich auch zum Start shutteln lassen.

Nach der kleinen Stein-Kapelle, die wir am Vortag schon fotografiert haben, beginnt das Gehstück, welches ich mir unter einem Weitwanderweg mit der Bezeichnung „Panorama Trail“ vorstelle: eine angenehme Höhenwanderung ohne große Aufs und Abs. Wir bewegen uns an diesem ersten Halbtag hauptsächlich zwischen 1700 und 2000 Metern. Und bekommen dadurch (ebenso wie an den auch sehr hoch gelegenen Abschnitten der Vortage) nichts von der Hitzewelle im Tal mit, sondern genießen stattdessen angenehm-sommerliche Temperaturen. Ein großes Plus des Hohe Tauern Panorama Trails als Hochsommergenuss an dieser Stelle!

Bei uns ist es an diesem Tag eher mystisch. Durch die Nässe kreuzen zahlreiche Alpensalamander unseren Weg. Diese sind mit ihrem durchgängig schwarzen Kleid viel schwerer sichtbar als ihre schwarz-gelb-gepunkteten Artgenossen. Aber eigentlich haben wir ohnehin nur Augen für den Großen Rettenstein, der mit seiner „Expeditionsanmutenden Kontur“ zur Besteigung lockt. Der Trail führt nah an seinem Fuß vorbei. Ich bin fast froh, dass es in der Nacht durchgeregnet hat: Sonst würde ich die Tatsache, dass wir aufgrund der Doppeletappe auf unser Tempo achten müssen, sehr bereuen, weil das eine Besteigung verhindert.

Unsere Hauptaufgabe besteht an diesem Tag darin, nassen Steinen oder Wurzeln und vor allem unzähligen Kuhfladen auszuweichen, die unseren Weg sprenkeln – ein Bullshit-Slalom, wie wir scherzen. Ziel der Etappe 5 ist die Panoramaalm, die wir wegen des Schlechtwetters geschlossen vorfinden (was online auch so kommuniziert wird, wie wir im Zuge eines „Google-Checks" herausfinden). Unser Plan B für eine trockene, erholsame Rast ist der Pinzgablick auf der Resterhöhe – nach etwas mehr als 19 Kilometern. Wir marschieren also ohne Pause weiter. Als wir gegen 14 Uhr eintreffen, ist aber auch sie geschlossen. Auch keine der Bahnen (Panoramabahn Kitzbüheler Alpen und Resterkogel) fährt. Unsere Vorräte, vor allem die Getränke, sind aufgebraucht, und unsere Motivation fließt mit dem Niederschlag talwärts. Wir brauchen einen Plan C und rufen die Telefonnummer an, die laut Webseite zum Pinzgablick gehört. Der Betreiber hebt ab und ist innerhalb von fünf Minuten zur Stelle. Er entschuldigt sich für online stehende Fehlinformation und versorgt uns kostenlos mit Säften und Wassernachschub – unser Held des Tages.

Alpensalamander genießen das feuchte Wetter.

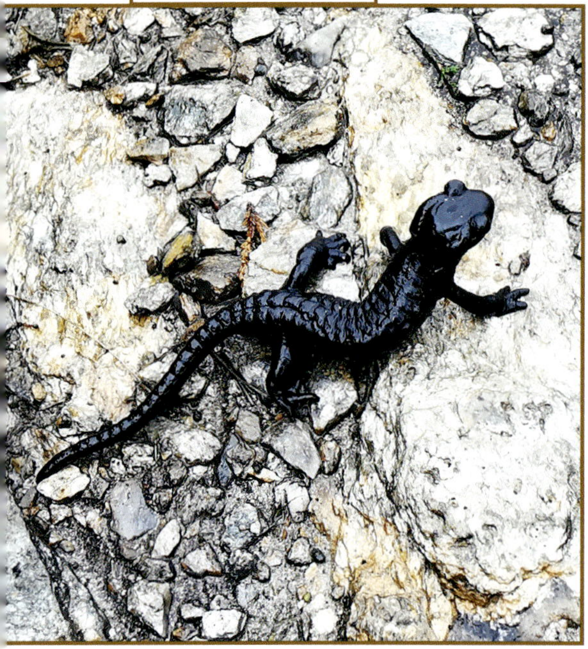

Mit neuer Energie beginnen wir den fordernden Abstieg nach Mittersill, über 1 300 Höhenmeter. Für eine Weile verlieren wir auf den Skipisten den Weg, um ihn aber mithilfe des GPS kurze Zeit später wieder aufzunehmen. Wenn man richtig unterwegs ist, mündet der Weg direkt in den 1 274 Meter hoch gelegenen Pass Thurn, der den Pinzgau mit Tirol verbindet. Danach wechselt die Szenerie in das Gebiet des Hochmoors Wasenmoos, bevor man die Bundesstraße erneut überquert.

Mein persönliches Highlight der Etappe 6 ist der angenehme, weiche Waldweg, der im letzten Stück fußfreundlich bis kurz vor Mittersill führt. Über eine futuristische Brücke – die wegen der Hochwassergefahr der Salzach auf Pylonen thront – erreichen wir den größten Ort des Oberpinzgaus. Hier befindet sich auch das Nationalparkzentrum mit einer spannenden 1 800 m^2 großen alpinen Erlebniswelt – am besten dafür am Folgetag einen Besuch einplanen.

Wir gehen direkt zu unserem Hotel im Zentrum, wo wir zur idealen Zeit zum Abendessen eintreffen. Zur Einschätzung: Wir haben die Doppeletappe in 8 ½ anstatt der errechneten 10 ½ Stunden absolviert (reine Gehzeit).

ETAPPE 7

HOCH HINAUF INS FUNKLOCH

MITTERSILL
↓
BÜRGLHÜTTE

ICH BIN DIESE ETAPPE ENDE JULI GEGANGEN

→ 9,4 km ↑ 1 278 m ↓ 364 m

ca. 5 Stunden

keine zwischen Schloss Mittersill (ganz zu Beginn) und der Bürglhütte

TIPP vormittags die alpinen Erlebniswelten im Nationalparkzentrum Mittersill besuchen; GPS-Tracks dieses und des nächsten Tages unbedingt offline sichern, da Funkloch rund um die Bürglhütte

HIGHLIGHT Ursprünglichkeit der Bürglhütte

RESÜMEE Jetzt wird es urig!

BEWERTUNG Weg ●●●●○ Landschaft ●●●●○ Erlebnis ●●●●○

Der Hohe Tauern Panorama Trail ist meine erste Weitwanderung, bei der ich acht Tage (bzw. zehn Etappen) am Stück gehe. Nach den ersten sechs ist ein Großteil meiner Kleidung „durchgeschwitzt" und ich bin sehr dankbar, als ich im Hotel in Mittersill zwei meiner T-Shirts und Socken waschen kann.

Bevor Etappe 7 nun losgeht, gilt es weise umzupacken, da in den kommenden zwei Tagen aus Umweltschutzgründen auf den Gepäcktransport verzichtet wird. Das heißt Beschränkung auf das Nötigste, da wir den Rucksack selbst tragen. Ich reduziere so gut es geht und freue mich auf das Abenteuer. Das größte hat sich bereits im Vorfeld ereignet, da ich es innerhalb der letzten Tage nicht geschafft habe, unsere Essenswünsche (je einmal vegetarisch und glutenfrei) von

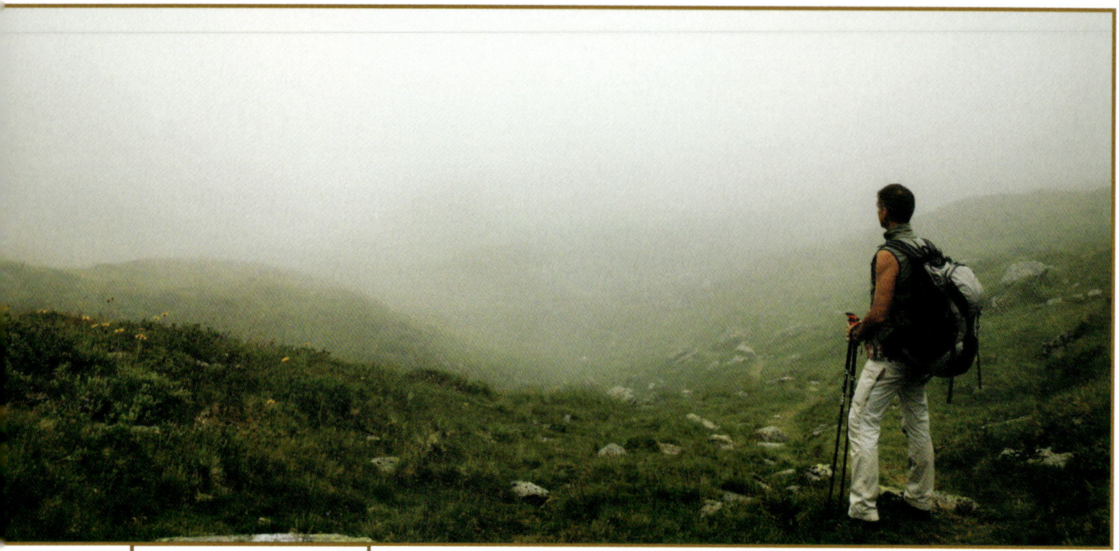

Mystisch ist die Stimmung am Weg zur Bürglhütte.

der heutigen Unterkunft, der Bürglhütte, bestätigen zu lassen. Im Vertrauen, dass alles passt, wandern wir – beziehungsweise ich – los. Mein Partner reist erst am Nachmittag an und da er schneller geht, starte ich mit etwa einer Stunde Vorsprung. Ich lasse mir Zeit, passiere das Ortszentrum, quere die Brücke und freue mich. Erstens darüber, ein bisschen Zeit für mich zu haben, um die Erlebnisse der eindrucksvollen Tage Revue passieren zu lassen. Und über die Tatsache, dass der Weg sehr viel schöner ist, als erwartet: Während die Straße in Serpentinen hoch zum Schloss Mittersill führt, verläuft die Wanderroute direkter: als schön angelegter Fußpfad, bergan. Ich werfe einen kurzen Blick in den Innenhof des Schlosses, ehe ich weitermarschiere, um in meinen Geh-Rhythmus zu kommen.

Die Strecke wechselt zwischen Waldstücken und kurzen Passagen auf der bis weit hinaufführenden (Privat-)Straße. Rasch gewinnt man an Höhenmeter und der Blick zurück auf das immer kleiner werdende Mittersill ist eindrucksvoll. Ein schönes, moosbewachsenes Plateau bietet die perfekte Möglichkeit zur Rast. Auf einem großen Stein sitzend warte ich, bis meine Begleitung eintrifft. Gemeinsam geht es weiter über sanft kupierte Grashügel, die von Kühen und Ziegen beweidet werden.

Die letzten Meter führt der Weg bergab, die Bürglhütte versteckt sich in einer Senke. Jetzt wird klar, warum wir in unserer Kontaktaufnahme erfolglos waren: Es gibt hier keinen Handyempfang. Neugierig betreten wir das Gebäude mit den schiefen Türen und zeitgleich eine andere Welt. Wir fühlen uns einige Jahrzehnte zurückversetzt, ein Eindruck, der auch dadurch verstärkt wird, dass es ab 22 Uhr keinen Strom mehr gibt. Entschleunigung pur. Die Zimmer: einfach, aber urig. Das Abendprogramm: ein Blick aus dem kleinen Fenster, das ein dunkles Firmament voller Sterne offenbart.

ETAPPE 8 + ETAPPE 9

PINZGAUER SPAZIERGANG

BÜRGLHÜTTE
↓
PINZGAUER HÜTTE

ICH BIN DIESE ETAPPE ENDE JULI GEGANGEN

→ 12,2 km **(ET. 8)** + 14,7 km **(ET. 9)** ↑ 521 m **(ET. 8)** + 261 m **(ET. 9)** ↓ 314 m **(ET. 8)** + 428 m **(ET. 9)**

ca. 4 ½ Stunden pro Tagesetappe, gesamt in etwa 8 Stunden

Uttendorfer Hochsonnbergalm – sehr zu empfehlen

TIPP Die Etappen 8 und 9 lassen sich gut kombinieren!

HIGHLIGHT Stärkung auf der Uttendorfer Hochsonnbergalm, köstliches Essen mit Käse aus eigener Produktion

RESÜMEE Jetzt wird es urig!

BEWERTUNG Weg ●●●●○ Landschaft ●●●●○ Erlebnis ●●●●○

Erneut aus Zeitgründen kombiniere ich ein zweites Mal zwei Etappen, und zwar jene des achten und neunten Tages. Im Vergleich zu den Etappen 5 und 6 ist hier die Gesamtanforderung mit weniger als 800 Höhenmetern im Auf- und Abstieg bedeutend „überschaubarer". Und – es ist ein „zusammenhängendes" Stück, das sich „Pinzgauer Spaziergang" nennt. Ein Abschnitt, der mein Weitwanderherz so richtig erfreut.

Das morgendliche „In-Gang-Kommen" geht an diesem Tag viel schneller – ganz im Sinne von: „Menschen mit wenig Gepäck kommen leichter durchs Leben" Der Großteil der Kleidung kommt an den Körper, der Rest in den Rucksack. Einem kurzen Frühstück folgt ein netter Abschiedsplausch. Wir erfahren Spannendes: Strom wird hier auf der Bürglhütte aus Schmelzwasser gewonnen. Der letzte niederschlagsarme Winter hat zur Folge, dass der Stromvorrat, der normalerweise bis Ende August reicht, nun bereits im Juli aufgebracht ist. Daher die nächtliche Rationalisierung, da der Strom nun mittels eines Aggregators erzeugt werden muss – und der Traktor in Dauerbetrieb ist. Demütig erkennen wir, in welchem Luxus wir eigentlich im Tal leben – und was wir alles als selbstverständlich empfinden.

Die Nacht war kalt, die Wiese glitzert im Tau und die Sonne lacht von vorne. Wanderidylle pur. Zu Beginn wartet ein kurzer Anstieg zurück zum Weg oberhalb der Bürglhütte und bringt unseren Kreislauf in Schwung.

Der restliche Tag verläuft fast durchgehend knapp unterhalb von 2000 Höhenmetern, ein gemütliches Auf und Ab. Bekannte Berggipfel wie Glockner, Kitzstein- und Wiesbachhorn prägen die heutige Kulisse. Der Weg ist gut markiert, Kopf und Seele können „baumeln" und Herz und Augen staunen. Der Körper kommt durch die angenehme Wegführung in einen erholsamen Wanderflow.

(Unerwartetes) Highlight dieses Tages ist die Einkehr auf der Uttendorfer Hochsonnbergalm – der Weg führt direkt an ihr vorbei. (Achtung, es gibt auch eine Piesendorfer Hochsonnbergalm, diese liegt nicht auf der Strecke, kann aber ebenfalls mit kurzem Zusatzweg in die Wanderung eingebunden werden.) Die Inhaber sind herzlich, die Jause phänomenal: Käse aus eigener Produktion gebettet auf knackigem Salat. Dazu Preiselbeer-Molke und frische Kuchen mit Kaffee. Ein Mann spielt Ziehharmonika am Nachbartisch – und die Verlockung ist groß, die Pause auszudehnen.

(Ein persönlicher Gedanke an dieser Stelle: An einigen Tagen unter der Woche kann man in der Hochsonnbergalm auch nächtigen – wer sich am Vortag vormittags von Mittersill aufmacht, könnte Etappe 7 und 8 kombinieren. Wir würden dies beim nächsten Mal auf alle Fälle so handhaben.)

Der Abschied fällt schwer, aber ein kleiner Verdauungsspaziergang tut immer gut. Der Weg führt weiter Richtung Osten. Ziel ist die Pinzgauer Hütte, die abermals etwas versteckt in einer Senke liegt. Davor führt der Weg etwas irreführend 180 Grad in die Gegenrichtung (also wieder „zurück"), bevor er mit der letzten Kehre endlich Richtung Unterkunft leitet. Bei schönem Wetter bietet sich die Möglichkeit, das Abendessen auf der Terrasse mit Blick auf den Großvenediger und die untergehende Sonne einzunehmen. Die Zimmer sind einfach, aber es gibt eine Dusche. Wasser folgt an diesem Tag auch noch heftig von oben – und danach eines der schönsten Naturschauspiele: ein gewaltiges Gewitter mit Blitzen, die den ganzen Himmel entlang ihre leuchtenden Linien zeichnen.

ETAPPE 10

AUF SISIS SPUREN

PINZGAUER HÜTTE
↓
ZELL AM SEE

ICH BIN DIESE ETAPPE ENDE JULI GEGANGEN

→ 7,9 km ↑ 379 m ↓ 360 m

ca. 5 ¼ Stunden

auf der Schmittenhöhe und in Zell am See

TIPP Einkehr im Café Seegasse in Zell am See

HIGHLIGHT Baden im wunderschönen Zeller See

RESÜMEE Wie vielen (Bahn-)Verlockungen kannst du widerstehen?

BEWERTUNG Weg ●●●●○ Landschaft ●●●●● Erlebnis ●●●○○

Ein letztes, imposantes Panorama würzt die zehnte Etappe – und motiviert für den knackigen Einstieg am Morgen mit etwa 250 Höhenmetern. Schon Kaiserin Sisi hat den Blick von der Schmittenhöhe geliebt, ihr zu Ehren gibt es dort auch die Elisabethkapelle.

Der 360-Grad-Ausblick vom Aussichtspunkt Salersbergköpfl auf 1 920 Metern entschädigt für das abermalige Bewandern eines Skigebietes. Unter uns schimmert der Zeller See. Faszinierend zu beobachten sind die zahlreichen Paragleiter, die die gute Thermik nutzen, um sanft nach unten zu schweben. Verlockend.

Vor uns liegen fast 1 300 Meter, die unsere Beine an diesem Tag absteigen müssen – nach unserer gestrigen Doppeletappe eine kleine mentale Herausforderung. Eine schöne Wegführung mit klingenden Teilabschnitten

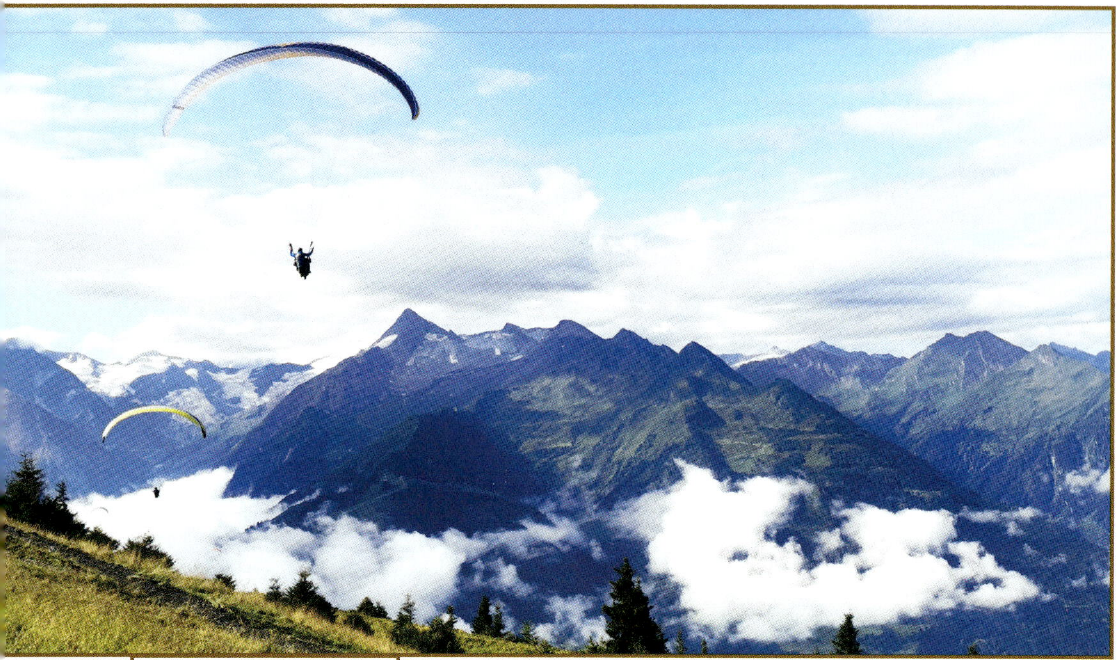

Verlockend ist diese Abstiegs-alternative nach Zell am See.

wie „Höhenpromenade“ und „Mystischer Sagenweg“ motivieren und werden ihrem Versprechen gerecht.
Dennoch, mein Körper ist müde. Nachdem wir tapfer an drei Bergbahnen vorbeigegangen sind, erliege ich der Versuchung der vierten. Als ich sehe, dass die Sonnbergalmbahn in wenigen Minuten fährt, werfe ich einen Blick zu meiner Wanderbegleitung. 450 Höhenmeter würden wir dadurch gewinnen, die wir gegen ein Eintauchen im See eintauschen könnten. Und so sei es. Nach zwei Doppeletappen in acht Tagen hält sich mein schlechtes Gewissen in Grenzen. Bald befinden wir uns in der Gondel in einem herzlichen Gespräch mit einem Einheimischen. Er duldet keinen Widerspruch und shuttelt uns von der Talstation zum seiner Meinung nach schönsten Seezugang. Das kühle Nass ist die Krönung nach zehn Etappen, unsere Körper schütten ein Feuerwerk an Endorphinen aus. Es folgt ein herrlicher Seepromenadenspaziergang von etwa 30 Minuten Länge, der uns zum Geheimtipp Nummer zwei bringt: dem Café Seegasse, das neben köstlichen Eissorten auch glutenfreie Kuchen für meinen Partner im Sortiment hat. Während wir sitzen und genießen, schlagen unsere Glückshormone Saltos.

Hier endet meine achttägige Weitwanderung der zehn Etappen, mit denen der Hohe Tauern Panorama-Trail 2021 eröffnet wurde: von den imposanten Krimmler Wasserfällen bis zum idyllisch-erfrischenden Zeller See. Im Rahmen meines zweiten Aufenthalts, den ich in der Folge schildern werde, entdecke und erwandere ich die sieben neuen Etappen der Erweiterung von 2022.

ETAPPE 11

GENUSS- ODER KOMBI-TAG

ZELL AM SEE
↓
BRUCK AM GROSSGLOCKNER

ICH BIN DIESE ETAPPE ENDE SEPTEMBER GEGANGEN

→ 11,9 km ↑ 97 m ↓ 96 m

ca. 3 Stunden

köstliche Kuchen und Eis im Seecafé in Zell am See, urige Gasthäuser in Bruck an der Großglocknerstraße (z. B. Lukashansl)

TIPP Badebekleidung einpacken!

HIGHLIGHT Genusstag, wenn gewollt

RESÜMEE ein Erholungstag mit ausreichend Zeit für ein Bad im wunderschönen Zeller See – oder ein optimaler „Kombi-Tag" mit der zweiten Hälfte der Etappe 12 (bis zum Statzerhaus)

BEWERTUNG Weg ●●●●○ Landschaft ●●●●○ Erlebnis ●●●●○

Zehn Wanderetappen liegen hinter uns – jene, mit denen der Hohe Tauern Panorama Trail 2021 eröffnet wurde. Ein Tag zum Entspannen liegt vor uns, wenn wir es möchten: ausschlafen, am See entlang flanieren und das eine oder andere Mal der Verlockung nachgeben und eine Runde im herrlich erfrischenden Gewässer schwimmen. Zeit dafür ist genug, denn wenn man „nur" diese Etappe wandert, beläuft sich diese gerade einmal auf drei Stunden Gehzeit.

Start ist im Ortszentrum von Zell am See. Der Weg beginnt bei der schönen Esplanade, die an den Elisabethpark (direkt beim Bahnhof) anschließt. Man folgt dem See im Uhrzeigersinn zuerst am West-, dann am Nordufer entlang. Hier ist der Weg am schönsten zum Flanieren und es bieten sich die besten, kostenlosen Bademöglichkeiten und Liegeplätze an. Am Ostufer führt der Uferweg in die asphaltierte Thumersbacherstraße über. Zwar gibt es einen Gehweg, den man sich allerdings mit den (bei uns zahlreichen) Radfahrerinnen und Radfahrern teilen muss. Nach der Volksschule hält man sich rechts, dem Schild „Höhenpromenade" und dem HTPT-Schild folgend. Kurz darauf, nach der ersten Serpentinen-Kurve – erneut rechts – in den Wald abzweigen, dort wartet ein weiteres Highlight: der Thumersbacher „guestbook"-Themenweg. Eine große Tafel mit den prominentesten Bewohnerinnen, Sommerfrischlern und Liebhaberinnen der Region Thumersbach/Zell am See begleiten uns für etwas mehr als eineinhalb Kilometer auf dem wunderschön angelegten Waldpfad. Wir lernen Wissenswertes zum Leben des einarmigen Pianisten Paul Wittgenstein, den Schriftstellern Alfred Kubin und Stefan Zweig und anderen

Gemütlich führt die Etappe rund um den Zeller See.

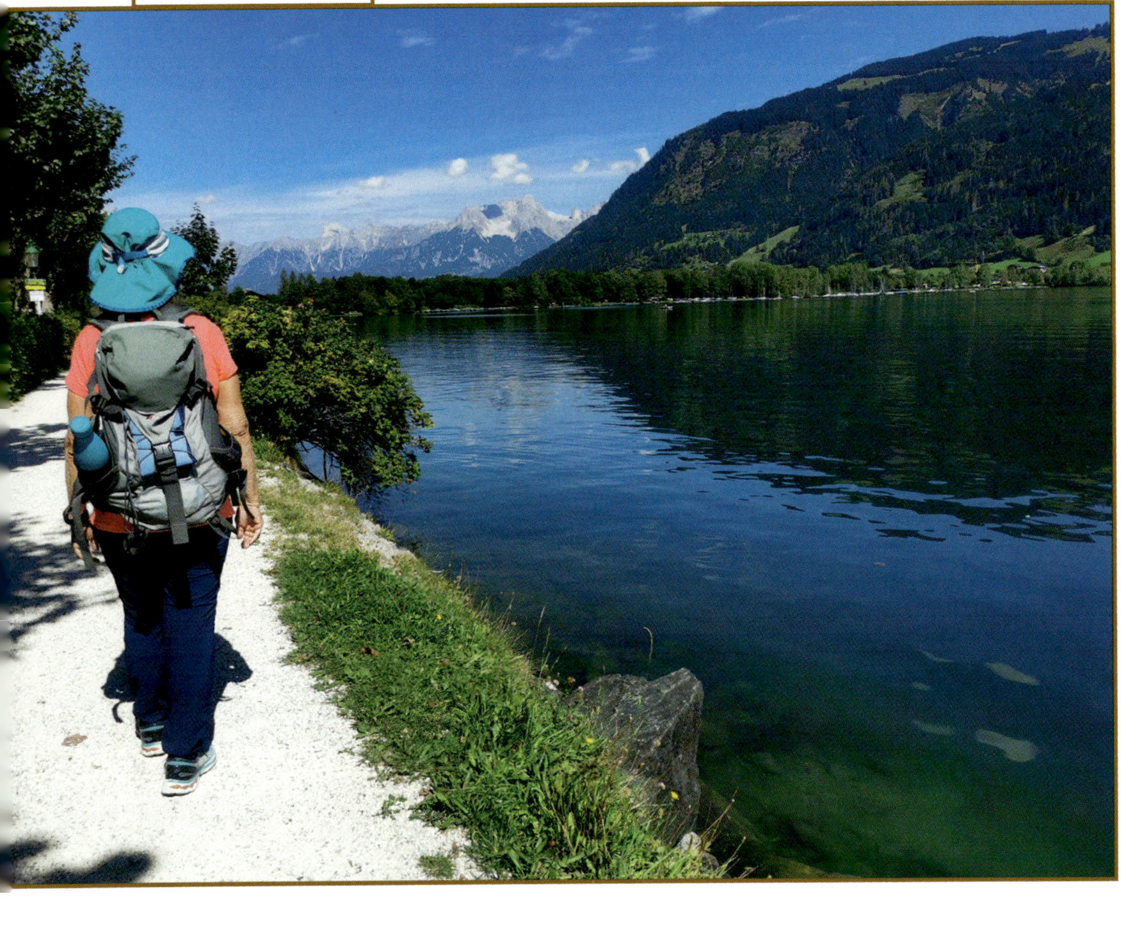

Berühmtheiten, die sich hier (temporär oder permanent) niedergelassen und für ihr künstlerisches Schaffen inspirieren ließen bzw. durch ihr Wirken der Region Nachhaltiges hinterlassen haben. Es ist eine spannende Reise in die Vergangenheit, auf der wir auch Sisi und der Familie Trapp begegnen.
Mit Gedanken und Melodien im Kopf verlassen wir den herrlich schattigen Weg und blicken dem Kitzsteinhorn ins Gesicht. Noch ein kurzes Stück folgen wir dem Fußgängerweg entlang des Zeller Sees. Beim Strandbad tauschen wir die von Menschen geschaffene Welt gegen das Natur- und Landschaftsschutzgebiet Zellersee Süd. Beginnend am Thomas-Bernhard-Weg mit Blick auf die Schmittenhöhe, gefolgt von der Rösslpromenade, die zum Porsche Reitclub mit seinen edlen Tieren führt, folgt im Anschluss die Porscheallee, die wir entlang promenieren. Ringsum die Sumpf- und Fettwiesen sowie weitere wertvolle Lebensräume, die unter dem Titel „WiesenKönigReich“ mit zahlreichen Schautafeln über ihre Bewohner informieren.
Auch der anschließende Weiterweg am Seekanal und jener parallel zur Salzach sind schöne Abschnitte, um den Tag ausklingen und die vielen spannenden Informationen Revue passieren zu lassen. Wir queren die Salzach und gehen vorbei an liebevoll dekorierten Häusern und Gärten. Dann überschreiten wir die blumenverzierte Ortsbrücke und den auf ihr liegenden „Nullpunkt“ der Großglockner Hochalpenstraße und befinden uns direkt vor unserem Hotel: dem Lukashansl. Dort wartet ein herrlicher Gastgarten oder ein Natur-Swimmingpool.
Für alle, die noch bis zum Statzerhaus weitermarschieren (was wir ja ursprünglich geplant hatten), beginnt wenige Meter nach dem Hotel der Einstieg in den Knappenbühelweg zur direkt am Hundsteingipfel gelegenen Hütte.

ETAPPE 12 [1. TEIL]

AUF LEICHTEM WEG HOCH HINAUS

BRUCK AM GROSSGLOCKNER
↓
HUNDSTEIN

ICH BIN DIESE ETAPPE ANFANG AUGUST GEGANGEN

→ 13,5 km ↑ 1437 m ↓ 0 m

ca. 5 Stunden

Statzerhaus am Hundstein (eignet sich als Nächtigungsoption für alle, die nicht die originalen 26,5 Kilometer bis Taxenbach gehen wollen)

TIPP Nächtigung im Statzerhaus mit Sonnenunter- und -aufgang am Berg (bei Wetterglück)

HIGHLIGHT originelles Kreuz auf der Moosalmhöhe

RESÜMEE hoch hinauf auf großteils einfacher Forststraße, sehr langer Tag (wenn man die komplette Etappe 12 inklusive Abstieg nach Taxenbach realisiert)

BEWERTUNG Weg ●●○○○ Landschaft ●●●●○ Erlebnis ●●●○○

ALTERNATIVE → 23 km ↑↓ 1154 m ca. 7 ¾ Stunden

Vor allem bei Schlechtwetter ist diese Variante zu empfehlen, die nicht über den Hundstein und ausgesetzte Gipfelkämme führt.

Während wir bei unserem ersten Aufenthalt am Hohe Tauern Panorama Trail im Vorjahr die Option „Gepäcktransport“ gewählt haben, tragen wir nun die komplette Ausrüstung für sechs Tage selbst. Ich habe, wie bei meiner ersten Weitwanderung auf dem Luchstrail, wieder alles selbst organisiert: von der Anreise über die Nächtigung bis zur Etappenaufteilung. Plan A (sieben Etappen in sechs Tagen):

Wir kombinieren die 3-Stunden-Etappe 11 mit der ersten Hälfte von Etappe 12. Das hätte den Vorteil, dass wir am Berg nächtigen. Der Plan fällt aber ins Wasser – zweifach. Das erste Mal noch vor der Abfahrt, da es mit der Zugverbindung fast nicht möglich ist, zeitlich vor Küchenschluss am Statzerhaus anzukommen. Da wir am Ende der Etappe 10 schon – ungeplant – einen Teil des Westufers des Zeller Sees erwandert haben, entscheiden wir, die Strecke von Zell am See bis Bruck am Großglockner am Direktweg unterhalb des Südufers zurückzulegen. Doch dann streikt der Zug, wir verpassen unseren Anschluss und kommen erst zu Mittag an. Das verregnete, in Grau getauchte Bruck am Großglockner begrüßt uns mit farbenfrohem Blumenschmuck und dem gut sichtbaren, ersten grünen HTPT-Schild. Das zweite weist kurz danach den Weg in den Knappenbühelweg. Fünf Stunden sind es bis zum Hundstein – wo auch das Statzerhaus steht –, ist darauf zu lesen. Wir zweifeln aufgrund dieser Tatsache, ob die komplette Etappe 12 in etwas mehr als sieben Stunden zu realisieren sei, da diese doppelt so lange ist und den kompletten Abstieg vom Statzerhaus inkludiert.

Für einen Regentag ist der Weg zum Wandern perfekt, bei schönem Wetter eher weniger: Uns erwartet eine in Serpentinen hochführende Forststraße, die sogar bei Regen von (E-)Bikes frequentiert wird – was hier, subjektiv empfunden, die genussvollere Art der Fortbewegung ist. Einzig die Ausblicke auf den immer weiter sich entfernenden See beeindrucken.

Bei Kilometer 10 erfolgt eine wohltuende Abzweigung in einen Wanderweg, der

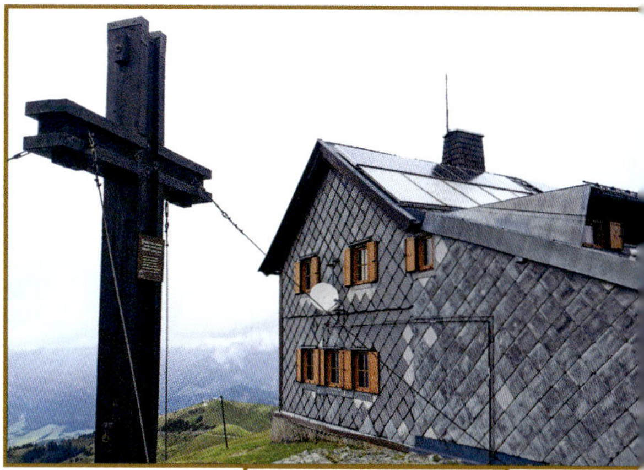

Statzerhaus am Hundstein mit Gipfelkreuz

zum Adam- und Eva-See führt, wobei diese nicht unbedingt zum Baden einladen. Was bei uns aber daran gelegen haben mag, dass es aufgrund des Regens extrem schlammig war und wir beim Vorbeigehen darauf achten mussten, den Boden unter den Füßen nicht zu verlieren.

Ein unerwartetes Highlight wartet kurz drauf auf der Moosalmhöhe auf 1 843 Metern: ein originelles Holzkreuz, das bei uns in nebeliger Umgebung besonders gut zur Geltung kommt.

Meditativ geht es weiter, ein eher flaches, erholsames Stück entlang, bis der Hundstein direkt vor unserem Antlitz thront. Die Aussicht auf ein leckeres und vor allem warmes Hüttenessen motiviert uns zur Reststrecke von etwa einer halben Stunde Gehzeit mit 160 Höhenmetern. In drei Meter Entfernung zum Statzerhaus belohnen ein Gipfelkreuz sowie ein weitreichender Ausblick auf den Zeller See tief unter uns.

Je nachdem, ob man die ganze Etappe 12 in Angriff nimmt, kann man sich im Statzerhaus stärken und weitergehen – oder, wie wir, hier nächtigen.

ETAPPE 12 [2. TEIL] + ETAPPE 13

AUGENBLICKE FÜR DIE EWIGKEIT

HUNDSTEIN
↓
EMBACH [ÜBER TAXENBACH]

ICH BIN DIESE ETAPPE ANFANG AUGUST GEGANGEN

→ 12 km **(ET. 12)** + 7,4 km **(ET. 13)** ↑ 533 m **(ET. 13)** ↓ 750 m **(ET. 12)** + 301 m **(ET. 13)**

ca. 5 Stunden **(ET. 12)** + ca. 3 Stunden **(ET. 13)**

Bistro in der Kitzlochklamm, Gasthäuser in Taxenbach sowie in Embach

TIPP überlegen, ob man einen Genusstag mit nur drei Stunden Gehzeit vorzieht oder die Etappen 11–13 an zwei Tagen gehen möchte; Nächtigung im Krämerhof nach Etappe 13

HIGHLIGHT Kitzlochklamm und der dorthin führende Salzachweg

RESÜMEE eine Etappe mit viel Abwechslung

BEWERTUNG Weg ●●●●○ Landschaft ●●●●○ Erlebnis ●●●●●

Vielleicht bist du nach einem herrlichen Sonnenuntergang am Berg eingeschlafen? Und motiviert zum Sonnenaufgang wieder aufgestanden? In unserem Fall war das nur bedingt möglich, unsere Fenster waren eingeeist. Auch im Hochsommer muss man immer damit rechnen, dass die Witterung die Pläne durchkreuzt. Es sollte daher selbst im August daran gedacht werden, ausreichend warme Kleidung fürs Weitwandern einzupacken, wenn es über 2000 Meter Höhe geht, sprich: Haube, Handschuhe sowie eine wärmende Fleece-, Sommerdaunen- oder Primaloft-Jacke. Geht man noch höher,

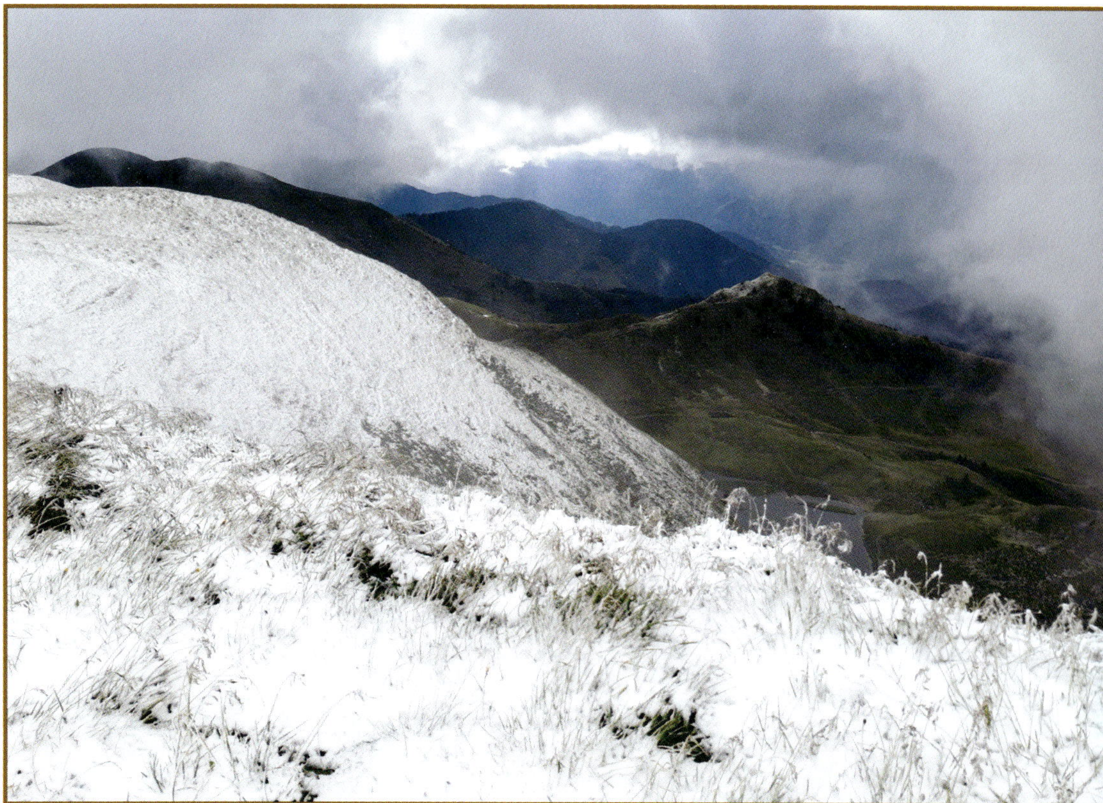

Wintereinbruch auf Etappe 12 mitten im August

empfehle ich auch die Mitnahme von Snowspikes/Grödeln.

Wohl auch wegen des Wetters ist hier bei den Original-Etappen die Hüttennächtigung nicht vorgesehen, sondern eine in Bruck und die folgende in Taxenbach. Tipp: Entscheide selbst – ich wähle (fast) immer den Berg für die Nächtigung; auch hier gibt es meist kleinere Zimmer-Optionen.

Das Gute für uns an diesem Tag: Der zweite Teil der Etappe 12 geht bergab, und mit dem Abstieg steigen die Temperaturen. Als wir die Hütte verlassen, peitscht uns ein Schneesturm mit 80 km/h ins Gesicht, kaum eine halbe Stunde später wechselt die Szenerie auf Grün. Wir legen eine Schicht Kleidung ab.

Auf der Pfarrachhöhe sind wir wieder aufgetaut – hier wartet ein phänomenales Panorama von den Schladminger und Radstädter Tauern bis hin zum Großvenediger. Und es ist ein guter Aussichtspunkt, um zu sehen, wie tief rundherum der Schnee gefallen ist.

Der Wanderweg wechselt auf eine Forststraße und dann auf Asphalt. Es gäbe die Möglichkeit, ein Wandertaxi für dieses letzte Stück zu nutzen. Die Entscheidung hängt wohl großteils davon ab, ob man bereits den ganzen Aufstieg der Etappe 12 hinter sich hat oder eben, wie wir, nur den Abstieg. Zielort ist auf alle Fälle Taxenbach. Und hier war – zumindest bei uns – an einem Montagmittag ein Restaurant geöffnet! Wir konnten es kaum glauben.

Etappe 13, die hier beginnt, umfasst wie Etappe 11 auch „nur“ drei Stunden Gehzeit. Nach der langen Etappe 12 (wenn man sie am Stück geht) eine Wohltat. Es geht eindrücklich über die pittoreske Kitzlochklamm nach Embach. Bis zur Klamm folgt man dem Salzachweg – romantisch am Ufer des wild tänzelnden Flusses entlang. Ein stilles Märchenland aus Farnen und Bäumen. Im Kontrast dazu die tosende Klamm, ein Touristenmagnet. Auch als Weitwanderin muss man den vollen Eintritt in Höhe von € 9,– bezahlen. Inkludiert sind der verpflichtende Helm und unbezahlbare Eindrücke, die das Wunder der Natur wieder einmal vor Augen halten. Wie immer in einer Klamm merkt man durch das Stufensteigen die Höhenmeter nicht, denn über 200 Meter sind es, die man staunend einfach „mitnimmt“.
Nach einem wunderschönen anschließenden Wegstück, das dem Fluss folgt, quert man die Straße und nimmt Anlauf für die letzten 150 Höhenmeter, zur Kapelle Maria Elend, die etwa 100 Meter über Embach thront. Auch dieser Pfad ist angenehm zu gehen (wir hatten kurz überlegt, auf der Straße zu bleiben und die Höhenmeter zu sparen, da man am Folgetag erneut an der Kapelle vorbeigeht). Aber besser der vom Tourismusverband empfohlenen Originalroute folgen, die Straße ist stark befahren und verfügt über keinen getrennten Fußgängerweg. Die Belohnung für die letzten Höhenmeter: Nach der Kapelle geht es bergab ins Ortszentrum – das vom mächtigen Massiv des Hochkönigs atemberaubend in Szene gesetzt wird.

Mit Helm geschützt geht es durch die Kitzlochklamm.

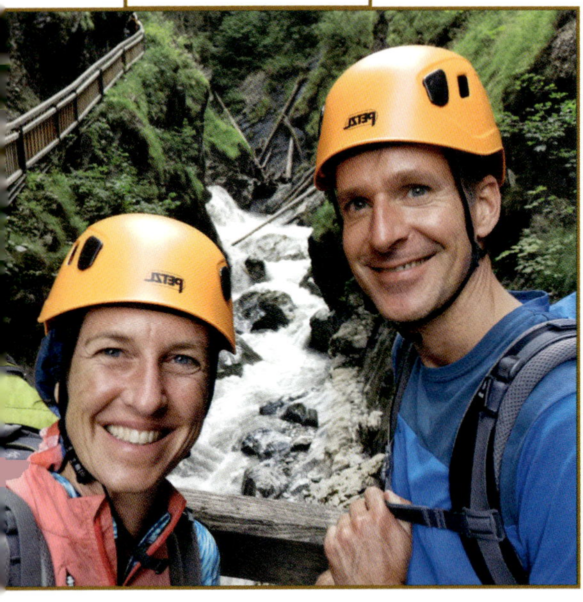

ETAPPE 14

WIE AUS DEM BILDERBUCH

EMBACH
↓
RAURIS

ICH BIN DIESE ETAPPE ANFANG AUGUST GEGANGEN

→ 15,2 km ↑ 1 219 m ↓ 1 282 m

ca. 6 ½ Stunden

ALTERNATIVE → 12,6 km ↑ 656 m ↓ 716 m ca. 4 ½ Stunden
Diese tiefergelegene Route verläuft bis kurz nach der Kapelleralm am Originalweg und führt danach auf nur knapp über 1 600 m Seehöhe (statt auf über 2 100 m) und ist daher an Tagen mit Gewittergefahr vorzuziehen. Bei Vorderschriefling mündet die Alternativroute wieder in den Originalweg ein.

Picknick einpacken und das Panorama genießen

TIPP Picknick für den Gipfel einpacken!

HIGHLIGHT Panorama vom Katzenstein sowie Routenführung

RESÜMEE eine Etappe mit allem, was das Wanderherz begehrt – tolle Routenführung, zwei Gipfel und herrliche Panoramen

BEWERTUNG Weg ●●●●● Landschaft ●●●●● Erlebnis ●●●●●

Die erste halbe Stunde führt zurück zur Kapelle Maria Elend. Das bedeutet, dass Embach eigentlich ein „Nächtigungs-Umweg“ ist, aber in unserem Fall ein wirklich lohnender. Erstens wegen der sensationellen Hausmannskost des Krämerhofs – mit seinen regionalen Wildgerichten bzw. den vom Seniorchef gesammelten frischen Eierschwammerln. Und zweitens wegen der beeindruckenden Sammlung an Mineralien, die der Chef und sein Vater alle selbst entdeckt und geborgen haben – und gerne präsentieren.

Welche Schätze heute vor uns liegen? Nummer eins: ein angenehm ansteigender Waldpfad, der die 1200 Höhenmeter fast „schluckt". Wir genießen den weichen Boden, erfreuen uns an den verspielt-gekrümmten Farnen und moosbedeckten Bäumen. Dieser märchenhafte Weg mündet in eine „Murmeltierwiese", die bis zum Fuß des Katzenkopfes führt. Die letzten 250 Höhenmeter fordern kräftig die Waden. Als Belohnung winkt Schatz Nummer zwei: ein sensationelles

Abstieg nach Rauris am Etappenende

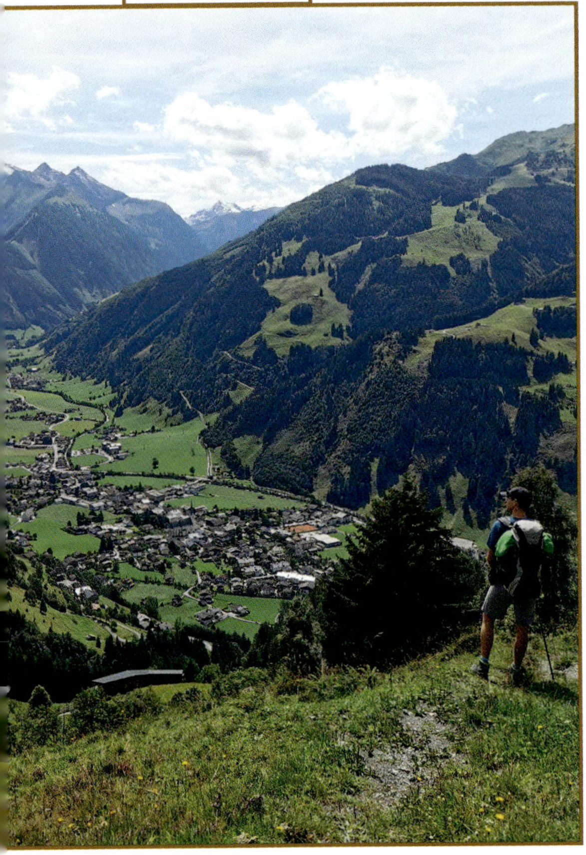

360-Grad-Panorama von der markanten Silhouette des Wiesbachhorns bis zu jener der Schönfeldspitze. Ebenfalls in unwirklicher Ferne das Statzerhaus, wo wir etwa 27 Stunden zuvor losgewandert sind. Das Gipfelplateau (ohne Kreuz) bietet ausreichend Platz für ein Picknick und eine wohlverdiente Rast. Krafttanken macht hier Sinn, denn zum zweiten Gipfel ist es weiter, als es den Anschein macht. Das 2 167 Meter hohe Grubereck, höchster Punkt der Etappe, besteigt man in einem ausufernden Bogen, mit einem erneut knackigen Finish. Etwa eine Stunde benötigt man vom ersten zum zweiten Gipfel, wo uns dann auch ein schönes Kreuz empfängt.

Ab dem Grubereck geht es nur mehr bergab, ins 950 Meter hoch gelegene Rauris. Wir hatten etwas Respekt vor den 1 200 Metern Direktabstieg, der Weg ist aber dermaßen wanderfreundlich angelegt, dass er wenig ermüdet. Und das ist wohl der größte Schatz des Tages: ein ganzer Weitwandertag, der fast komplett ohne Asphalt auskommt und eine Routenführung, die schöner nicht sein konnte. Von allen bisherigen Etappen des HTPT gehört Etappe 14 definitiv zu meinen „Lieblingen".

Für alle, die noch motiviert sind: Rauris bietet mit einer pittoresken Flaniermeile und kleinen Läden mit Waren aus der Region die Möglichkeit für einen schönen Ortsspaziergang. Diesen empfehle ich vor allem dann, falls am Folgetag die Variante „mit Bus" gewählt wird, da diese „Eingehstrecke" durch den Ort ansonsten wegfällt.

ETAPPE 15

VOM MÄRCHEN – IN DEN URWALD

RAURIS
↓
KOLM SAIGURN

ICH BIN DIESE ETAPPE ANFANG AUGUST GEGANGEN

→ 21,6 km (ca. 13 km mit Busfahrt zu Beginn) ↑ 1 127 m (mit Busfahrt ca. 800 m) ↓ 501 m

ca. 9 Stunden (6 ½ Stunden mit Busfahrt)

z. B. Stanzalm und Mitterastenalm

TIPP Zeit für den Rundweg „Rauriser Urwald" nehmen – daher ist die Option Bus wirklich sinnvoll; Nächtigung im Naturfreundehaus

HIGHLIGHT Rundgang im Rauriser Urwald (ca. 30–45 Minuten dafür einplanen)

RESÜMEE eine lange Etappe, die mit dem Bus abgekürzt werden kann

BEWERTUNG Weg ●●●●○ Landschaft ●●●○○ Erlebnis ●●●●○

Sehr lang haben wir überlegt, denn sehr lang ist auch der Original-Weg: 26,5 Kilometer. Daher folgen wir dem „Autorentipp" des offiziellen GPS-Tracks der Tourismusregion – und nehmen den Bus von Rauris bis Bucheben-Maris. Das sind etwa 10 Kilometer und etwa 2 ½ Stunden Gehzeit versus 13 Minuten Busfahrt. Statt der mit 60 Höhenmeter ebenen (durch den Bus ersetzten) Eingehphase heißt es dafür gleich: aufwärts. Und zwar ziemlich, genauer gesagt mehr als 800 Höhenmeter auf den ersten fünf Kilometern. Der Wanderweg ist schön, nach kürzester Zeit verlässt man den Asphalt und genießt den Wald – später folgt eine herrliche, bei uns in Blüte stehende Wiese. Der Nachteil des Weges: Nach oder bei Regen ist dieser sehr nass, die Schuhe sollten gut imprägniert sein.

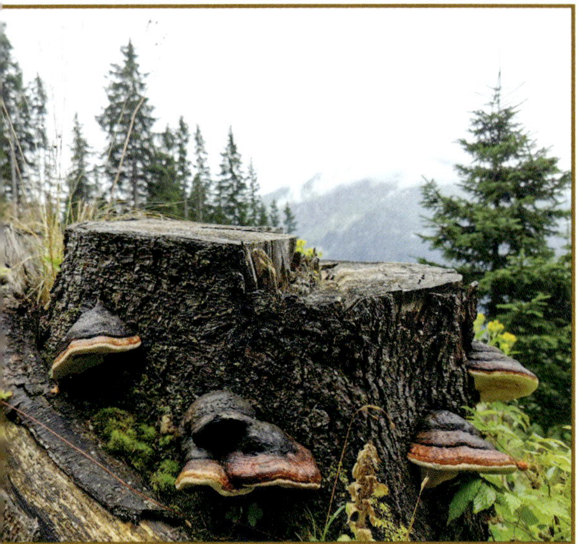

Die Natur freut sich über den Regen.

Wenn die Welt ringsum in Grau getaucht ist, springen beim Wandern umso mehr die kleinen Wunder der Natur ins Auge: Steine, Blumen, Muster und Reflexionen. Im August sprießen einladend Eierschwammerl & Co. Wir tauchen ein in diese Welt und fühlen uns ein bisschen wie Alice im Wunderland. Wohl etwas verträumt verpassen wir eine Abzweigung, die 90 Grad um einen Zaun herumführt – und nehmen fälschlicherweise einen auch sehr „offiziell aussehenden" Weg, der in einer Rechtskurve weiterführt. Also immer wieder ein kurzer Blick auf den GPS-Track, vor allem, wenn länger keine Trail-Markierung zu sehen ist.

Die Mitterastenalm – unser Mittags-Einkehrziel – lässt auf sich warten. Ein Schild motiviert mit dem Hinweis: 30 Minuten. Wir werden abgelenkt durch anmutige Pferde, die neben uns grasen – Noriker, wie wir vom Besitzer, einem Förster, erfahren. Dessen Mutter bewirtet die kleine Stanzalm, keine fünf Minuten entfernt. Und so finden wir uns wenige Schritte später in dieser urigen Hütte bei Kaffee und Kuchen ein und fühlen uns in eine frühere Zeit zurückversetzt. Als wir gestärkt weitergehen, erscheint – definitiv erst nach der angekündigten halben Stunde seit dem Hinweisschild – die Mitterastenalm. Da wir nun schon eingekehrt waren, passieren wir diese „Bilderbuch-Hütte", was uns besonders schwerfällt, da gerade eine Ziehharmonika melodisch ertönt, als wir vorbeiwandern. Wer (am späten) Mittag eine größere Einkehr sucht, ist dort sicher gut aufgehoben und sollte bis hierher tapfer durchhalten.

Um 15:15 Uhr – nach sechs Stunden Unterwegszeit – stehen wir endlich auf dem sehr unscheinbaren höchsten Punkt des Tages (1 856 Meter) und freuen uns, nun endlich nach Kolm Saigurn abzusteigen. Ein Highlight wartet aber noch – und das sollte man nicht auslassen, nämlich den Rauriser Urwald: ein Paradies aus leuchtenden Farnen, mit Leben gefülltem Totholz und mächtigen Bäumen, vereint auf einem wunderschönen Rundweg.

Unser letztes Tagesziel ist das Naturfreundehaus, imposant platziert im Talschluss Kolm Saigurn. So puristisch die Hütte anmutet, so raffiniert ist das Essen, das mit viel Liebe und Können zubereitet wird.

Wichtig: Alles, was man online recherchieren will, sollte unbedingt noch von Rauris aus erledigt werden, da danach absolutes Funkloch herrscht!

ETAPPE 16

BERGGIPFEL UND SEEN

KOLM SAIGURN
↓
BAD GASTEIN

ICH BIN DIESE ETAPPE ANFANG AUGUST GEGANGEN

→ 22,4 km (ca. 16 km bei Benutzung der Seilbahn) ↑ 1127 m (+ 1200 m ohne Seilbahn) ↓ 501 m

ca. 8 ½ Stunden (6 ½ Stunden bei Benutzung der Seilbahn)

ALTERNATIVE → 19,3 km ↑ 643 m ↓ 1158 m ca. 6 ¼ Stunden
Der letzte Teil ab Sportgastein wird dabei mit dem Bus zurückgelegt.

erst das Bergrestaurant bei der Stubnerkogelbahn

TIPP Picknick einpacken und bei den Seen genießen

HIGHLIGHT landschaftliche Vielfalt, Panorama vom optionalen Bockhartgipfel (etwa 15 Minuten extra)

RESÜMEE eine landschaftlich abwechslungsreiche Etappe, bei der man am Ende mit der Seilbahn nach Bad Gastein gleiten kann

BEWERTUNG Weg ●●●●● Landschaft ●●●●● Erlebnis ●●●●●

Eine kurze Empfehlung vorab für das Naturfreundehaus in Kolm Saigurn: Es bietet ein pfiffiges, regionales Essen, überdurchschnittliches Hütten-Frühstück, eine optionale Outdoor-Sauna und auch im Sommer einen top-beheizten Schuhraum bei sehr fairen Preisen!
Wir starten gut erholt um 8:30 Uhr. Etwa eine Stunde führt der Weg zurück, vorbei am Urwald bis zur Kreuzung bei der Filzalm. Erneut ist es eine

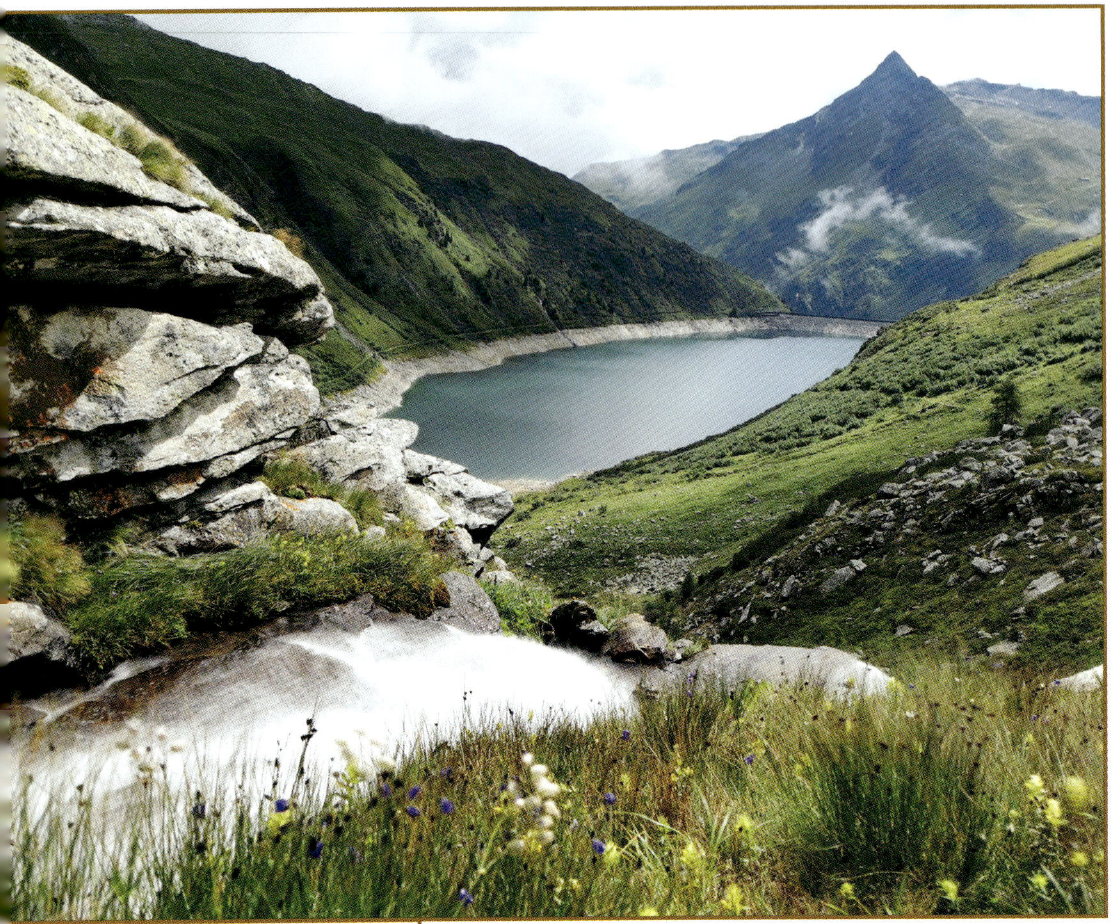

Der Untere Bockhartsee bietet eine wunderbare Picknickkulisse.

kleine mentale Herausforderung, all diese Weg- und Höhenmeter retourzugehen, aber mit dem märchenhaft-schönen Urwald und dem tollen Aufenthalt im Talschluss von Kolm Saigurn: jederzeit wieder!

Nach der Filzalm geht es aufwärts. Eine skandinavisch anmutende Landschaft mit endlosem Grün, springenden Bächen und grasenden Pferden ist die Belohnung für die folgenden etwa 500 Höhenmeter in nur zwei Wegkilometern. Mein Tipp: Unbedingt auch den Bockhartgipfel mitnehmen, der 40 Meter über der Abzweigung an der gleichnamigen Scharte thront und mit einem eindrucksvollen Gipfelkreuz sowie einem herrlichen 360-Grad-Panorama belohnt. Kurz drauf folgt das nächste Highlight bzw. folgen eigentlich zwei: der Obere und der Untere Bockhartsee. Die Szenerie wirkt wie ein Postkartenmotiv – blau schimmerndes Wasser, grasende Kühe, farbenfrohe Blüten und im Hintergrund markante Gipfel. Das

Ufer des unteren (Speicher-)Sees bietet sich herrlich für eine Picknickpause an. 2023 lag direkt am Weg keine Hütte, denn der Damm war gesperrt und der Wanderweg führte am Ostufer statt am Westufer entlang und daher nicht an der Bockhartseehütte vorbei. 2024 ist die Originalroute wieder begehbar. Wir genießen ein mitgebrachtes Picknick mit Blick auf den See und wandern im Anschluss den Uferweg entlang, der sich perfekt eignet, um wieder in Schwung zu kommen.

Die Ge(h)mütlichkeit hält nur kurz und die Wadeln werden erneut gefordert: Weitere 400 Höhenmeter warten bis zur Miesbichlscharte, die wir um 14 Uhr erreichen. Das folgende Stück macht (uns) Spaß: Große Blockfelsen bilden für etwas weniger als eine Stunde den Untergrund – wir springen wie Gämse von einem zum anderen. Aber auch bei uns schwinden die Kräfte langsam. Und wie wir mit dem ersten Empfang herausfinden, fährt die Bahn nur bis 16:30 Uhr – und diese zu nehmen, ist nicht nur die offizielle Empfehlung bei der heutigen Etappe, sondern auch unsere große Motivation: Ansonsten winken weitere 1 200 Meter im Abstieg. Und nach vier sehr intensiven Tagen und noch einer langen Etappe vor uns, nehmen wir die Option der Talfahrt gerne an. Daher marschieren wir ohne weitere große Pause zügig voran.

Nach einem schönen Höhenweg unterhalb der markanten Silhouette des Zitterauer Tisches erreichen wir glücklich um 15:45 Uhr die Bergstation. Mit wirklich gutem Gehtempo und wenig Pause waren wir bisher 7 ¼ Stunden unterwegs. Wer also ebenfalls die Bahn nutzen will, sollte eventuell am Morgen eine halbe Stunde früher aufbrechen als wir, um hier auf Nummer sicher zu gehen. Mit € 22,– pro Person ist die Talfahrt mit der Stubnerkogelbahn zwar sehr hochpreisig, andererseits aber gut investiert. Wir gleiten in den Kurort Bad Gastein, die Bahn mündet ganz in der Nähe des Bahnhofes.

Was ich zu diesem Zeitpunkt noch nicht wusste, war, dass sich Bad Gastein über 80 Höhenmeter zwischen Quellpark und Bahnhof ausbreitet – ein Erlebnis für sich und mit dem Wasserfallweg ergibt sich hier eine wirklich attraktive Stadtwanderung. Je nach Unterkunft führt die morgige Etappe nicht zwangsläufig im Zentrum vorbei – und es wäre sehr schade, Bad Gastein nicht gesehen zu haben. Daher meine Empfehlung: Am Abend der Etappe 16 im Ort essen und danach einen genussvollen Verdauungsspaziergang ohne Rucksack unternehmen!

ETAPPE 17

DAS LETZTE KAPITEL DES WEITWANDER-MÄRCHENS

BAD GASTEIN
↓
HÜTTSCHLAG

ICH BIN DIESE ETAPPE ANFANG AUGUST GEGANGEN

→ 16,7 km ↑ 1108 m ↓ 1227 m

ca. 6 ½ Stunden

z. B. Poserhöhe-Hütte, Harbachalm

TIPP in Hüttschlag nächtigen und vorher als letzten Gipfel den Gamskarkogel mitnehmen

HIGHLIGHT toller schattiger Aufstieg, intensives Grün der Grasberge

RESÜMEE ein wunderschöner Abschluss des Hohe Tauern Panorama Trails

BEWERTUNG Weg ●●●●○ Landschaft ●●●●○ Erlebnis ●●●●○

Heute steht ein erstes Mal an, ich weitwandere alleine, da mein Partner gestern abgereist ist. Und mir damit eine neue Erfahrung schenkt, die mir am Lebensweg durch die spontane Begleitung von Martin im positiven Sinne verwehrt blieb. Und was eignet sich besser, als das letzte Stück des Kapitels Hohe Tauern Panorama Trail, seines Zeichens auch letzter Weitwanderweg dieses Buches, in meinem Rhythmus und meiner Gedankenwelt zu beenden?

Idyllisch startet die Etappe 17 hoch über dem Kurort Bad Gastein, und zwar auf der Kaiser-Wilhelm-Promenade. Dieser wunderbare Höhenweg ist ein perfekter Tagesbeginn zum Eingehen. Nach etwa 30 Minuten fällt es schwer, diesen zu verlassen – der Trail folgt an der Abzweigung dem Ziel „Poserhöhe“ nach links, während der Promenaden-Weg geradeaus ohne mich weiterflaniert. Es geht kurz bergab, wohl um Schwung zu holen für die etwas mehr als 1 000 Höhenmeter,

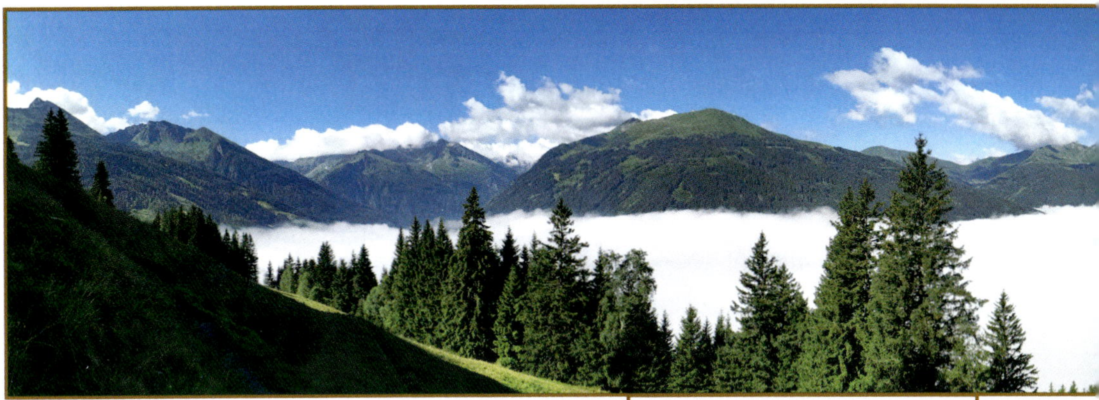

Wir durchbrechen das Nebelmeer – einer der schönsten Momente beim Wandern.

die nun am Stück folgen – herrlich schattig durch den Wald führend. Mit jedem Meter Höhe, den man gewinnt, ergänzt sich ein Teil des Bergpanorama-Puzzles: angefangen beim Stubnerkogel, dem gestrigen Tagesziel mit dem benachbarten Zitterauer Tisch. Es folgt die markante Nase des Graukogels, die in den Himmel ragt. Und dann steht man vor der Poserhöhe-Hütte. Hier findet man einen Wegweiser „Hüttschlag 5 ½ Stunden".

Der Weg verläuft weiter auf angenehm weichem Waldboden. Zwischen den Ästen funkelt es hellgrün und man bekommt einen ersten Blick auf die Grasberge – Highlights des heutigen Tages –, die mich umgehend an die Kärntner Nockberge erinnern.

Eine Stunde nach Aufbruch von der Poserhöhe thront er dann stolz vor meinem Antlitz: der Gamskarkogel. Die kommende halbe bis dreiviertel Stunde schreitet man ihm entgegen. Und zwar auf einem sehr engen Pfad, der zuerst gemächlich, gegen Ende etwas steiler bis zur Tofernscharte führt. Diese ist mit 2 086 Metern der offiziell höchste Punkt der letzten Etappe.

Wie schön ist es, dort eine Bank vorzufinden – perfekt für eine kurze Mittagsrast. Der Blick schweift zurück auf das Gasteinertal. Ganz außen im rechten Blickwinkel zwinkert der Großglockner zum Abschied. Laut Beschilderung wandert man von hier drei Stunden bis Hüttschlag. Und das wirft folgende Frage auf: Gehe ich noch auf den Gamskarkogel, der mit einer Stunde Gehzeit beziffert ist? Das sind etwa 300 Aufstiegs- und damit auch Abstiegsmeter extra …

Ich entscheide mich – da ich nicht in Hüttschlag nächtige und den schweren Rucksack trage – dagegen. Im Nachhinein würde ich anders entscheiden, denn der Abstieg von der Scharte fiel bei mir zeitlich viel kürzer (zwei statt drei Stunden) aus: Der Weg ist optimal angelegt und lädt zum zügigen Gehen ein.

Eine Option zur kulinarischen Einkehr bietet die am Abstiegsweg liegende Harbachalm, wenn man den Zusatz-Gipfel mitnimmt. Da ich mich bereits auf der Scharte gestärkt habe, marschiere ich weiter.

Die Toberwaldschotterstraße führt parallel zum gleichnamigen Bach entlang.

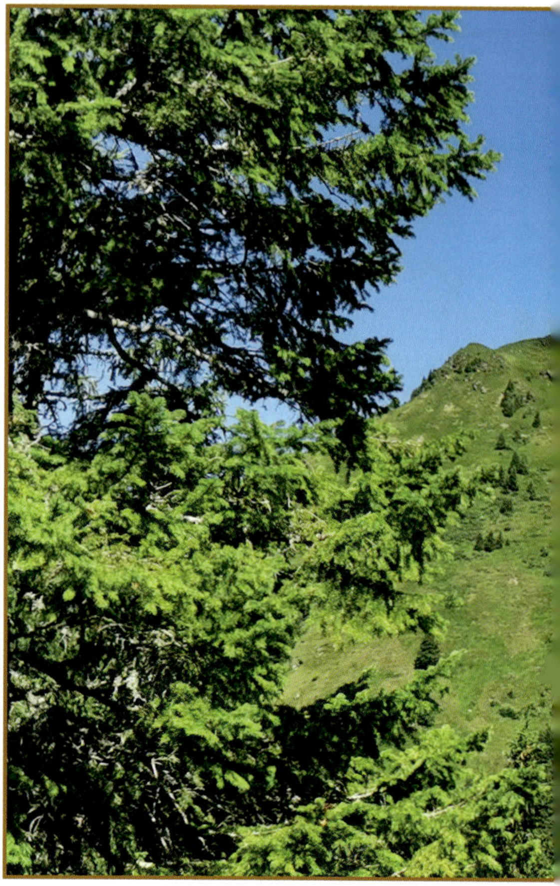

Nach einem etwas fordernden sonnenausgesetzten Schotterstück folgt wieder ein Waldweg, der ebenso zum Netz des Salzburger Almenrundweges zählt. Eine Stunde bis Hüttschlag, verheißt der Wegweiser an der Abzweigung. Kann es sein, dass ich erst eineinviertel Stunden unterwegs war? Sehr lange weisen mehrere Schilder einen Restweg von 50 Minuten aus – bis wenige Minuten später eine „20" folgt?! Ich kann es kaum glauben – ich bin doch noch keine zwei Stunden unterwegs … Ich passiere den Autoparkplatz Harbachalm und betrete den letzten Wegabschnitt. Plötzlich lacht mir Hüttschlag durch die Bäume entgegen – ein spitzer Kirchturm vor einer mächtigen Bergkulisse am Horizont. Ich beschleunige meinen Schritt vor Vorfreude … und dann bin ich da.

Ein Ankommen nach 17 Etappen. Was ist hier der optimale Ausklang? Wären wir zu zweit, würden wir wahrscheinlich in Hüttschlag nächtigen. Ich beschließe, mich in einem Café nieder- und die Seele ankommen zu lassen, allerdings sticht an diesem Tag die Sonne vom Himmel. Und ich sehe kein Café weit und breit. Als der Tälerbus wenige Minuten nach meiner Ankunft fährt (was er nur alle Stunden macht), steige ich spontan zu. Und lasse meine Gedanken und Eindrücke mit der vorbeiziehenden Landschaft ziehen. Über 40 Minuten geht es durch das Großarltal bis nach St. Johann und in Folge mit dem Zug wieder zurück nach Oberösterreich. Ein Teil meines Herzens bleibt jedoch in den Hohen Tauern bzw. sind diese für immer ein Teil von mir.

Während der Zugfahrt betrachte ich die Fotos des letzten Wandertages, der das Ende einer auf zwei Jahre aufgeteilten Weitwanderung bedeutet. Ein Gefühl des Stolzes überkommt mich – darauf, dass ich es wirklich geschafft habe, sechs Tage lang mein komplettes Gepäck selbst zu tragen, inklusive Laptop, da ich seit dem Lebensweg bei jeder Weitwanderung immer abends tagesaktuell die absolvierte Route niederschreibe. Und auch darauf, dass ich es probiert habe, alleine weitzuwandern. Wobei ich nun mit Sicherheit sagen kann, dass das die Ausnahme bleiben wird. Zu sehr liebe ich das Teilen magischer

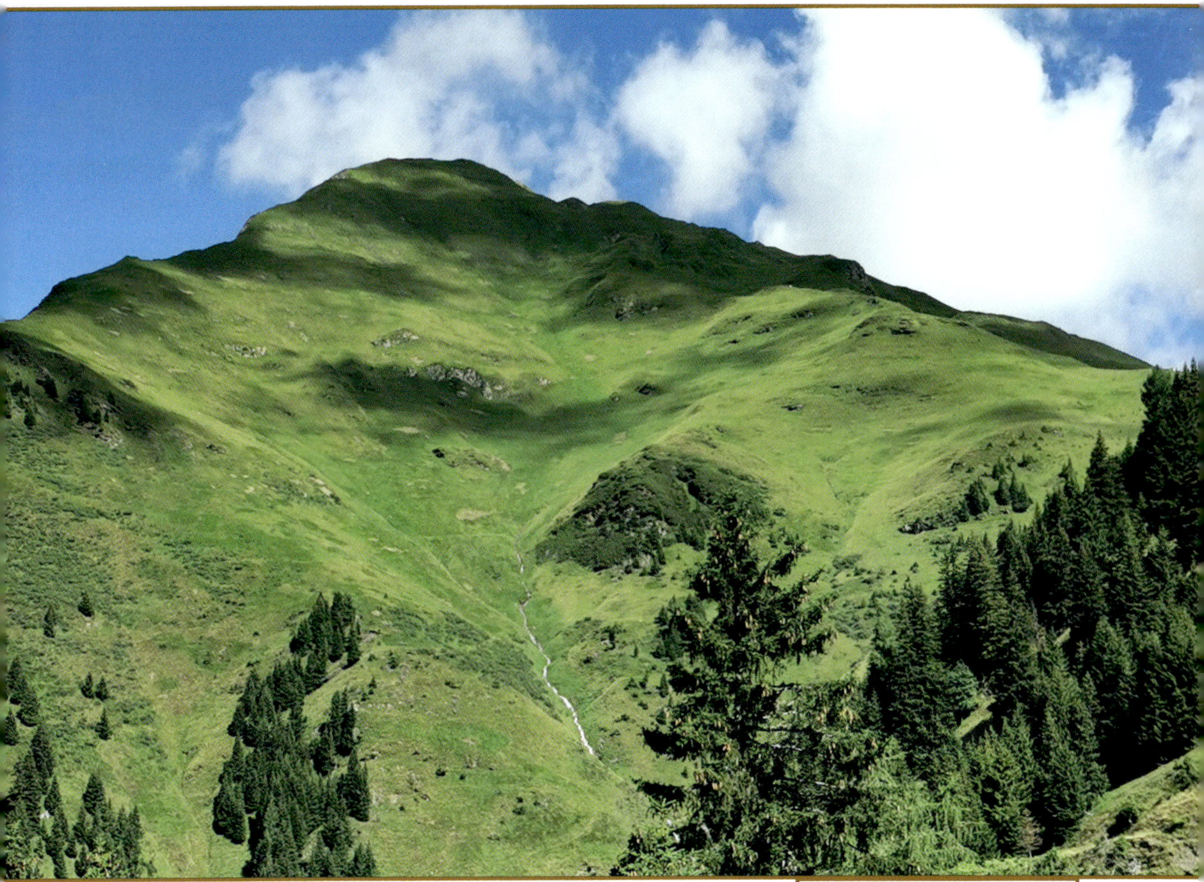

Die Grasberge prägen das Landschaftsbild der Schlussetappe.

Momente, spektakulärer Sonnenuntergänge, aber auch der kleinen Wunder der Natur, die jeder am Weg mit seinem Blick auf die Welt entdeckt. Und das gegenseitige Motivieren, wenn jemand einen „Hänger" hat. Und auch das gemeinsame Genießen – von kühlen Bergseen aber vor allem von regionalem Essen, das zu zweit mehr als doppelt so gut schmeckt.
Ich bin auch unendlich dankbar, dass alles gut gegangen ist – denn das ist beim Alleine-Wandern schon ein kleines Risiko: sich z. B. auf wenig begangenen Wegen zu verletzen. Und viele Tage waren wir stundenlang ohne Mitwanderinnen und Mitwanderer unterwegs. Wohl weil derzeit gefühlt alle Menschen in die Ferne fliegen, anstatt die heimische Schönheit zu erleben. Wie sich das in den nächsten Jahren entwickeln wird? Ich denke, dass es sich hinsichtlich der Sehnsüchte zwischen Natur und Kultur, zwischen Heimat und Ferne wieder einpendeln wird – wie es vor Corona der Fall war. Wobei ein kleiner Trend zur Entschleunigung sicher eingeläutet wurde. Und dafür gibt es allein in Österreich so viele herrliche, neue Weitwanderwege. Sie liegen wie unbeschriebene Blätter vor uns und warten darauf, auch von dir entdeckt zu werden!

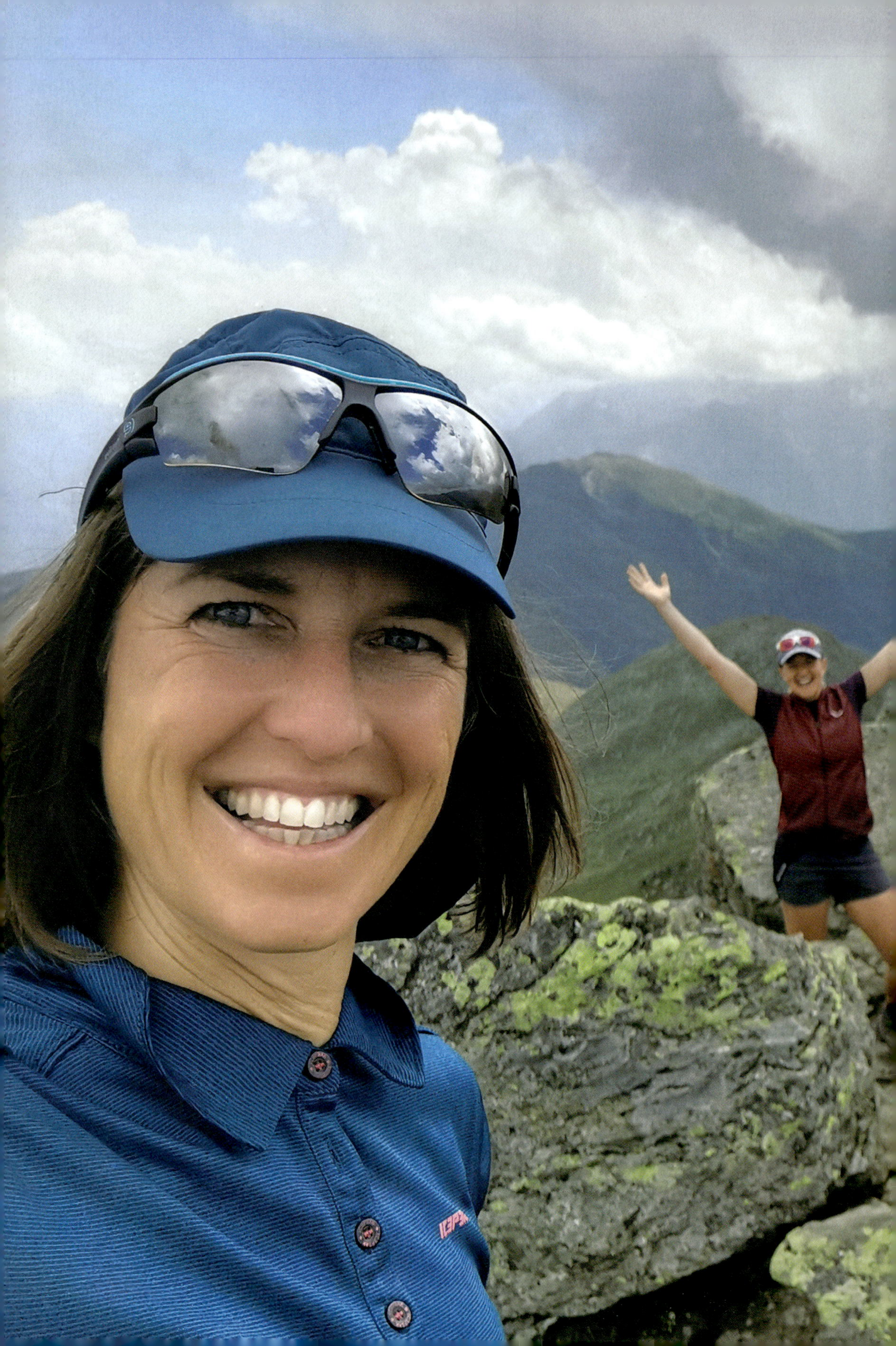

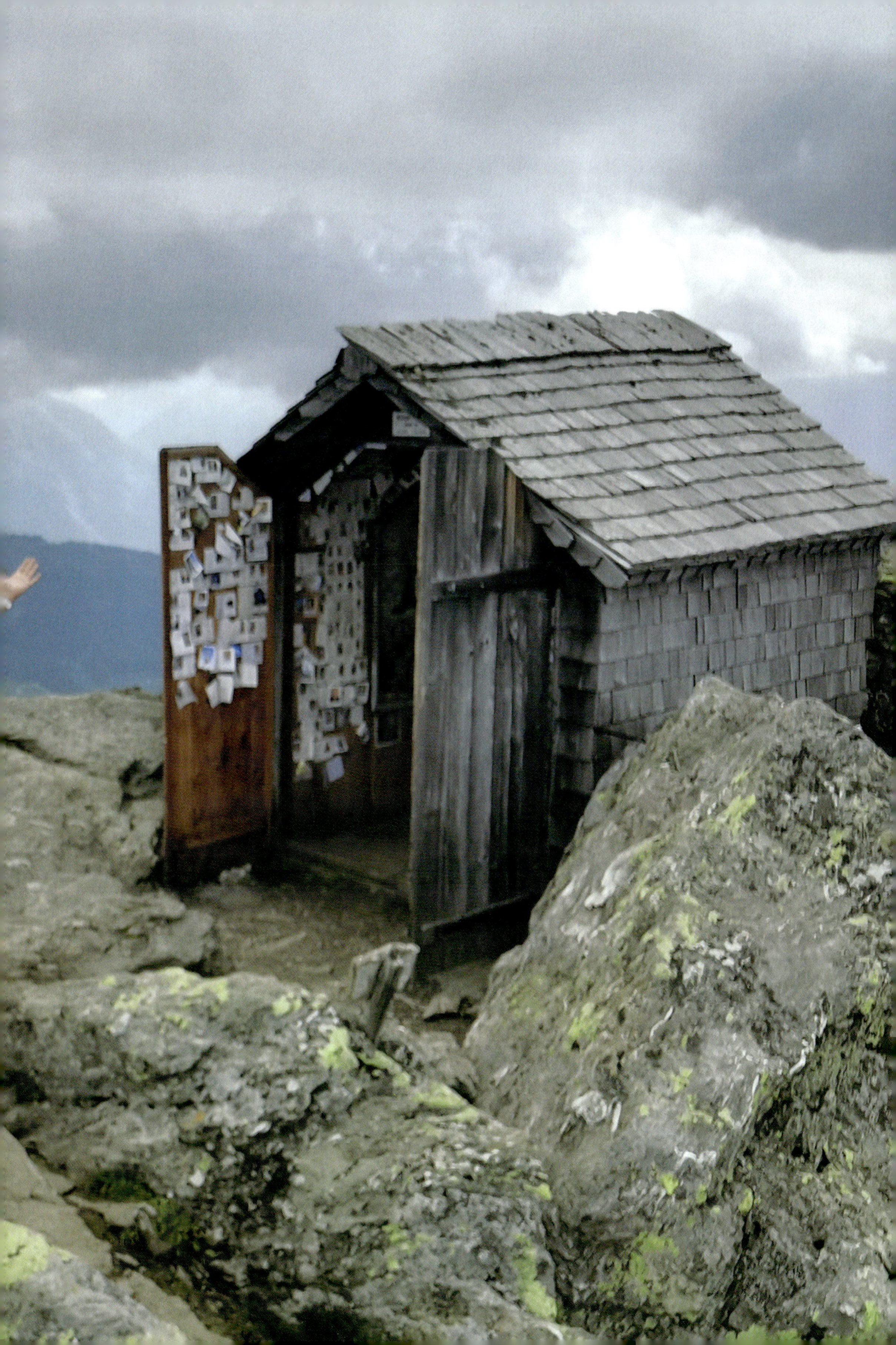

KURZÜBERSICHT

WEITWANDERWEG	BUNDESLAND	REGION	ERÖFFNUNG	(ORIGINAL-) ETAPPEN BZW. TAGE	LÄNGE (GESAMT)
JOHANNESWEG	Oberösterreich	Mühlviertel – Region Mühlviertler Alm Freistadt	2012	3–5	ca. 84 km
LUCHSTRAIL	Oberösterreich, Steiermark, Niederösterreich	Nationalpark Kalkalpen und Gesäuse, Wildnisgebiet Dürrenstein-Lassingtal	2019	11 (besser: 12)	ca. 220 km
LEBENSWEG	Niederösterreich	Südliches Waldviertel	2018	13	ca. 270 km
HOHE TAUERN PANORAMA TRAIL	Salzburg	Ferienregion Nationalpark Hohe Tauern (Pinzgau und Pongau)	2021 (10 Etappen) bzw. 2022 (Erweiterung auf 17 Etappen)	17	ca. 275 km

HÖHENMETER (GESAMT)	CHARAKTERISTIK	ZIELGRUPPE	HIGHLIGHT(S)
ca. 2 800 hm	„Der Pilgerweg“	Einsteigerinnen und Einsteiger ins Weitwandern, Pilgerinnen und Pilger	12 Stationen als Inspiration
ca. 12 000 hm	„Der Wilde“	Gute Bergwanderinnen und -wanderer, die Freude an Höhenmetern und Abenteuern haben	Vielfalt der Regionen
ca. 6400 hm	„Der Philosoph“	Menschen, die Ruhe suchen und abseits der bekannten Pfade weitwandern wollen	Thematik „Lebensweg“; Mohnblüte
ca. 14 000 hm	„Der Sommerfrischelnde“	Menschen, die Höhenwanderungen und Panoramen lieben und im Sommer kühlere Temperaturen bevorzugen	Start bei den Krimmler Wasserfällen; angenehme Temperaturen auf ca. 2000 m im Hochsommer

NÜTZLICHE LINKS, KONTAKTE UND APPS

LINKS

Johannesweg: www.johannesweg.at
Luchstrail: https://luchstrail.at
Lebensweg: www.lebensweg.info
Hohe Tauern Panorama Trail: www.hohetauerntrail.at
Hohe Tauern Panorama Trail, Alternativrouten:
www.hohetauerntrail.at/de/route/alternativrouten
Mühlviertler Escape Rooms („Der verschwundene Pilgerer"):
www.ma-d.at
BERGSTEIGEN.com – die größte Online-Community für das Klettern und Bergsteigen:
www.bergsteigen.com

WETTERPROGNOSEN

Alpenverein Wetter: www.alpenverein.at/portal/wetter/index.php
(basierend auf den GeoSphere-Daten)
GeoSphere Austria (ehem. ZAMG): www.zamg.ac.at/cms/de/aktuell
ORF Berg-Wetter: https://wetter.orf.at/oes/bergwetter

KONTAKTE

Johannesweg, Mühlviertel (OÖ): anfrage@muehlviertel.at
Luchstrail, Oberösterreich/Kalkalpen: reichraming@steyr-nationalpark.at
Luchstrail, Steiermark/Gesäuse: info@gesaeuse.at
Luchstrail, Niederösterreich: info@mostviertel.at
Lebensweg, Waldviertel (NÖ): office@lebensweg.info
Hohe Tauern Panorama Trail, Pinzgau (Sbg.): ferienregion@nationalpark.at
Trail Angels, Agentur für nachhaltiges Reisen:
www.bookyourtrail.com, info@bookyourtrail.com

Mein Blog mit allen (Weit)-Wanderungen im Detail: www.99erstemale.at
Meine Facebook-Gruppe: www.facebook.com/wandernby99erstemale
Mit vielen Fotos und Ideen, auch für Tages- und Schneeschuh-Wanderungen!
Auf meiner Webseite www.fitimhof.at/wandern sind die Tagesetappen im Detail mit Unterkünften und speziellen Tipps zum Downloaden verfügbar. Ich werde auch versuchen, Änderungen und Neuheiten der porträtierten Weitwanderungen aktuell zu halten. Bitte informiere dich unbedingt zusätzlich auf den offiziellen Webseiten und bei den zuständigen Tourismusverbänden über temporäre Wegsperren und Routenergänzungen!

APPS, STEMPELPÄSSE, ABZEICHEN UND SONSTIGE PRODUKTE

JOHANNESWEG

Johannesweg-App

- kostenlos
- Stationen, Unterkünfte, Gastronomie, Parkplätze, WCs, Trinkwasserstellen, Sehenswürdigkeiten, Taxis, Höhenmodell, Eckdaten, Webcams
- Die App funktioniert auch offline, für das Tracking muss die Standortanzeige aktiviert sein.
- Download der App sowie GPS-Daten: www.johannesweg.at/der-johannesweg/eckdaten-johannesweg
- Die Übersichtskarte kann online kostenlos heruntergeladen und ausgedruckt, die Wanderkarte kostenpflichtig bestellt werden.

Stempelpass, Abzeichen

Die Johannesweg-App verfügt über eine digitale Stempelfunktion. Das „automatische Stempeln“ kann aktiviert werden, so stempelt die App „im Vorbeigehen“! Einen Stempelpass in gedruckter Form gibt es alternativ auch.

Das Johannesweg-Abzeichen (Ansteckpin oder Woodpin in Form der Lilie) kann bei den Gastbetrieben entlang des Weges, bei den Gemeindeämtern und den Tourismusbüros in Unterweißenbach und Bad Zell abgeholt oder über die App bestellt werden, wenn genügend Stempel erwandert wurden. Für Johannesweg-Stempelpass-Nutzerinnen und -Nutzer ist das kostenlos. Es kann auch eine Urkunde über die App angefordert werden.

Sonstige Produkte

Zum Johannesweg hat Initiator Dr. Johannes Neuhofer drei Bücher geschrieben. Sie eignen sie sich mit ihren tiefgründigen, aber auch humorvollen Gedanken als gute Begleiter für den Weg. Diese können im Shop bestellt werden ebenso wie ein Johannesweg-Starterpaket: www.johannesweg.at/shop/johanneswegartikel

LUCHSTRAIL

Keine App!

Tipp: Öffnen der Original-Etappen (https://luchstrail.at) auf www.outdooractive.com oder www.alpenvereinaktiv.com

Im Shop können kostenpflichtig das Wanderbooklet und eine Wanderkarte erworben werden.

Stempelpass, Abzeichen

Es gibt weder einen digitalen Stempelpass noch eine „Papier-Variante“ oder ein Abzeichen.

Sonstige Produkte

Bei der Buchung über das Booking Center gibt es eine Luchs-Trail-Emailtasse „made in Austria“, zum selber Kaufen etwa Finisher-Shirts und ein Luchstrail-Taschenmesser im Onlineshop: https://luchstrail.at/shop-2

LEBENSWEG

Keine App!

Auf www.lebensweg.info/die-etappen/ stehen zu jeder Etappe die offiziellen GPS-Tracks kostenlos zur Verfügung, die mit den gängigen Wander-Apps geöffnet werden können.

Stempelpass, Abzeichen

- Es gibt den Stempelpass in Papiervariante (samt wunderschönen, originellen Stempel-Motiven) – dieser kann online bestellt werden.
- Man kann eine Nadel in Bronze, Silber und Gold erwandern und erhält den Pin, indem man den ausgefüllten Stempelpass an die Infostelle im südlichen Waldviertel sendet.

Sonstige Produkte

Im Onlineshop (www.lebensweg.info/online-shop/) können z. B. das TourenTAGEbuch, die Lebensweg-Wanderkarte, ein Kapperl, Schlüsselanhänger und Postkarten mit den schönsten Lebensweg-Motiven erworben werden.

HOHE TAUERN PANORAMA TRAIL

„Nationalpark Erlebnis"-App

- kostenlos
- Es sind sowohl die Gesamtroute als auch einzelne Etappen mit GPS-Tracks ersichtlich.

Stempelpass, Abzeichen

- Über SummitLynx kann eine Wandernadel erwandert werden: www.summitlynx.com/de/region/ferienregion-nationalpark-hohe-tauern/
- Im Nationalparkzentrum oder bei den Tourismusverbänden der Region erhält man bei Erreichen der Punkte den jeweiligen kostenlosen Pin. Digital gibt es eine Wanderurkunde dazu.

Sonstige Produkte

- Über www.nationalpark.at/de/service/prospekte/prospekte können der HTPT-Tourenguide und der Folder kostenlos bestellt werden.
- Es gibt eine HTPT-Trinkflasche sowie ein Stirnband und ein Kapperl. Bei Buchung über die Trail Angels ist ein Voucher für ein kostenfreies Stirnband, eine Trinkflache oder ein Kapperl dabei. Diese Artikel können im Nationalparkzentrum Mittersill abgeholt bzw. bei Selbstbuchung dort erworben oder online im Shop bestellt werden: www.nationalparkzentrum.at/de/nationalparkladen/online-shop

NAVIGATIONSAPPS

z. B. bergfex Pro!, meteoblue, Regenradar, Windy

Für ein digitales Back-up der Wegstrecke empfiehlt sich die Öffnung und Verwaltung der GPS-Daten in einer der folgenden Apps: alpenvereinaktiv, komoot, bergfex, outdooractive. Ein Offline-Abspeichern ist bei den Gratis-Versionen nicht möglich – für Weitwanderungen empfehle ich daher ein entsprechendes Abomodell (z. B. Pro).

Empfehlenswert: maps.me als weitere offline-Ergänzung – Region vorab downloaden

Wichtig: Lade dir unbedingt die Original-Dateien der Tourismusverbände herunter. Andere, die du auch „im Netz“ findest, sind oft von Privatpersonen angelegt, die teilweise anders gegangen sind, oder es sind ältere Tracks und die Wegführung wurde in der Zwischenzeit verändert.

BERGE

PeakFinder (kostenpflichtig, aber nur geringe Einmalzahlung): Damit kannst du die Gipfel um dich herum bestimmen, die Berge einblenden und einen Screenshot machen.

NATUR

Pflanzen-Apps, z. B. PlantNet oder Flora Incognita

FÜR FORTGESCHRITTENE

Sun Locator Pro: Damit kannst du genau feststellen, wann bei einem Standpunkt die Sonne erscheint bzw. wieder verschwindet. (Wem das zu technisch ist: Erkundige dich in den jeweiligen Hütten bzw. vor Ort. Denn sonst stehst du um 5:00 Uhr auf, um den Sonnenaufgang zu sehen, aber an der konkreten Stelle schafft es die Sonne erst um 6:20 Uhr über den (höheren) Nachbarberg.

Abschließend möchte ich betonen, dass ich den Großteil der Apps nur am Morgen oder Abend nutze, um z. B. das Wetter oder die Tour grob zu erfassen. Und dann gehe ich – offline. Denn das ist meist mein Ziel: weg vom Alltag mit seiner Schnelllebigkeit und ständigen Erreichbarkeit. Nur ganz selten, wenn ich mir bei einer Kreuzung nicht sicher über den weiteren Wegverlauf bin, zücke ich das Handy. Oder für ein erinnerungswürdiges Foto. Den Großteil der Tage wandere ich offline (Handy im Flugmodus) im Hier und Jetzt.

WEITERE QUELLEN

BUCH

Dieter Juster, Elisabeth Lexer: Lebensweg TourenTAGEbuch. Weitwandern im südlichen Waldviertel. Kral-Verlag. Berndorf 2018.

GENUTZTE LINKS

www.naturimgarten.at
www.noe.gv.at/umweltschutz/natur_garten_plakatte.html
www.bfw.gv.at/pressemeldungen/folder-wem-gehoert-osterreichs-wald
www.wwf.at/artikel/8-fakten-zum-wald-in-oesterreich
www.habsburg.at/forst.html
Der Alpenverein bietet auf seinem YouTube-Kanal spezielle Videos u. a. zu den Themen Sicherheit und Rettung an: www.youtube.com/c/ÖsterreichischerAlpenverein

DANKSAGUNG

Ein aufrichtiges, tief empfundenes DANKE an die wunderbaren Menschen, die bewusst oder unbewusst an der Entstehung dieses Buches mitgewirkt haben.
Dieser Weitwander-Ratgeber ist ein großes Herzensprojekt – mit dem ich ganz viele Menschen dazu inspirieren möchte, mit achtsamen mehrtägigen Wanderungen im eigenen Tempo ihren schnelllebigen Alltag hinter sich zu lassen. Und im besten Fall damit rechtzeitig Energie zu tanken für jene Phasen des Lebens, die im Zuge von Mehrfachbelastungen und digitalem Overload so viel von uns abverlangen. Rechtzeitiges Entschleunigen kann dazu beitragen, dass die eigenen Batterien nie ganz leer werden!

DANKE an den Verlag Anton Pustet
Durch das mir entgegengebrachte Vertrauen und einem kompetenten Team wurde meine Vision Wirklichkeit. Mein besonderer Dank gilt Verlagsleiterin Dr. Michaela Schachner, Lektor Dr. Markus Weiglein und Grafikerin Mag. Nadine Kaschnig-Löbel. Die Zusammenarbeit erfolgte in wertschätzender, auf Augenhöhe basierender Art und Weise. Dass eine Neuautorin so positive Erfahrungen sammeln darf, halte ich für ein großes Geschenk.

DANKE an die Mitarbeiterinnen der Tourismusregionen …
… an Christine Reichholf, unterstützt vom Team der Trail Angels (vor allem Bettina Posch), für die Komplettorganisation der ersten zehn Tage meines HTPT-Abenteuers.
… an Karina Mittermeir und ihrer Vorgängerin Gerlinde Kohl für die Organisation meiner saisonalen Aufenthalte im südlichen Waldviertel.
… an Jasmin Pfeiffer für die Möglichkeit, die Option des „Sternshuttles“ am Johannesweg auszuprobieren.

DANKE an meine Wanderbegleiterinnen und -begleiter …
… an meine Mama, auf die ich unendlich stolz bin, dass sie nach ihrer Lungenkrebs-Operation durch ihren starken Willen und eine positive Lebenseinstellung körperlich wieder so fit wurde, dass wir den Johannesweg und den Lebensweg erwandern konnten. Mögen noch viele weitere gemeinsame Abenteuer folgen!

… an meine Herzens-Freundin Anne – mit dir kann man wortwörtlich Pferde stehlen und sowohl sonnenverwöhnt 4-Sterne-Luxus genießen als auch mit vollstem Rucksack inklusive Klettersteigausrüstung im strömenden Regen wandern. So wie wir am Berg Höhen und Tiefen bezwungen haben, wird uns das auch immer im Alltag gelingen.

… an meinen Partner Stefan – schön, dass wir die kleinen Wunder der Natur immer wieder gemeinsam entdecken und schätzen.

DANKE an kurzfristige Wanderbegleitungen
Es gibt viele Menschen, die ich beim Weitwandern kennenlernen und ein kleines Stück auf ihrem Lebensweg begleiten durfte: vor allem die privaten Unterkunftgeber, die uns – als Restaurants wegen Personalmangels Sperrtage hatten – persönlich bekocht haben und über ihr Leben und die Region erzählt haben. Andi Frey vom Hotel Zum Goldenen Löwen – auf ein baldiges Wiedersehen! Eine besondere Freude war es auch, Dieter Juster, Initiator des Lebensweges, kennenzulernen. Und auch dich, Martin Zlabinger – auf tolle gemeinsame Vorträge!

DANKE an jene, die meine Liebe zur Natur geprägt haben
Unbewusst waren es wohl meine vielen Aufenthalte in der wunderschönen Villa Sonnwend, die meine Neugierde für den Luchstrail geweckt haben. Danke an Christine, Leo, Theresa und das gesamte Villa-Sonnwend-Team der letzten sieben Jahre, die mit ihrer Herzlichkeit die Region Kalkalpen zu meiner zweiten Heimat gemacht haben.

DANKE an meine Leserinnen und Leser
Möge der Funken der Weitwanderbegeisterung auf dich überspringen! Ich wünsche dir, dass du in diesem Buch jene Impulse findest, um gut vorbereitet losgehen zu können – um am Ende eines Weges näher bei dir selbst anzukommen.

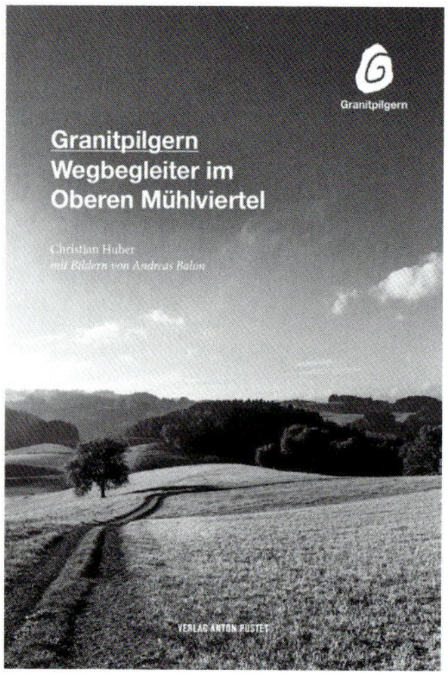

Christian Huber, Verein Mühlviertler Granitland (Hg.)
Granitpilgern
Wegbegleiter im Oberen Mühlviertel

Vier Wallfahrtskirchen, zehn Kirchen und zahllose Kleindenkmäler liegen am Granitpilger-Weg, der in vier Tagen über fast 100 Kilometer führt. Christian Huber und der Fotograf Andreas Balon stellen dreißig spirituelle Stationen entlang des Weges vor. Eine übersichtliche Wanderkarte mit dem genauen Wegverlauf und Vorschlägen zu den Etappen liegt dem Pilgerwanderbuch bei.

96 Seiten, Softcover
12 x 17,5 cm, mit Faltplan Wanderkarte
ISBN 978-3-7025-0996-5, € 18,–

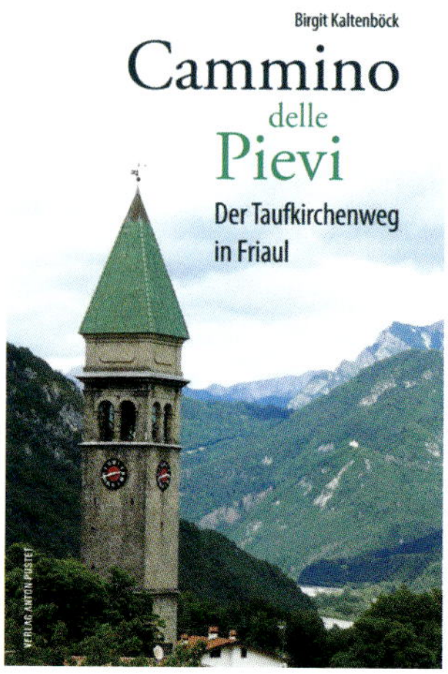

Birgit Kaltenböck
Cammino delle Pievi
Der Taufkirchenweg in Friaul

Friaul ist eine Region voller Geschichte und beeindruckender Naturschönheiten. Hier befindet sich der „Cammino delle Pievi“, der Taufkirchenweg, 20 Etappen auf alten Tal- und Alpinwanderwegen. Den landschaftlichen Reiz des 270 Kilometer langen und 11 500 Höhenmeter umfassenden Pilgerweges machen neben den wunderschönen Berg- und Taldörfern die Flüsse, Wildbäche und schroffen Gipfel der Karnischen Alpen aus.

256 Seiten, französische Broschur
13,5 x 21,5 cm, farbig bebildert
mit Kartenausschnitten
ISBN 978-3-7025-1008-4, € 22,–

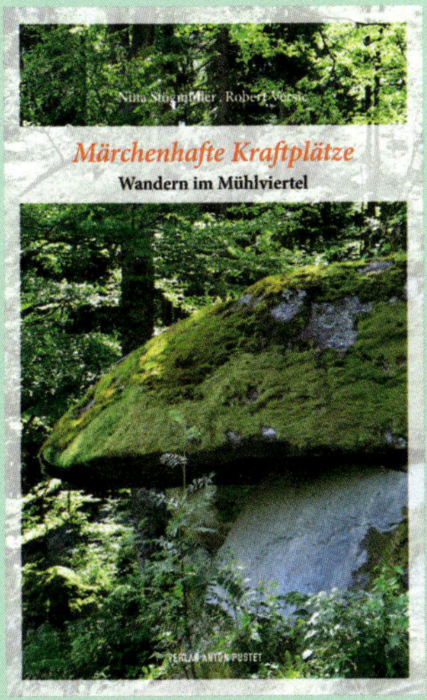

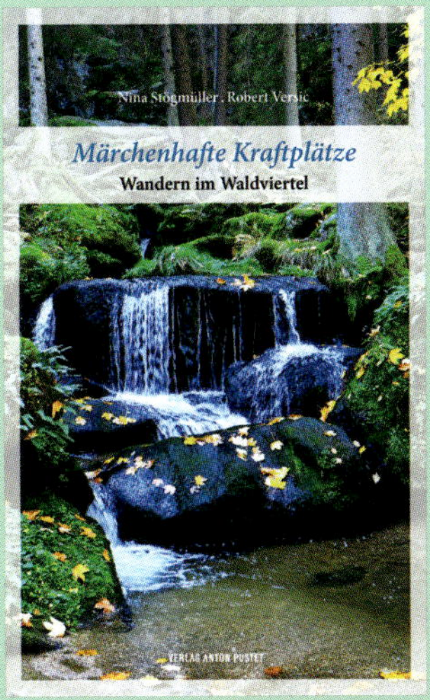

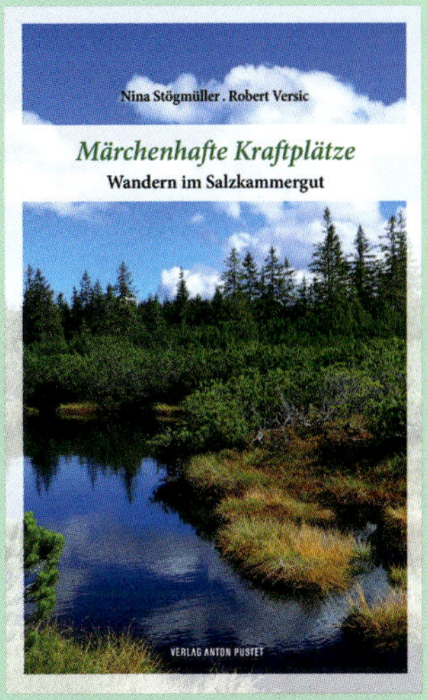

Nina Stögmüller, Robert Versic

Märchenhafte Kraftplätze

Drei Wander- und Lesebücher für Körper, Geist und Seele!

Sie laden zu je 25 genussvollen Wanderungen ein, zugleich werden Wege zur inneren Einkehr aufgezeigt. Persönliche Anregungen helfen, die uralten Plätze neu zu entdecken und eigene Erfahrungen mit nach Hause zu nehmen. Ausführliche Wegbeschreibungen inklusive Karten und Höhenprofilen sowie stimmige Fotos von Robert Versic und liebevolle Märchen von Nina Stögmüller begleiten die einzelnen Touren.

Wandern im Mühlviertel
ISBN 978-3-7025-0884-5, € 25,–
eBook: 978-3-7025-8044-5

Wandern im Waldviertel
ISBN 978-3-7025-0972-9, € 25,–

Wandern im Salzkammergut
ISBN 978-3-7025-1043-5, € 25,–

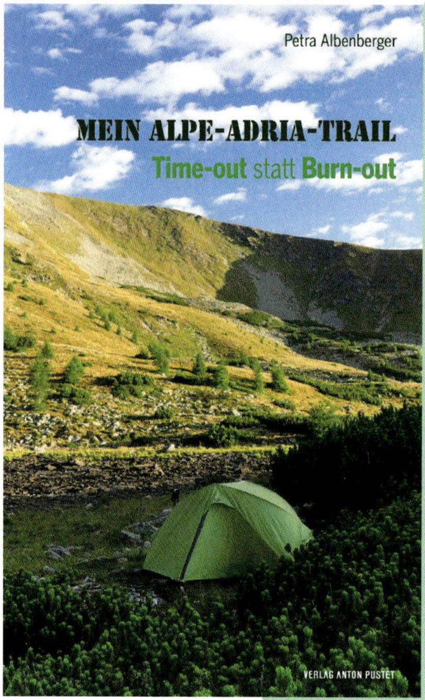

Petra Albenberger
Mein Alpe-Adria-Trail
Time-out statt Burn-out

In einer Welt voll Geschwindigkeit und Leistungsdruck zerbrechen immer mehr Menschen an ihrer Lebenssituation. Depression und Burn-out sind die Folgen. „Wie komme ich da wieder raus?" Petra Albenberger hat sich getraut, einfach ihre sieben Sachen zu packen, sich eine Auszeit zu nehmen und von zu Hause in Wals über die Alpen und den Großglockner, durch Österreich, Slowenien und Italien bis ans Mittelmeer zu wandern.

„Ich hoffe, mit meinem Buch viel Freude zu bereiten, vor allem aber Sie zu ermutigen, sich selbst zu helfen, sich selbst Gutes zu tun! Den ersten Schritt zu wagen und sich damit ein besseres Leben zu erwandern. Es müssen nicht Wochen sein – auch Tage des Gehens oder des *Mit-sich-alleine-Seins* bieten Erholung und den Weg zu sich selbst."

224 Seiten, Hardcover
13,5 x 21,5 cm, farbig bebildert, mit Karte
ISBN 978-3-7025-0779-4, € 22,–
eBook: 978-3-7025-8020-9